华惠 ◎主编

辅国良臣

铁面无私

包拯

辽宁人民出版社

ⓒ 华惠 2016

图书在版编目（CIP）数据

铁面无私——包拯 / 华惠主编. —沈阳：辽宁人民
出版社, 2017.4 （2022.1 重印）
（辅国良臣）
ISBN 978-7-205-08944-3

Ⅰ. ①铁… Ⅱ. ①华… Ⅲ. ①包拯（999-1062）-传记
Ⅳ. ①K827=441

中国版本图书馆 CIP 数据核字（2017）第 017750 号

出版发行：辽宁人民出版社
　　　　　地址：沈阳市和平区十一纬路 25 号　邮编：110003
　　　　　电话：024-23284321（邮　购）　024-23284324（发行部）
　　　　　传真：024-23284191（发行部）　024-23284304（办公室）
　　　　　http://www.lnpph.com.cn
印　　刷：北京洲际印刷有限责任公司
幅面尺寸：710 mm × 1000mm
印　　张：15.75
字　　数：230 千字
出版时间：2017 年 4 月第 1 版
印刷时间：2022 年 1 月第 3 次印刷
责任编辑：陈　昊
封面设计：侯　泰
版式设计：桃　子
责任校对：刘再升　吴艳杰
书　　号：ISBN 978-7-205-08944-3

定　　价：58.00 元

自古以来，中国就有很多为民请命的人。他们为了保卫国家，安定百姓，竭忠尽智，鞠躬尽瘁。在这些人中，既有武将，也有文臣，而在后世敬仰的众多文臣当中，包拯可谓一颗耀眼的明星。经过岁月的洗礼，他那清风高节的形象绽放出更加夺目的光彩。

俗话说，文死谏，武死战。在封建社会里，作为一位文臣就要向君王进言献策，而且要使君王广开言路，采纳忠言，只有这样才能防止闭目塞听，忠奸不分，误国误民。早在唐太宗年间，谏议大夫魏徵正是以自己的实际行动践行着谏官的职责，并且不畏权贵，敢于犯颜直谏，在历史上有着非常高的威望和声名。经历五代十国的大分裂之后，在宋太祖赵匡胤的领导下，天下归于一统。宋朝在经历了几代君王之后，国势开始强盛，到了宋仁宗年间，改革进取之风盛行，而包拯就生活在这个时期。

包拯幼年生活比较坎坷，但是他胸怀大志，并且立志效法古人，出仕为官，造福天下。经过自己的勤奋苦读，包拯终于在二十九岁的时候学有所成，并且取得功名。然而，包拯又是极重孝道之人，由于当时父母年事已高，所以，他又放弃功名，回家侍奉双亲，十年不仕。十年之后，包拯才重返仕途，决心以身许国。在为官任上，包拯始终坚守清廉公正执法，不管身处何处，都竭尽所能造福百姓。包拯的政绩最突出的时期，就是在端州知州任上。当时的端州非常落后，百姓无以为生。包拯到任后，认真务实地解决问题，全面发展生产，并且注重经济、教育、文化等方面，经过三年的努力，端州气象更新，百姓安居乐业，而包拯也赢得了当地百姓的极大拥护和爱戴。

随后，包拯因为政绩突出，连连擢升，可以说是仕途顺利。在任谏官期间，包拯以魏徵为师，不畏权贵，刚直不阿，并且在执法的过程中，铁面无私，为清明朝政做出了杰出的贡献。包拯为官二十余载，在他的一生中，有着非常多的功绩，像七弹王逵，弹劾张尧佐、宋庠等人，这些事迹在当时曾几度震动朝野，而包拯也因此声名远播。不仅如此，包拯还在政治、法制、军事、外事等诸多方面提出了很多有远见的建议，尽管这些建议很多没有被采纳，但是包拯为国为民的崇高精神依然值得后世敬仰。公元1062年包拯去世，谥号"孝肃"，百姓闻之，悲痛万分。此后，全国各地百姓建立包公祠以纪念包拯，后世也有很多的文人墨客以诗词歌颂其功德。包拯不愧是宋朝的一位名臣，他的不朽功绩以及崇高的精神必将流芳百世。

本书以时间的顺序，以包拯的成长历程和宋朝的形势变化以及他仕途变化的过程为基础，结合了很多包拯在生活或者在为官任上的典型事迹，客观生动地讲述了大宋名臣包拯光辉传奇的一生。不仅如此，本书还借助民间传说故事，更增强了可读性和趣味性。相信本书

铁面无私

包拯

的出版将会给喜爱历史和文臣谏官等英雄人物的读者以知识盛宴，并且能够让你在品读的过程中增强自己的爱国情怀，而这也正是我们借《包拯》一书以飨读者的初衷，同时也衷心希望本书能够成为陪伴你的朋友！

第 一 章

名门之后　学有所成重忠孝

包拯，字希仁，北宋庐州合肥（今安徽合肥）人，生于北宋真宗咸平二年（999）二月二十五日，卒于宋仁宗嘉祐七年（1062），是申包胥的第三十五世孙。包拯在年少时就胸怀大志，立志效法古人，决心出仕。后来经过自己艰苦勤奋的学习，终有所成，并取得功名。然而，他不慕名利，极尽孝道，为了照顾双亲，他辞官返乡，十年不仕。

第二章

重返仕途　牛刀小试露锋芒

002

包拯在家侍奉双亲，双亲去世之后，包拯又守孝数年不肯离去。后来，在乡邻的再三劝说下，才决定重返仕途。在天长县任上，巧破"牛舌案"，一时声名远播。任期满后，包拯又服从朝廷调配，千里远赴端州。在端州，包拯真正开始了他造福于民的丰功伟绩，他一心为民，全面发展端州的农业、教育、文化、经济等等，三年内，让端州展现新气象，包拯也因此赢得了极高的声名。

第三章

为官清正　忧国忧民无所惧

铁
面
无
私

包拯在端州政绩突出，仁宗及朝中大臣对他也是赞誉有加。后来，就将他调到京城任职，从这时候起，包拯也正式进入中枢机构。其间，包拯仍然不忘百姓的疾苦，并向仁宗上疏，采取措施，安定百姓。不仅如此，包拯在执法的过程中不畏权贵，铁面无私，而且在断案的过程中也充分展示了他的才能，而这些都是包拯忧国忧民的体现。

包拯

第四章

直言敢谏 堪比魏徵昭日月

包拯一生刚直不阿，疾恶如仇，并且敢于直言时弊。在刚进入中央机构的时候，就表现出了非凡的能力，后升任谏官。包拯非常敬佩唐朝的谏官魏徵，并且以他为师，在谏官任上，他更是秉承了魏徵的作风，敢于犯颜直谏，并且因七弹王逵而震动朝野，随后，又弹劾了很多违法乱纪的朝中大臣。同时，他也时时向仁宗建言献策，心系天下，为国为民。

第五章

宦海多变 君臣失信危机伏

官场上自古以来就是钩心斗角、尔虞我诈。包拯虽然一心为国为民、独善其身，但在政治斗争中，他也摆脱不了这个旋涡。宋仁宗后期，由于朝政日益混乱，朝臣之间更是互相倾轧，在这样的复杂局势下，包拯也未能幸免。更为严重的是，仁宗对他的猜忌，使得包拯非常痛苦，并且逐渐对仁宗失去信心。这对整个朝廷来说，是一个很大的损失。

第六章

鞠躬尽瘁　断案之外有奇功

包拯为官二十余载，功绩卓著。或许流传最突出的是他在断案方面的才能，事实上，除了这点，包拯在政治、经济、军事、外事等方面都做出了巨大的贡献。他一心革新政治，重振法度，增加财政，整饬军备，出使他国，为宋朝的稳定和百姓的安定立下了汗马功劳。虽然他的很多建议到最后并没有得到大力实施，但是，他为国为民的精神境界永远闪耀着光芒！

第七章

精忠报国　一生传奇千古流

铁面无私

包拯生前以忠孝廉作为为官做人的准则，在晚年的时候，订立家训，仍然是以忠孝廉作为传家遗训。包拯去世后，谥号"孝肃"，仁宗下诏停止朝奏一天，百官吊唁。端州百姓闻知包拯去世，悲痛万分，纷纷建祠纪念，随后，在包拯任职过的地方也陆续建起了一些包公祠。不仅如此，后世还有很多的文人墨客写诗歌颂其功绩，民间也流传着很多包拯的传奇故事。我们相信，这些传奇故事将会千古流传。

包拯

第 一 章
名门之后　学有所成重忠孝

　　包拯，字希仁，北宋庐州合肥（今安徽合肥）人，生于北宋真宗咸平二年（999）二月二十五日，卒于宋仁宗嘉祐七年（1062），是申包胥的第三十五世孙。包拯在年少时就胸怀大志，立志效法古人，决心出仕。后来经过自己艰苦勤奋的学习，终有所成，并取得功名。然而，他不慕名利，极尽孝道，为了照顾双亲，他辞官返乡，十年不仕。

出身官家，早年多舛

包拯，字希仁，北宋庐州合肥（今安徽合肥）人，生于北宋真宗咸平二年（999）二月二十五日，卒于宋仁宗嘉祐七年（1062）。天圣进士，历任监察御史、天章阁待制、龙图阁直学士，官至枢密副使，是北宋中期有名的政治家之一，后卒于任上。他为官刚正、执法严明，以断狱英明著称于世。欧阳修对他的评价是"少有孝行，闻于乡里；晚有直节，著在朝廷"。他在生前就博得了很好的名声，连乡村里的妇女儿童都知道他的名字，人们尊称他为"包老""包公""包龙图"等。他死后，朝廷加给他"孝肃"的谥号，史书上称他"包孝肃"。

包拯的祖先，最早可以追溯到春秋时代楚国的申包胥。据《汉书》记载，春秋晚期，吴王阖闾在伍子胥、孙武协助下大举进攻楚国。楚国军队在柏举（今湖北麻城）战败，吴军乘胜攻占楚国郢都（今湖北省荆州市江陵县），楚几乎亡国。此时楚大夫申包胥求救于秦，秦哀公开始不同意出兵，申包胥痛心疾首，站在秦廷，日夜哭求，"七日七夜不绝其声"。秦国君臣终于被申包胥的爱国精神所感动，出兵帮助楚国击败了吴国，楚国得以保全后，申包胥成为兴复楚国的功臣。后世子孙取其"包"字为姓，他便被包氏家族尊为一世祖。到了宋朝，在郑樵所著《通志》中也有相关的记载，证明包氏正是出自申氏，而包拯是申包胥的三十五世孙。

包拯的祖父叫包士通，祖母宣氏；父亲叫包令仪，母亲张氏，都是平和忠厚的长者。包令仪，字肃之，早年得过功名，曾在朝廷做过虞部

铁面无私

包拯

员外郎等散官，后来退居乡里，一直闲居在家，再没有出仕。所以，包拯显贵之后，说自己"生于草茅"而非仕宦之家。当包拯升为朝廷的三品执政官之后，按照宋代制度，可以诰封其先辈官爵，宋仁宗封赠包士通为太子少傅，包令仪为刑部侍郎、太保。

关于包拯的出生，曾经有这样的一段传说，讲的是包拯的母亲即将临盆时，他的父亲包令仪忽然梦见一只猛虎扑来，醒后非常吃惊，认定新生儿是一个不祥之物。包拯出生时全身漆黑，而且不哭不叫，有异于一般初生婴儿。父母在诧异下竟把他丢进荷塘，恰好荷塘里长满荷叶，托住了初生的包拯，没有落水。他嫂嫂（包拯系独子，根本没有嫂嫂）来洗衣时，发现了婴儿，暗地里将他收养起来，抚养成人，因为嫂嫂对包拯有养育之恩，包拯视嫂嫂为母亲，尊称为"嫂娘"。但是，实际上，这些都是民间的一些传说，并没有真实性，只是人们的编造。真实的包拯在出生的时候，既不是怪胎黑孩儿，长大后也不是"脸黑如锅底"，倒是一位仪表堂堂的潇洒人物，在他死后建立的包公祠里，其塑像都是"面目清秀，白脸长须"。历史上遗存下来的包拯画像，也莫不如此，并有"今睹遗像，乃清隽古雅，殊无异于人"之说，不仅如此，后世还有人写诗论其事曰：

> 肖像满天下，论传叹失真。
>
> 刚方不在貌，冠玉自惊人。

史书中，关于包拯的童年、少年以及成年的生活状况记载都很少，但是，在民间流传着很多包拯在成长的过程中的一些事情，而且这个过程多有不同。

在《包待制出身传》中，开篇就唱说："休唱三皇并五帝，且唱仁宗有说君。四十二年为天子，经过几度拜郊思。十度拜郊三十载，四度明堂十二春。四十二年兴社稷，只靠朝中武共文。文有清官包待制，武有西河狄将军。但是两班文共武，创立仁宗定太平。听唱清官包待制，家住庐州保信军。离了庐州十八里，凤凰桥畔小包村。爷是有钱包十万，妈妈称呼叫太君。家有水田三千顷，每雇长工二千人。好养耕牛千百个，头生两子甚超群，末遇三郎生得鬼，八分像鬼二分人。面生三拳三角眼，太公一见怒生嗔……"从这里面，我们就能看出来，包拯出生时家庭富有，但包拯因长得丑而令其父生怒，结果是无缘享受幸福的童年。

包太公见三儿小包拯"八分像鬼二分人"，就叫童儿抱到南山下涧水中溺死，全然没有一点父子骨肉之情。后来，包拯的大嫂将小包拯抱回家，整整抚养了十年。这一天，太公见小包拯在厅前玩耍，把他叫到一旁说："你在嫂嫂房中吃饭年深，今日爷爷给你一差遣。"小包拯听了便告诉大嫂，大嫂说："不是让你去读书，而是让你到南庄放牛。"当时，已经开始懂事的小包拯，听到了这些话心里非常难过，但还是要去放牛。

在新编长篇小说《包公》里，包拯童年、少年时期的成长经历更加曲折。当时，包拯的母亲在未生包拯之前，已有二子，长子包山，次子包海。这兄弟二人，虽是同父同母，一个血统，然而品性却迥然不同。大少爷包山，心胸豁达，忠厚老实，为人正直。二少爷包海，心胸狭窄，阴险毒辣，尖酸自私。大少爷之妻王氏，品行端正，是贤妻良母。二少爷之妻李氏，阴毒奸险，爱财如命。而包拯的父亲包太公则被认为是一位清心寡欲、安分守己之人。

这一年，老夫人张氏和大儿媳王氏几乎同时怀孕在身。大儿媳王氏生一个胖儿子，取名包勉，合家庆贺了一番。这一天，包夫人即将临盆，包太公独坐在书房里随手抓起一部鬼怪小说，看着看着不觉伏案而睡，做了个怪梦。恍惚之间，半空中祥云缭绕，瑞气千条，一道红光轻

铁面无私

包拯

轻地飘落到自家的屋顶之上。这红光猛地一闪，一个怪物掉到自己面前。包太公暗吃一惊，定睛细看，只见这个怪物，头生双角，红发黑脸，巨口獠牙，左手托金银，右手执朱笔，朝着包太公舞拜。包太公见状，顿时吓出一身冷汗。这时，只听见门外传来丫鬟的声音："方才老夫人生下一位少公子，奴婢特来报喜！"包太公听罢，想起刚才的怪梦，吓得心口乱跳，惊疑不止，愣了半天说不出话来，只疑心张氏生下个妖精！而正在这个时候，包海夫妻俩一直为财产问题发愁，听说生了个弟弟就更是记恨在心了。李氏骂道："百万家财，好好的二一添作五，偏偏生出个三妖精来！"包海一听"三妖精"，计上心来，急急忙忙走进父亲书房，跪倒说："刚才听爹爹说梦见一怪物，莫不是锦屏山那棵老槐树成了精？古人说，妖精进门，全家不幸，不是家败，就是人亡！我们怎么敢把这个妖精留在家里呢？"包太公正为此事发愁，沉思片刻，说："我儿起来，家丑不可外扬。你去把这个小妖精扔掉，要办得隐蔽。日后，你母亲问起小妖精来，我就说落生不多时就死了。"包海闻言，如得了圣旨一般，立刻离开书房。他乘人不注意，伸手抱起三弟，用小被子一裹，放进一只茶叶竹篓里，拔腿便往锦屏山跑去。走到涧边，正欲把三弟扔进涧里，忽听一阵风响，只见草丛中现出两点绿光，包海定睛一看，原来是一头猛虎，吓得他把三弟往草丛中一放，掉头就跑。这只猛虎看见一个竹篓子摆在面前，就用前爪拨弄，不料篓子顺坡滚下，碰到一棵树，把包拯甩了出去，掉到一蓬深草丛中。猛虎大吼一声，腾空扑去，叼住空篓，咔嚓一咬，觉得味道不对，就吐出篓子，在松树底下舔起舌头来。

这时，从树后跳出一个人来，托起三股钢叉，疾步向前走来，对准虎头，猛力叉去。老虎与人搏斗了几个回合，终于喷出一股鲜血，倒地毙命。此人乃附近的猎人，前不久妻子产下一子，不幸初生的婴儿竟患脐风死了。猎人今夜打到一只老虎，好不快活！他正要拖着老虎回家，小包拯这个时候饿得哭了起来。猎人听见婴儿的哭声，闻声找到包拯。他又惊又喜，兴冲冲地把这个婴儿抱回了家。

故事到这里还没完，就在包太公决定将小包拯遗弃之后，包海夫妇便回到屋里密谋害死小包拯。然而，这些都被包海的大嫂王氏听得真真切切。王氏回屋把事情一五一十地都告诉了丈夫包山，包山听完，犹如晴天响起一声霹雳，大吃一惊。救人如救

包拯

火！包山心急如焚，风一般冲出家门，直奔锦屏山。包山来到山上，正好碰上猎户，就问他有没有见到一个婴儿。猎户正想把小包拯抱回去养着，以安慰妻子产后丧子的悲痛之心。正在犹豫之时，小包拯又恰到好处地哭了起来。包山见状，忙跪下拜谢说："莫不是壮士救下小弟？！请受我一拜！"猎人忙叫包山快快起来，从怀中抱出婴儿，交给包山。包山说了一些感激的话，才下山回家。

包山将小包拯抱回自己的屋中，与妻子王氏商议该怎么办。若禀报父母，只怕伤了二弟夫妻的脸面，有失手足之情。最后两人商议，暂且由自己来抚养小包拯，并且不让其他的人知道，尤其是父母和二弟夫妇。为了不让小包拯再次受到伤害，包山夫妇狠心将自己的孩子包勉送寄到山中相遇的猎户家，让他们收为义子来抚养，这样就可以更好地保全小包拯了。两个人这样商量着，也这样做了。

光阴似箭，日月如梭。包拯已长至七岁，生得一张黑脸，黑亮光滑，包山夫妇给他取名叫黑子，随后包黑子这个名就传开了。包黑子从小就把大哥大嫂呼为父母，却并不知亲生父母是谁。这一天，老夫人张

铁面无私

包拯

氏过生日，合家摆了个家宴以示庆贺。王氏带着小包拯先来到婆婆屋里拜寿，小包拯来到老夫人面前，双膝跪倒，恭恭敬敬地磕了三个响头。老夫人见状，顿生怜爱之情，一把将小包拯搂在怀里，仔细端详起来，又不由得想起七年前的事来，便对王氏说："我常常想起七年前所生下的那个孩子，刚生下来没多久就死了，要是他还活着的话也该有这个孩子这么大了。"说着，不禁流出了眼泪。听到这些话，王氏的心里也是猛地一震，突然间也泪流满面，连忙跪倒在地。王氏心想自己的孩子也没在自己身边，现在也有七岁了。看到这种情景，王氏心中非常痛苦，本想着将七年前包海谋害小包拯，而包山救小包拯的事情说出来，但是她又担心全家因此事又生事端，忙改口说："儿媳恳求婆婆恕罪！"张氏忙问："我儿何罪之有？"

王氏说："启禀婆婆，这个孩子正是婆婆七年前生下的三弟！儿媳怕婆婆年迈，乳食不足，担不得乳哺操劳，故而大着胆子，将三弟暗暗抱到自己屋里抚养。欺母之罪，实在难当！"老夫人闻言，早已大喜过望，哪里还肯责怪儿媳？又过了几天，王氏把包勉接了回来，一家人聚在一起，将事情说明。包海看到此情景，先是大吃一惊，以为先前的事情败露，正吓得两腿哆嗦，再听老夫人说话，并不知真实情况，方才平静下来。然而，包海夫妇不但不感谢王氏替他们隐瞒了罪过，反而对小包拯更加怀恨在心。尽管如此，小包拯的命总算是保住了。

日月如梭，不知不觉间又过了两年，这个时候，包拯已经九岁了，长得是越来越让人喜欢了。但是，对包海夫妇来说，包拯始终是他们的眼中钉。看到包拯现在非常受宠，他们是看在眼里，恨在心里，谋害包拯之心有增无减，并且时时刻刻处心积虑地要置包拯于死地。这一天，包海来到书房，对包太公说："爹爹，我们庄户人家，总以勤俭为本。勤俭发家，勤俭持家，乃古之常理。如今三黑已经九岁了，什么事也不会做，日后长大了有什么用呢？依我看，不如叫三黑跟着长工周老太的儿子长保，去学学放牛放羊，一来学点本事，二来不吃闲饭，三来身体也会结实些。"包太公听罢此言，也觉得有道理，就与夫人张氏商议。张氏虽有些不愿意，但最终还是被包太公说通了。张氏又将儿媳王氏叫来商议，王氏说："一切听从公公婆婆的安排。"这样，包拯就走上了放牛的道路。打这以后，包拯与长保早出晚归，与牛羊打起交道。长保领着包拯或到锦屏山下，或到文曲河边，他们在河边放牧时，就到河里玩耍，在浅水处练习游泳。

　　一天，太阳热辣辣的，连一丝风也没有，包海也跑到文曲河里来游泳。突然，他发现包拯和长保在浅水处竹排边玩耍，顿时，他邪恶的念头又一次浮现了。他盘算着："我怂恿爹爹叫三黑出来放牛牧羊，实指望他能够出事身亡，不料天不遂人愿，他倒越长越结实了。今天机会又来了！看来三黑不会游泳，我何不趁此良机，将他淹死在这里！"有了这个罪恶的想法，他就开始行动了。只见他急忙游到包拯身边，装出一副亲热的样子对包拯说："三黑，我来教你跳水，好吗？"包拯对水的兴趣正浓，听二哥说教他跳水，很是高兴。长保知道包拯连游泳都不会，怎么能跳水呢？但一想到是二少爷的话，他也不敢插嘴。包海对包拯说："学跳水，就要到水深的地方去。这里水浅不能跳。三黑跟我来！"长保担心出事，就跟在后面。包海拉着包拯走到河边一个长满杂草的土包上，伸手向下面一指，说："这里水深，就在这里跳水最好。"包拯仔细一看，这土包离文曲河河面少说也有丈多高，心里犹豫不敢跳。长保虽然还小，但是他也知道，这么高，会水的人跳下去都很危险，包拯不会水，跳下去不淹死才怪呢。由于他和包拯的关系很不错，并且他也不想包拯出事，所以，他就在一旁准备着，打算随时下去救人。

　　就在这个时候，包海又催促包拯说："跳呀！"嘴里说着，冷不防伸出右手，朝包拯的背脊上狠命一推，包拯大叫一声："哎呀！"说时迟，那时快，只见包拯挣扎着往下落，一眨眼就掉到文曲河里了。长保一见，吓得魂飞魄散，大叫了一声："不好。"紧跟着跳进了文曲河。包海站在河岸土包上，心里盘算着，阴谋终于得逞了。包拯沉到河底，并不十分慌张，而是奋力往上面拱，待半截身子露出水面，伸手蹬腿在河中拼命挣扎，按照平时练习游泳的动作拍打起来，而这时，长保已奋力游到了包拯身边，高声说："三少爷，不要怕！我来救你了！"看到长保来救他了，包拯顿时有了信心和勇气，只见他在水里脚蹬手划，竟向前游开去，不禁乐得大叫："我会游水啦！我会游水啦！"包海见状，不由得心里骂道："算你命大！总有一天，我要叫你粉身碎骨，死无葬身之地！"包拯上得岸来，穿好衣服，却没有看到二哥包海，但是，他也没有将这些放在心上，而是沉浸在学会了游水的欢乐之中。

眨眼又过了几个月。一天，包拯同长保一起赶着牛羊到锦屏山鹅头峰下放牧，忽然间，乌云四合，狂风呼呼，雷声隆隆，电光闪闪，伙伴们赶忙往山窝里的一座关帝庙中躲雨。只听得一声霹雳，瓢泼大雨从天而降，整个锦屏山淹没在狂风暴雨之中，包拯等人早已淋得身无干纱。直到傍晚时分才雨住天晴，包拯受雨着凉感到不舒服，长保就赶着牛羊同包拯一同回村。他们刚到村头，就见包海房里的丫鬟秋香，手托一个茶盘，盘里放着一碟油饼，迎面走来说："三少爷，这是二夫人叫我送给你的点心。"原来包海夫妇谋害包拯之心急切，一计不成又生一计。李氏瞅准今天这个机会，亲手把砒霜掺进油饼里，叫秋香送给包拯吃。包拯一死，他们又可拿秋香去抵命，这一箭双雕的计好毒啊！秋香哪知底细，自然奉命而来。包拯接过油饼，正要往嘴里送，只觉浑身猛地颤抖，手指发麻不听使唤，竟将油饼掉落地下。原来，包拯在山上淋雨着了凉，没想到这一病竟救了自己一命。长保家的狗这时跑过来，叼起油饼就跑到张老太屋里，随后，张老太就过来照顾包拯睡下。长保把牛羊赶入圈中，走到院里，忽然惊叫起来："不好了，我家的黑狗死了！"张老太闻言，感到非常奇怪，于是就问长保刚才看见狗吃了什么东西没有，长保就将秋香送油饼的事情一五一十地说了出来。这个时候，张老太一把将两个孩子拉到屋里，对长保说，此事以后不准再提，然后嘱咐包拯："三黑，你要多长个心眼儿啊！这黑狗只不过是个替死鬼！"包拯明白这话的意思，但不相信二嫂会有害己之心。包拯回家后，又把这事与大哥大嫂讲了一遍，包山夫妇听了暗暗捏了一把汗。

有一次，包拯生病了，王氏就去请大夫前来治疗，大夫诊断开出药方后，王氏每天都在旁边精心照料，张老夫人则是每天数次来探望包拯。这天中午，包海夫妇知道包拯病体已愈，乘包山外出办事、王氏到后堂服侍婆婆的机会，突然来到包拯房里，一见面就假惺惺地问："三弟病体可好了些？"包拯回答说："好多了，明日就能去放牧。"李氏皮笑肉不笑地接上腔："哎哟，好兄弟，急什么呀！多养几天，不打紧。""多谢二嫂关心！""哎呀，好兄弟啊，我讲一件怪事给你听。我们家里的后花园，不是有一口枯井吗？那是老祖公在世的时候挖好的。到公公去世以后，径自干枯了，几十年没人过问。你说怪不怪，昨日我们到后花园观花，忽然听到枯井里有人叫喊，我以为是哪个死丫头不小心掉进去了，我趴在井边，伸着头往下看，一不小心就把头上的金簪子掉到枯井里去了。我生怕婆婆责怪，就叫你二哥去打捞，只因井口太小，下不去。这件事，嫂子不便声张，想来想去只好请三弟辛苦一趟，不知三弟肯不肯呢？"包拯听了，觉得新鲜，就满口答应了。包拯翻身下床，兴致勃勃地跟着二哥、二嫂来到后花园的枯井旁。包海拿起早已准备好的绳子，拴在包拯腰间。包拯手扶井边纵身跳下井口，说："二哥，你将绳子慢慢放松，待我摸到金簪，拉一下绳子，你便将我拉上来。"包海答说："三弟放心。"开始，包海手中的绳子放得很慢，包拯很高兴，觉得怪好玩的。可绳子放到一半时，包海猛然撒开双手，

铁面无私

包拯

包拯一下子掉落并重重地摔在了井底。这个时候，包拯才真正明白，原来二哥、二嫂真的想谋害他。想到这里，包拯又惊又怕，在这枯井之中，叫天天不应，叫地地不灵。包拯睁大眼睛，四处张望，四周一片漆黑，只有头顶上井口外面阳光明亮。包拯随着井壁向上爬，可井壁光滑，根本没法上去，但是，求生的欲望让他再一次尝试。正当他从井东面往井北面摸的时候，突然双手扑空——正在这个时候，包海夫妇在井上搬来石头、砖瓦，一块一块地向井里砸，真个是落井下石！包海夫妇砸着包拯没有？没有。原来，这口枯井的北面是一个大缺口，包拯刚才双手扑空，正是摔倒在这缺口里。原来这口枯井是老祖公时挖的，那时是为了防锦屏山上的强盗而挖的秘密通道。后来，锦屏山上的强盗被官兵歼灭，这口井也就渐渐地被人遗忘了，到包太公这一代，就不知道这口井的秘密作用了。包拯随着缺口往上爬，不一会，包拯发现，这里竟是一条一人宽的通道，直通地面的一处荆棘。这样，包拯又死里逃生，脱离了险境。

多遇贵人，学有所成

包拯几次三番遭二哥、二嫂的暗算，虽然每次都化险为夷了，但是，包山夫妇还是为包拯担心。一天，包山又对王氏说："我看三弟器宇不凡，行事奇异，像个干大事的样子。我想请一位教书先生，教三弟读书识字。若惹上天垂怜，叫三弟到时求个功名，得个一官半职，一来可以为民请命、为国尽忠，二来可以光宗耀祖、改换门庭。"王氏听了连连点头称是。随后，包山来到包太公的书房，将要请先生教包拯读书识字的事情对包太公讲了一遍，包太公虽然答应，但是也很冷淡，只是淡淡地说："教个三年两载，能识字记账就行了。"包山见父亲答应，心中大喜，第二天就暗托众乡邻聘请教书先生，以便教包拯读书识字。众多邻人闻知这个消息，纷纷来荐，但包山都看不中。正当包山感到很沮丧的时候，包山的一个朋友前来对他说："我听我一个兄弟说，合肥城内有一位饱学名儒，姓宁名哺仁，字隐雅，年六十。宁老先生品行端正，学问渊博，是一位退归林下、隐姓埋名的老状元！"包山听到这些，非常高兴。

宁哺仁是一个比较古怪的人，合肥城里的大富之家都想请他当家庭教师，都被他拒绝了，只因几个条件较为苛刻，第一个条件是"四不教"：学生笨了不教，学生多了不教，书童大了不教，书堂杂乱了不教；后两个条件是十年之内只许先生辞教，不许东家辞先生。包山和这位朋友一同来到合肥城，探明宁哺仁的住宅，登门拜谒。只见宁哺仁鹤发童颜，骨骼清秀，慈眉善目，举止稳重，不愧为归隐高人。宁哺仁见包山憨厚老实，言语不俗，礼貌周全，便答应去包家走一遭，但若教不下去，则请包家莫见怪。包山回家后将此事回禀包太公，不久，便择个吉日，备礼派轿，带领家人来到合肥城，把宁老夫子抬到家中。一切收拾停当，便带包拯来到书堂，先拜孔夫子，再拜宁老先生。包山特为包拯选定长保做书童，改名包兴，陪伴包拯读书，服侍宁老夫子。开课头一天，宁哺仁教小包拯《大家》，未想只教一遍，小包拯便能背熟。宁老夫子心中大喜，但不相信小包拯有这么好的记性，可在以后几天的教课中，小包拯表现得更加机灵聪明。宁哺仁手捻胡须，笑眯眯地自言自语："想我宁某，自幼读书，官居要职，又退归林下，人间沧桑，几经变换。没想晚年'得天下英才而教育之，一乐也'。"

宁哺仁见小包拯学业长进，就对包拯说："三黑，我给你取个学名好吗？"包拯一听高兴地答道："学生甚盼老师赐名。"宁老先生微微点点头说："你读书有道，不能忘记天下百姓。俗话说，武能定国，文

铁面无私

包拯

能安邦。你十年寒窗后，希望能当个清官，廉洁奉公，不畏强暴，不徇私情，解民之倒悬，拯民于水火，故而你的学名，应当叫作包文拯。文拯者，以文拯救万民也。你要除暴安良，用文道拯救民众，要施仁政于民，故而你的表字，应当叫作希仁。老夫之意，你能领会吗？"包拯听罢，连忙跪倒，拜受老师赐名。从此，包拯名文拯，字希仁。不觉光阴荏苒，过了五个年头，包拯长到十四岁，经过勤奋刻苦的学习，包拯的才华已经初现锋芒。宁甫仁本欲让包拯赴考场，取个功名来，谁知包太公本来就没有望子成龙那份心，只想着能识几个字、看个账目就行了，包山几番劝说也无用。这样宁老夫子也无法，只好教包拯精益求精。转眼过了两年，正逢县考，宁甫仁再也按捺不住，硬要替包太公送子赴考场。包山见状对包太公说："宁老先生也只不过是想显示一下他教书的本领而已，莫若叫三弟去试一试，三弟如果考不中，老夫子也就死心了。"包山这几句话可把包太公的心里话说出来了，包太公捻须暗想："是呀，这个老夫子，何德何能？三黑考不取，也好让他出出丑。"想罢，点头说："就让三黑去考一次吧！"这样，包山张罗着考期的一切事务，把三黑赴考之事，办得井井有条。到了成绩揭晓的时候，天还没亮，包家的人就听得村里一阵喧哗，只见老院公打外面神采奕奕地跑进来报喜说："恭喜员外！贺喜员外！三少爷高中秀才了！"哪知包太公听罢，不但不喜，反而脸一沉，叹说："哎呀！罢了！罢了！我上先生的当了！"包太公心中烦躁，对老院公说："我抱病在身，概不会客，叫大少爷去料理吧！"说罢，独个儿藏到内室去了。

包拯高中秀才，除掉布衣，换上袍服，显得越发英俊。宁老先生、老夫人张氏、包山夫妇都满心欢喜。宁甫仁确信包拯日后必成大器，决心将生平才学一一传授给包拯，包拯也学得更加刻苦勤奋。师生二人，一个是诲人不倦，一个是学而不厌。其实，宁甫仁一直对包太公有些不解，自己到包府也已八九年了，包拯已然成了饱学之士，包太公不但不说一声谢，反而尽量避免与自己见面，便不免发了一通牢骚。包山连忙赔罪，再三解释。此后，包山也觉得有点过意不去，就来到父亲书房，劝包太公说："宁老夫子尽心尽力教导三弟，业已九年，不计束脩，不辞劳苦，待三弟如同亲生。爹爹是全村的长者，包家也素来家规严肃，理应同老夫子见面，这是合乎天理、顺乎人情之礼仪。若是爹爹从不与老夫子见面叙谈，这事若传扬出去，恐有损爹爹的威望，孩儿望爹爹三思。"包太公听了包山这一番话，觉得有理，就说："如此说来，我儿去择吉日，下个请帖，我与老先生见面，设席酬谢就是了。"

到了吉日这一天，包山亲自到西院书堂把宁哺仁接到客厅之中，包太公出来迎接，但是显得并不热情，一揖之后就不再行礼了。不仅如此，大家主宾坐定之后，家人献茶，包山劝酒，而包太公只是在那里喝闷酒，一言不发，并无致谢之词。酒过三巡，菜过五味，包太公愁容满面，举止失措。宁老夫子见此光景，忍耐不住说："学生我在贵府，打搅了八九年，稍尽微劳。只因令郎天资聪慧，苦学过人，如今学业成熟，尚能管理账目，诊脉治病，包太公以为怎么样？"包太公闻言，呆了半晌，方才说出一个"好"字来。宁老先生接着又说："若问令郎时下学问，莫说是秀才，就是举人、进士、状元郎，那也是有过之而无不及，前途不可限量啊，这也是尊府祖宗有德，老员外教子有方啊！"包太公听到这里，双眉紧蹙，发恨说："何谓有德有方？不过是家门不幸，生此败家子！日后若能保得住不家破人亡，就是造化了！"宁老夫子听罢，甚感诧异，忙问："员外何出此言？做父母者，皆有望子成龙之心，员外何故别出一格呢？"包太公无言以对，只得把当年做怪梦生包拯之事说了出来。宁老先生听罢，暗暗点头，心里明白，并不说破。包太公以为宁哺仁赞同己见，又说："以后望先生不必深教小儿，十年束脩，断不敢少。"一句话，把正直好心的宁老夫子说得面红耳赤，气往上涌，他压住火气问："如此说来，你是不准备叫令郎再去赶考的了？"包太公连声说："不考了！不考了！"宁老夫子闻言不觉勃然大怒，拍案而起说："当初是你去请我来教你的儿子，原是由得你的。如今，是我要我的学生去赶考，却是由得我的。以后你不用管，我自有主张！十年束脩，我不稀罕，我稀罕的是难得其才！你舍不得银子送文拯赶考，我叫家里拿来给他！"说罢，推开酒杯，怒气冲冲，径自去了，包山连忙到西院书堂安慰老夫子。

包拯十八岁时正值省考，宁老先生自作主张，与包山商议停当，就让包拯赴试，包太公无法阻挠。到了挂榜之期，包拯又高中了举人！包太公还是不肯见来贺的亲友，仍是包山备办筵席，热闹了三天。诸事已毕，宁哺仁与包山商议，叫包拯上京会试。此事重大，不能不禀明员外。到了这个时候，包太公也感到脸上有光、门庭热闹，也就勉强应允了，并吩咐包山说："不准多带随从，不要多耗盘费！"包山遵命办事，让包拯带着包兴一同前往。动身之前，包拯到书堂拜谢宁老夫子的教育之恩。宁哺仁拿出二十两纹银，赠予包拯，又嘱咐了许多言语，就辞课回城养老去了。

包拯拜别父母，辞别兄嫂，启程登路。包山又暗暗多备了一些盘费，把三弟一直送至十里长亭。包拯带了包兴，径奔京师而去。

当然，这些都是杜撰的。实际上，包拯在学有所成的时候，受当朝翰林学士刘筠的影响很大。刘筠字子仪，大名（今属河北）人，咸平进士，仕真宗、仁宗两朝，官至翰林承旨、龙图阁直学士，曾参加编撰图经及《册府元龟》，其诗与杨亿齐名，均以模仿唐代李商隐为主，内容脱离现实，有形式主义倾向，时称"杨刘"。他还是著名的"西昆体"创始人之一，和杨亿、钱惟演等十七人唱和，结集出版了《西昆酬唱集》。刘筠为官很有正义感，也很有骨气。宋真宗晚年多病，神志糊涂，以丁谓为首的一班佞臣专擅弄权，打击排挤为官正派的寇准，而曾经与刘筠一起诗坛酬唱的钱惟演也与弄臣沆瀣一气。天禧四年

（1020），一度被罢相的丁谓玩弄权术，又得以恢复相位，更是不可一世，气焰嚣张。他传令让刘筠为他起草复相制，刘筠不愿为虎作伥，断然拒绝。为了免受丁谓的纠缠，他上表坚决请求外任，于次年到庐州当知州。那时包拯二十三岁，对刘筠的为人十分钦佩。

在庐州的莘莘学子之中，刘筠也特别喜欢包拯，给予他很多勉励，教导他要注重实际，力戒空谈，对社会存在的问题要寻求切实可行的解决方法，包拯从中获益甚多。刘筠之所以喜欢包拯，是因为包拯廉洁自好，严格自律，不结党羽，直说行事。包拯尚未为政，便能自律，刘筠自然赞赏。刘筠与包拯意气相投，自然对包拯给予更多的关爱，而包拯也在学业之外对朝廷的一些政策及形势有了更加准确的认识，并且有了自己的见解。

效法古人，决心出仕

少年时代的包拯，不同寻常，挺然独立，像成熟的小大人一样，不进行顽皮的嬉闹。包拯常说"生于草茅，蚤从宦学"，就是说出生在普通的家庭中，并且在早些时候曾经跟随父亲在外游学。当时，包拯的父亲包令仪曾经在南京供职，而少年时期的包拯也曾经去过南京，在这段时间里，包拯受到父亲的影响，坚定了做官的信念，立志苦读，走科举之路。

包拯青少年时期所读的书，都是四书五经之类的正统儒家典籍，孔子、孟子的思想和言论对他有很深的影响。在坚定了自己要走科举的道路之后，他回到家里就开始勤奋刻苦地学习，并且在后来的时间里，他慢慢就确定了"尽信前书之载，窃慕古人之为，知事君行己之方，有竭忠死义之分，确然素守，期以勉循"这样的人生信条。他认为自己有竭尽忠心为仁义而死的本分，并且一贯坚决地付诸实践，不断地自勉遵循。这就是正统的儒家君臣观念，在包拯的一生中，他充分实践了这种政治观念。

包拯进入青年时期后，受到当时的大名士刘筠的影响，更加坚定了自己的出仕决心。宋真宗在晚年的时候，已经得病，有时神志糊涂。当时以丁谓、王钦若、钱惟演为首的一派，专擅弄权，排挤打击政治上正派的寇准，把他从宰相位置上赶下台，贬为道州司马、雷州司户参军。后来丁谓同李迪闹矛盾，也被罢相。但丁谓又玩弄手段，马上恢复相位。当时传令叫刘筠起草复相制，而刘筠非常鄙视丁谓这种人物，竟拒绝接受这个命令。刘筠看到丁谓胡作非为，朝廷上是非颠倒，公开愤叹说："奸人用事，安可一日居此！"他再也不肯当翰林学士这样重要的职务，上表坚决请求外任，被批准出知庐州。刘筠过去从未到过庐州，

包公墓

他到庐州时是在宋真宗天禧五年（1021），当时包拯二十三岁。包拯知道，要想真正实现自己的抱负，首先就必须参加科举考试，取得进士出身的功名。在此后的时间里，他读书越发勤奋起来，希望有朝一日，登上仕途，大显身手。当时，朝廷开科取士，以诗赋为主，而他又偏偏不擅长此道，这诗赋就像一座难以逾越的高山横在包拯面前，阻住了他前进的道路。但为了既定目标，他只好一步一步艰难地向上攀登。

宋仁宗天圣二年（1024），朝廷重开科举。这个时候，包拯已经满腹经纶，可以说，在当时已经是众望所归了。但是，包拯想到"父母在，不远游"的古训，于是，决定放弃这次科考。然而，包令仪夫妇深知包拯的心思，他们知道自己的儿子并不是没有才学和上进心的人，做这样的决定完全是因为孝心，他们不想因此而耽误了儿子的前程。经过一番商议，包令仪夫妇终于想出了一个两全其美的办法，那就是让包拯娶亲，这样一来，包拯就可以放心应考了。这一年，包拯二十六岁，与二十四岁的董氏结了婚。结婚对于促进包拯应试起到了重要作用。

北宋的科举考试分为三级进行，即州郡发解试、全国礼部试（也叫"省试"）和皇帝殿试。一个人要考取进士并不容易，必须经过三次筛选而皆中，才能成为进士，也就是所谓的"三榜定案"。一般是秋季举行乡试，第二年春季举行省试和殿试。在这个过程中，举子必须首先参加发解试。当然，边远州郡的举子，如果有在京师的亲友或大官保举，也可以在国子监或开封府参加发解试，这也不乏先例。宋代的发解试大都在秋季八九月份举行，后来，包拯顺利地通过了发解试，心理上曾受到些鼓舞，但展望第二年的春试，总是有所担心，因为他自己作的诗赋，仍然不够理想，落第的危险是存在的。至于策论文章，他却十分自信。

天圣五年（1027）的春节刚过，应试举子便紧张起来，因为省试马上就要来临了。这时，他们最关心的是谁当主考官，互相交谈之间，猜测纷纭。谁都清楚，自己的诗文能否适合主考官的思想和口味，在考试中是至关重要的。正月十二日，省试终于有了消息：皇帝任命枢密直学士刘筠权知贡举（省试主考官），刘筠是第三次担任主考官了，举子们对他也是非常熟悉的，大都感到满意。尤其是包拯，在庐州曾得到刘筠亲授艺业，相知甚深，兴奋心情可想而知。在众多士子中，恩师做主考官，恐怕包拯是得天独厚的人吧！不过，这对他来说，也只是多了一个优越条件，究竟能否中榜，还要取决于自己的成绩。包拯也的确幸运得很，几天后传来第二条消息，更使他大喜过望。正月十六日，皇帝特别诏命贡院："将来考试进士，不得只以诗赋进退等第，今后参考策论以定优劣。"省试主导思想的这一新变化，就像冲着包拯来的一样，恰巧让他扬长避短，真是天赐良机。省试结果出来，包拯果然名题金榜，成为"合格奏名进士"，取得了参加殿试的资格。

这次考试非常重要，依照惯例，省试录取的"合格奏名进士"，在殿试中很少黜落，一般都能赐为进士。因此，省试的成功，对举子来说，等于鲤鱼跳到了龙门口，无不欢欣鼓舞。在北宋中期，科考制度非常严密，所有朝廷官员一律不准荐举考生，"违者重置其罪"；省试主考官及所有考官，都由皇帝临时任命，而且一经公布，立即"锁宿"，就是进贡院隔离起来，连回家去交代一声也不允许，以防有人"请托"（即走后门），直到放榜后才能出来。同时，举子交纳试卷后，采取封弥卷首（即截去卷首的姓名、乡贯，密封存档）、第号（编上号码）和誊录（即抄录试卷，校对无误后，将真卷封存，考官只用"抄卷"评阅，免得辨认考生笔迹），所有考官只能以试卷优劣决定弃取和定等，并不知道考生是何人。由此可知，考官要想从中作弊，也不是容易的事情。根据记载，仁宗朝共进行了三次科举考试，竟没有出现一次科场舞弊事件。欧阳修任主考官时，由于小心过度，还闹出一段逸闻来。他

对一份试卷十分欣赏，考官们也一致推崇，不约而同地取为第一名。可是，欧阳修总怀疑是自己的门生曾巩的试卷，为了避嫌，他硬是将其降为第二名。最后"合号"揭晓，却是苏轼的卷子，这位主考官方才知道自己猜错了，然而，名次既已成事实，谁也更动不得。

省试放榜之后，殿试也就接踵而至。当年三月二十日，这是参加殿试的举子们人生中极其重要的一天，十年寒窗苦读的成果就看今朝了。他们半夜起床吃饭，准备入宫殿试，心里既紧张又兴奋。包拯这天起得很早，做了些准备，他与文彦博、吴育等四百九十八名举子，携带文房四宝和饭食，赴东华门外排队，等候入宫。宫廷侍卫验证后引导他们至崇政殿对号入座。每个座位之间，均隔一段距离，防止考生作弊。天亮后，宋仁宗驾幸崇政殿，首先任命翰林学士宋绶等二十六人为监考官，负责封弥、第号、编排和考校，然后开考。考试内容是三篇文章：一赋、一诗、一论。考试到日落前终场（北宋不准燃烛夜试），举子离场出宫，等待几天后由皇帝亲自唱名放榜。

皇帝唱名放榜是三月二十四日，地点仍在崇政殿。这对举子来说又是一个极不平凡的日子，榜上有名，就是新科进士，成为"天子门生"了，光荣之至。这天早晨，宋仁宗亲自到崇政殿唱名，文武大臣列坐两旁陪侍，叫作"闻喜"。这次殿试，共录取进士三百七十七人，分为六等，也叫六甲。仁宗依照等级名次，一一唱名。第一甲第一名进士，称为"状元"，是应天府（商丘）考生王尧臣，第二名韩琦，第三名赵概，包拯也高中第一甲进士。

然而，就在为第一甲进士唱名的时候，奇迹出现了。只见日呈五色，光华灿烂，照耀殿庭。这时，崇政殿气氛热烈，文武大臣认为是百年不遇的吉祥之兆，皆呼万岁，称颂皇帝圣明，为国家选贤得才，上天也为之欣喜。后来韩琦、文彦博官至宰相，王尧臣、赵概、吴育等官至参知政事（副宰相）。包拯位至三司使（俗称"计相"）、枢密副使，成为国之重臣。结果公布后，中第的进士欢呼雀跃，喜极而泣。随后，仁宗皇帝赐宴为新科进士贺喜，也就是"琼林宴"。新科进士按甲第名次列队出东华门，经过大街，前往赴宴。朝廷仪仗队为前导，皇宫卫队护从，非常气派。这是进士最荣耀的一次宴会，往往终生难忘。此后二十天左右，是新科进士休息、交游和候补官职的时间。举子中了进士，功成名就，社会地位已非昔日的寒士可比，社交活动也频繁起来。首先是拜见恩师，以尽学生之礼，其次是拜访前辈大臣，同时互访及接受亲友、官僚的宴请等，之后就开始进入官场了。在这期间，东京的婚姻角逐也活跃起来。朝廷官吏和富商大贾，只要有女儿待嫁的，都希望找一位未婚的新科进士做女婿，光耀门庭，人称"榜下捉婿"。进士简直成了大忙人，应接不暇，比复习课业应试还紧张呢，但心情都非常快活，喜气洋洋。包拯在家乡已经婚配，这方面自然减去了不少麻烦。

进士及第后，就是一段时间的等待。这次大考之后，包拯也更加坚定了出仕的决心，并且立誓要做一位为民请命的清官。他是这样说的，也是这样做的。关于包拯在取得功名之后，还有一段传说故事。

据说当时包拯在进京应考的路上结识了大侠展昭，后来，在考试后，主考总裁庞吉故意压制人才，并且让包拯去一个贫穷的县里任职。包拯对此感到意外，但也没有去理会，领了官符文书，吩咐包兴收拾行李，起程离开京师。恰好南侠展昭赶到，义兄义弟，别后重逢，分外亲热。两人说起考场舞弊之情，展昭不胜愤慨，说："兄长，官场多有风波，还不如当个隐士为好啊！"包拯正色说："贤弟此言，对错各半。官场确有弊端，那些贪官污吏、奸臣佞人，实在可恶。但愚兄明知山有虎，偏向虎山行。一旦身入仕途，就要为民请命，除暴安良。大丈夫立于世间，怎能只顾保全自己呢？再说，官场之中，仍有忠直之臣、侠义之士呀！"展昭闻言点头。兄弟俩一番话，甚是投机。展昭辞别包拯，

合肥包公祠

飘然而去。包拯这才带着包兴起程回家。

一路上风尘仆仆，这日赶到包家村，包拯先拜父母，后拜兄嫂。包拯的大嫂王氏一直都在想包拯年轻幼稚，初入仕途，没有经验，担心到任以后审不好案子，冤枉了好人，于是，她便想出一个主意，要亲自试验一回包拯。这样，包拯还未到任，就先审了一起"家案"。

这一天，大嫂王氏亲手卤了二十个鸡蛋，用篮子装好，放在自己屋里的桌子上，然后把自己的心腹丫鬟春香叫来，俯身低语一会儿。接着春香吃掉一个鸡蛋，悄悄地走了。一会儿，王氏便叫另一个丫鬟小青去把包拯请来。包拯进得屋来，只见嫂娘满脸怒气，一言不发，便施礼问："嫂娘，你在跟谁生气啊？"王氏说："三兄弟，你说气人不！我今日卤了二十个鸡蛋，准备给你路上带着吃，谁料放在桌子上，不知竟被哪个该死的偷去吃了一个！"包拯听了笑了起来，说："如此小事，嫂娘何必生此大气？一个卤鸡蛋，吃了算了。"王氏作色说："不能算了！吃一鸡蛋事小，可偷盗行为是大事！若不能断出是谁偷吃的，我们的家风岂不给败坏了？再者，三弟就要去天长县赴任，倘若以后县里发生偷盗之事，难道你也对老百姓说，这是小事，算了吧？若这样对待百姓，怎么能当好父母官？"包拯闻言，这才明白是嫂娘在考验自己，忙说："要查明此人，并不难，只是要嫂娘从宽处置为好。"

包拯主意拿定，吩咐丫鬟小青拿三个饭碗和一个海碗来。三个饭碗要盛满清水，一个海碗空着，王氏和小青听了都莫名其妙。一会儿三个盛满水的饭碗和一个空着的海碗放在桌上，包拯把府上八名丫鬟全部叫齐排成一排，站在桌子前面，接着，他一本正经地说："俗话说，'不做亏心事，不怕鬼叫门。'你们不必紧张，不用害怕。现在，大家按照站立的次序，每人喝上一口清水，漱一漱嘴，不准咽到肚子里去，一定要把漱口水吐到这个空着的海碗里，尔等可听清楚了？""听清楚啦！"于是，丫鬟们按照次序，一个挨一个喝水、漱口、吐水。前面七个丫鬟吐出的漱口水都很干净，只有最后一个丫鬟春香吐出的漱口水里面带着鸡蛋渣和酱油色。

包拯见状，心里早已明白，当下宣布偷吃卤鸡蛋的是丫鬟春香。这时，王氏才把这事的真相说了出来，并劝说包拯定要为官清正、明镜高悬。包拯闻言，深受感动，说："小弟永远不会忘记嫂娘的抚养之恩和教诲之情，我一定按照嫂娘和宁老先生的教导，当一个清官，为百姓请命，与奸臣、赃官势不两立！"

过了假日，包拯辞别父母、兄嫂，赴任去了，从此，踏上了茫茫仕途，走上了一条以文道解民之倒悬、拯民于水火的清官之路。官场多风波，仕途多艰险，包拯以后所面临的一个又一个案子，都要比他这次"家审"复杂得多，因为那毕竟只是长嫂的一次善意的测验！这次之后，包拯第一次踏上了仕途，尽管仕途并不顺利，但是，他一直坚持着自己当初的志向和抱负。

初得功名，十年不仕

经过这次的大考之后，包拯通过了科考，并且取得了功名。虽然他一心想要出仕并且做出一番成就来，但在他的眼中，忠孝比功名更重要。包拯取得功名的时候，已经二十九岁了。这个时期原本是他施展才能、实现抱负的时候，但是，看到父母年事已高，便又改变了注意，放弃了这次去任职的机会。随后，他请求朝廷给他分配一个离家近一点的地方，哪怕是职务低一点的差遣。朝廷根据实情，改派包拯为和州（今安徽省和县）税监，管理税收。而和州距离合肥只有一百多公里，如果把父母接过去也是可以的。但是，包拯父母仍然不愿意跟随他赴任。面对这样的情况，包拯认为，身为儿子，应该以忠孝为重，况且父母年事已高，更需要有人照料。同时，他认为，一个人为父母尽孝之日短，而为国尽忠之日方长啊！这就是包拯的至孝至忠，他的行事即本于此。包拯这种根深蒂固的思想，是不可改变的。

五年后，包拯的父母相继去世。在这段时间里，包令仪夫妇曾劝包拯去走马上任，但是包拯都没有同意，而是精心地照料他们。不仅如此，邻居们也都劝他去赴任。按照当时的旧制，父母去世后，儿女要守孝三年，也叫"丁忧"。而当包令仪夫妇去世后，包拯先将他们合葬在合肥东门外八里的螺丝冈上，而包拯就在父母的墓旁搭了个草棚，恭恭敬敬守孝三年。居丧除服，一共经历了八年时间，他仍然徘徊于父母墓侧，不愿离家。这样又过了两年，前后整整十年时间。后来经过亲友们的多次劝勉，他才下决心离开故乡，回到京城等候差遣。这个时候，包

铁面无私

包拯

拯已经三十九岁了，已经进入中年了。十年前和他同科考进士的人，早已经升了官职。包拯的同窗好友、一齐考中进士的文彦博后来官升至丞相，而包拯最终只升至枢密副使，相当于副丞相的官职。包拯这种虔诚尽孝的行为，反映了他比较突出地实践了中华民族的传统美德。忠与孝，是中国传统文化的两大内涵，在包拯身上体现得最为充分。而包拯这种侍养亲老，十年亡宦的做法也给他赢得了非常好的名声，并且受到当时很多大臣的赞誉。

包拯在家乡侍养双亲的时候，就是刘筠在天圣六年（1028）再次来到庐州担任知州的时期。刘筠曾经三次担任翰林学士，他期望自己能够进入两府（指中书省和枢密院，前者以宰相为首管理行政，后者以枢密使为首管理军事）担任执政官，但所得的还是翰林学士承旨兼龙图阁学士这样一个职位。本来他对朝廷的情况并不满意，于是他又请求出知庐州。刘筠喜欢庐州这个地方，上次就在城中筑室，并建起一个书阁，储藏真宗皇帝前后赏赐的书籍，仁宗皇帝亲自写了"真宗圣文秘奉之阁"八个"飞白"赏赐给他。这次再来庐州，刘筠知道自己健康状况不好，就营造冢墓，预作棺材，并自作《墓志铭》刻石。对于包拯来说，这次有更多接近刘筠的机会。两年之后，亦即天圣八年（1030），刘筠卒于庐州。刘筠的逝世，对包拯来说是失去了一个难得的知己。

包拯认为，居官就是要做一番利国利民的事，并不是为自己谋取私利的，岂能以个人得失为念？同时，孝义高于一切，不孝的人无以为国。只有在家尽心孝敬双亲的人，才能为国家黎民效力，鞠躬尽瘁，死而后已。包拯从政以后，"一本于大中至正之道"。以清廉刚正立朝，与一些结党朋争、追名逐利的官僚形成鲜明的对照，可以作为忠君的典型。包拯这种传统观念终生不渝，无论对己对人莫不如此。

自古以来，忠孝就是人们一直尊崇的传统。包拯认为孝义高于一切，不孝的人无以为国效力。司马光在《涑水记闻》中评论包拯"进士及第，以亲老侍养，不仕宦且十年，人称其孝"。包拯的好友、同朝为官的吴奎称赞包拯："竭力于亲，尽瘁于君。"包拯的门生张田在《包孝肃公奏议》中说："包公一举甲科，拜八品京官，令大邑。当是时，同中第者，虽下流庸人，犹数日月以望贵仕。公拂衣去养，十年亡宦，意其心无他，止知孝于亲而为得也。已而还朝，天子器其才高行洁，处之当路。公上裨帝阙，下疗民病，中塞国蠹，一本于大中至正之道，极乎是，必乎听而后已。其心亦无他，只知忠于君而为得也。"

在真正步入仕途之前，包拯的这种忠孝之举，对他后来的仕途起到了很大的作用，而他的忠孝精神也是值得后世学习的。

铁面无私

包拯

第二章

重返仕途 牛刀小试露锋芒

包拯在家侍奉双亲，双亲去世之后，包拯又守孝数年不肯离去。后来，在乡邻的再三劝说下，才决定重返仕途。在天长县任上，巧破"牛舌案"，一时声名远播。任期满后，包拯又服从朝廷调配，千里远赴端州。在端州，包拯真正开始了他造福于民的丰功伟绩，他一心为民，全面发展端州的农业、教育、文化、经济等等，三年内，让端州展现新气象，包拯也因此赢得了极高的声名。

再登仕途，断案有方

　　包拯在十年侍亲之后，经过乡邻的再三劝告，再次登上仕途。宋仁宗景祐四年（1037）初春，包拯赶赴国都，听候差遣，这是他第二次进京。从包拯进士及第到现在，已经过了十年，这时的包拯已经三十九岁了。

　　到了东京之后，他就住在同里巷，等候朝廷差遣。据说，包拯入京后，由于他在家侍养双亲的孝道，致使京城朝野对他给予关注，仁宗及文武大臣都非常看重他，并且表彰他的德行。在中国的传统文化中，忠与孝是评价一个人不可分离的两个方面，后来，包拯一生能仕途平畅，权倾朝野，连皇帝都对他敬重有加，不能不说是由于他的孝道，使皇帝和朝臣对他产生"忠"的联想的结果，相对来说缩短了被人认识和相信的时间，减轻了"做局"的成本。

　　当时，宰相吕夷简在待漏院的班簿上看到包拯登记的住址后，认为离自己的住宅很近，一定是为了拜谒他这位相爷才就近下榻的，心中十分高兴。吕夷简想，包拯是名闻朝野的孝廉，当年的甲科进士，又是自己的女婿——马亮尚书的同乡，一定会拜访身为宰相的自己。一个月以后，他听说包拯受命天长（今安徽天长）知县，已经上任去了，并未登门造访，令他感到吃惊。按照当时的法制，进士出身的人，都要先做地方官，就是我们现在说的到基层任职，丰富执政经验，几年后再考核政绩，酌情升迁，包拯也不能例外。所以，包拯接到诏命，便立即赴天长县上任。

　　天长县位于江淮流域，在当时是相当富饶的地区，早已使用牲畜耕作了，而且有了带钢刃刀头的先进农具，比起西南边远地带的刀耕火种来，进步得太多了。小麦、水稻是主要农作物，属于全国的高产区。包拯在天长县，断案敏捷，博得了人们的赞扬，其中最有名的是断"牛舌案"。

开春以来，天长县雨水比较调匀，小麦、大麦都比往年收得多。有人说因为新来的知县包大人是个清官，所以带来了丰收。身为天长知县的包拯看到老百姓麦子收得好，心里当然很高兴；但是，他想到麦子最多只能吃四个月，年景好坏，主要还是看稻子，于是决定到四乡走走，看看莳秧、插秧的情况。

种秧田少不了耕牛，所以官府对耕牛特别爱护。包拯记得在故乡合肥时，有人为了卖牛肉赚钱，偷偷地把耕牛宰杀了，因而影响了耕作。他怕天长也有这种坏风气，于是命书吏写了十几张告示，先在四城门口和几处大镇市上张贴起来，严申不准宰杀耕牛，并且写明告发的人有重赏。

黄梅时节，阴雨连绵，包拯冒着雨下乡了。当时的地方（官名）陪同包拯查看了两处堤坝，并且找几个老农民问了问莳秧的情况，又听了一些有关插秧的经验之谈。正在他们忙碌的时候，太阳钻出云层，打了一个照面，隐没掉了，顷刻间，大雨倾盆，雷声隆隆，像要把大地翻个身似的。包拯和家仆包兴虽然都撑了雨伞，但是毫不顶用，身上都淋得湿透了。

到了李家桥，包拯、包兴走进路旁的一个牛栏避雨，恰巧看到有人在喂牛。这是一头精壮的大牯牛，虽然刚耕了田回来，可仍旧精神饱满，没有一点困倦。包拯指着牛对包兴说："耕牛要都是这样壮就好了，一头可抵两头用！要把牛保养到这般地步，可真不容易，看来，这里面大有学问。"

包兴和喂牛的老汉攀谈了半天，才知道老汉姓李名金富，一家老小八口，种了三十亩田，省吃俭用，生活也还不坏。至于这头牛，据李金富说，他是很爱惜的，平时既不让它过分劳累，又经常喂它些豆渣、豆饼之类的精饲料。如果遇到黄梅季节，另外还加喂它两升豆子。李金富又说，村东头财主李伯泉家也有一头牯牛，养得和这一头一样健壮。李金富是个非常豪爽的人，他打量包拯、包兴的神态，看着像是城里来的，就说了："你们恐怕是城里人吧！在这李家桥附近，三岁的小孩子也都认得我李金富，不知是哪个耍贫嘴的，因为我很爱惜耕牛，给我取了个绰号，叫什么'牛如命'，好在也不是坏话，他们叫我，我就答应。"说罢，他自己也笑了。包拯、包兴觉得这老汉很有趣，又跟他攀谈了一阵子。

三天以后的一个早晨，天长县衙门前来了一个告状的农民。这事情引起了包拯的注意，因为这几天是农忙季节，一般情况下，农民是不会到城里来的。包兴也觉得有点奇怪，跑出来一打听，原来告状的不是别人，就是三天以前遇到过的"牛如命"。

仅仅隔了三天，李金富已经换了副样子：面色沮丧，陡然苍老了不少，看来一定是遭到了重大的不幸。包拯吩咐坐堂问案，那李金富由李家村的地方陪同上了公堂，跪在地上，一连磕了好几个头。因为时间实在局促，状词也没有写。李金富紧张得话也说不出，许多话都是地方帮助他说清楚的。按说，李金富也该认得坐堂的知县大人，但是一来他没有敢抬头看，二来因为心慌意乱，没有仔细辨别声音，所以根本没有认出知县大人就是三天以前在牛栏里遇到的那个人。

本来很简单的事情，由于他们有些紧张，竟然花了半个时辰才将事情的原委说清楚。原来事情是这样的：昨天夜里，李金富一家因为白天莳秧辛苦，夜里睡得特别熟。到了约莫三更时分，李金富忽然听到牛栏里的牯牛惨叫了一声，他以为是偷牛贼来了，连忙披了衣服，前去查看，淡淡的月光正照着牛栏，牛倒还在，但是地上有一大摊血迹，再仔

铁面无私

包拯

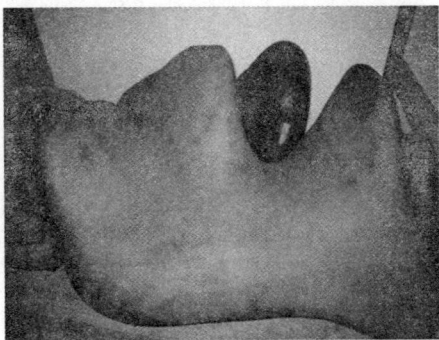
包拯笔架

细一看，血迹里还有一大块东西，原来牯牛的舌头给人割了下来！这样一来，牛当然是养不活了。这真是一个晴天霹雳，李金富几乎晕倒在牛栏里，熬到了天亮，李金富就去找来地方，一大早就赶到县城，前来知县衙门报案。

包拯听完事情的经过，心里很愤慨也很困惑，割牛舌的人为什么要做这种损人不利己的事呢？前段时间才张贴的禁令啊！

包拯心想，这案情不同于一般的偷盗，既然割牛舌的人自己得不到丝毫好处，那么十之七八是出于报复。因为牛割掉舌头之后，就养不活了，李金富这三十多亩田的耕作就成了大问题，何况李金富又是出名的"牛如命"，这个打击非同小可。经过一番考虑，包拯觉得问题的关键还在于弄清楚李金富和人家结过什么冤仇，于是就问李金富最近是否和别人闹过纠纷。听到大人的问话，李金富回答得很干脆，他说："我平日老老实实，从来不损害别人，凡事宁愿自己吃亏，绝不斤斤计较。再说赌钱喝酒，我也都不会，有空闲就放放牛、铡铡牛草，和谁都没有冤仇。"

包拯叫李金富仔细想一想再回话，不必着急。

李金富还是在七八岁跟随父亲进城时，看到过知县大人坐着轿子，从大街上经过，离现在已经四十多年了，他只记得当时远远地看见那位知县大人满面的冷酷神气，差役们前呼后拥，老百姓让路稍微慢一点都受了责骂。这一次他进城告状，心里本来拿不定主意，想到知县大人的威势，胆就怯了，最后是咬紧了牙关来的，到了堂上心还怦怦直跳。他万万没有料到这位知县大人竟然这样和气，说起话来就像谈家常一样，于是李金富开始镇定下来了，而且开始感到知县大人说话的声音有点熟，抬头一看，原来长得和三天前在牛栏里碰到的那位先生一模一样，站在公案旁边的也正是那天跟随的那个汉子，他吃了一惊，马上叩头请罪，说："小老儿有眼无珠，那天没有请大人进屋子歇息一会儿，喝杯茶水，请大人恕罪。"

包兴对李金富说："大人下乡察看民情，乡绅们要迎送、要款待都不准，哪里会责怪你不泡茶水！况且那时候你也不认得大人。现在既然出了这样的案子，公事要紧，你也不必多说什么客气话了。"

这个时候，和李金富一起前来的那个地方想到村上的李和尚是个游手好闲的人，常常在外面偷鸡摸狗，干些见不得人的勾当，他便禀报包拯说："依小人之见，本村的李和尚向来不务正业，这桩事说不定就是他干的。"李金富是个没有多大主见的人，对李和尚原来没有好感，听他这么一说，马上想到了他那副终年压着眼屎的面孔，也疑心到李和尚身上来了。

包拯追问李金富，和李和尚闹过纠纷没有。李金富想不出来，那个地方当然更说不出什么线索了。包拯接着说："李和尚在外面偷鸡摸狗，无非想弄点好处，割了牛舌头，人家受了大损失，可是自己又没有到手一文钱，他会不会做这种事呢？"

听了包拯的话，李金富和地方都不住地点头，觉得李和尚嫌疑不大。

究竟是谁割的牛舌头呢？李金富想到了另一条线索，他记得三个月之前，西村财主李伯泉自己养着牛不用，却叫他阿弟李二泉来借牯牛拉磨子，结果隔了五天，才把牛牵回来，因为过度劳累，牛瘦了不少。当时只好自认晦气，没有吭声。没过几天，李二泉又来借牯牛，就没有再借给他，临出门时，他面孔铁青地冷笑了几声，看样子起了坏心……李金富把这件事原原本本告诉了包拯，并且说："也许他们兄弟二人，因为我第二次不肯借牛，所以怀恨在心，把牛弄死，出这口恶气。"

铁面无私

包拯

包拯也觉得这李伯泉、李二泉二人嫌疑很大，值得注意，问起他们二人平日为人如何。李金富说他们为人刻薄，平时能占多少便宜就占多少便宜。包拯听到这里，已经断定这事十之七八是李伯泉兄弟干的，但是现在既无人证，又无物证，不能轻易肯定下来，所以表面上包拯不动声色，心里却已经另有打算。公堂上沉静得像一潭死水，大家都在等待知县大人的发落。包拯不慌不忙，命前来的那个地方先回家，并告诉他这割牛舌的事，回去以后不要告诉别人，如果看到或听到什么可疑的情况，立即到衙门里来禀报。接着，包拯告诉李金富，迟早会查出割牛舌的罪犯，叫他尽管放心。同时又告诉他，牛肯定养不活了，回去以后，先把牛杀了再说，牛肉多少还可以卖几个钱。

李金富当然相信这位和善的知县大人会查清这件案子的，不过有一点使他糊涂了，就是知县大人居然叫自己宰杀耕牛，这不是违法的吗？几天以前，知县大人还下过告示，重申了禁令，现在为什么又要变卦呢？他怀疑自己听错了，要不然就是知县大人弄错了，因此，两眼望着包拯直发愣。

包兴从小跟随包拯，对包拯的性情脾气是了解的，但是现在也给弄糊涂了。他不知道其中究竟有什么奥妙，所以把包拯的衣角一拉，嘴巴一努，要包拯注意李金富的神色。其实包拯早就注意了，他声色俱厉地对李金富说："本县刚才说的话，你听清楚了没有？我再说一遍，回去以后，先把牛杀了，再把牛肉挑到镇市上去出卖。"

李金富见知县大人的面色陡然一变，再也不敢多问了，连忙说："小老儿听清楚了，一切但凭大老爷做主就是。"说罢，又连着磕了几个头。包拯吩咐退堂，包兴跟随他回到后衙。

那李金富见知县大人说话没有分寸，心里也就不像刚才那么踏实了，他不知道自己的案子究竟会不会弄清楚，会不会得到公平的判决，所以，心里颇为懊丧，就有气无力地回李家桥去了。在后衙，包兴问包拯说："为什么叫李金富回家宰牛？"

包拯见包兴的神色很紧张，知道他在为李金富担心，就告诉他："这头牛假如不杀的话，顶多也只能活两三天！"这话并没有解决包兴心里的疑团，他又问包拯说："宰杀耕牛是违犯朝廷禁令的啊，大人岂不是知法犯法吗？"包拯发现这两三年来，包兴比以前懂事多了，自然很欣慰，但觉得这样紧张，也没有必要，便故意逗他一逗，又说："这事要不犯朝廷禁令，我还不叫他做呢。"

包兴不知道这是在开玩笑，更加纳闷了，两眼凝视着包拯。包拯看到如果不解释给包兴听，说不定他会一直感到担心的。于是，就小声地将自己的破案思路告诉了包兴，以免他再担心害怕。

听完了之后，包兴才明白，原来包大人虽然认为李伯泉、李二泉二人割牛舌头的可能性最大，但是证据还不够。至于把二人抓来，严刑拷打，逼取口供，也不是上策。他考虑到既然李伯泉、李二泉是为了泄恨，那么这两个坏蛋可能一不做二不休，暗中一定会察看李金富家的动静，如果李金富私下宰杀牡牛，那么他们绝不会轻易放过，一定会到县里来告发的。那时再将他们抓住，办他们的罪，不怕他们不服。

包兴听了包拯的话，心里虽然明白了，但还是放心不下，又问包拯说："老爷，要是李伯泉兄弟不来告发，别的人倒来告发了，老爷岂不是白费心机了吗？"

包拯回答说："话也不能这么说，别人来告发的话，同样也可以从别人身上找找线索呀！"

包兴问："那么为什么让那个地方先回去？"

包拯说："我不知道那个地方的底细，怕万一被他看出了我定的计谋，今后事情就难办了，所以还是让他先回去为好。"

包兴又问："那么为什么刚才老爷又不对李金富讲清楚，弄得他糊里糊涂呢？"

包拯说："这李金富是老实人，假使对他说明白杀牛是计谋，他恐怕就不会认认真真去办了，李伯泉兄弟也就不大可能自投罗网了。"包兴听了恍然大悟，情不自禁地从心坎里叫出了一个"好"来。

包拯笑了一笑，然后又很严肃地对包兴说："我是试试看，效果怎么样还难说，除我之外现在只有你一个人知道这里面的奥妙，可不能走漏半句风声啊！"

包兴连忙说："老爷，请你放心，我一定守口如瓶。"

至于那李金富，出城以后，心里不仅懊丧，而且越想越觉得事情难办，甚至神志有些恍惚，在三岔路口转错了一个弯，走到陈家桥渡口时，才发现不对头，于是又折回三岔路口，再回李家桥，到家时，天快黑了。走进牛栏一看，那头牯牛已经不能动弹，地上的血已经干了，并且比昨天的更多了。

到了晚上，李金富家可不像平时那么安静了，他吩咐大儿子根生帮他杀牛，那根生约莫二十岁，也识得几个字，听了父亲的吩咐，很不以为然，他再三劝父亲不要做犯法的事。李金富见根生不听吩咐，只好把知县大人抬了出来。他说："宰杀耕牛是犯法的事，我哪里会不知道，无奈这知县大人的命令，是不能违抗的。"

根生听说是知县大人命令杀牛的，也没有了主意。李金富叹了一口气，两行眼泪挂了下来，他带着呜咽的声音说："如今丢了牯牛不算，知县大人还命令我把牛宰杀掉，依了他犯法，不依他，也是犯法，真是祸不单行啊！"

当然李金富最后还是听从了知县的命令，等一家老小入睡以后，根生烧了两大锅开水，到半夜里，父子二人就动手杀牛了。杀猪的话，李金富倒是内行，可杀牛还是第一次，好在这头牛不杀也快死了，杀起来并不费劲。然而，由于牛大，灯又暗，等到父子二人把牛杀好，把血水、锅灶收拾好，东方已快发白了。

在李家桥这个村庄，除了除夕之外，平时绝少有人家点灯，几十年以来，一直就是这样。这天夜里，李伯泉因为胸口不舒服，痰吐个不停，就起来踱踱步，突然发现村东头隐隐有火光在闪烁。仔细一看，那地方正是李金富家。自从李二泉把李金富家的牤牛舌头割掉以后，他一直在注意着李金富的动静，因此对那一星灯光格外感兴趣，于是唤醒了李二泉，叫他前去探听一番。

那李二泉呢？因为昨天晚上割了牛舌头，既紧张又害怕，一夜没有睡好觉，现在又被唤醒了，还要叫他到李金富家去探听动静，心里很不高兴，但知道阿哥脾气坏，因此又不敢违背，虽然人不很清醒，还是跟跟跄跄地去了。到了李金富家屋后，他踮起脚从窗口往里一看，原来李金富、根生二人正在杀牛，在暗淡的灯光下，只见李金富紧皱着眉头，一声不吭，李二泉马上回去告诉了李伯泉。李金富这样胆小的人竟敢私自宰杀耕牛？李伯泉开始不大相信，但是听李二泉说得活灵活现，也就相信了。李伯泉觉得李金富丢了一头牛，损失已经很大了，现在冒险把牛私下杀了，想卖了牛肉捞回些老本，也是很可能的。又想到李金富平日对自己不够恭敬，就决定再去报官，让他吃一点苦头也好，于是天亮以后，就叫李二泉进城去报告知县大人。他自己也进了城，坐在茶坊里，听候李二泉的消息。

其实夜里看见李金富家杀牛的，不只李二泉一个人，还有李和尚。他本来在镇市上的一个小茶坊里赌钱，到后来输光了，只得回家，在路过李金富家时，发现里面在杀牛，所以也进城去报官，一心想领到赏钱再去赌一场。还有那个地方，他觉得自己身为地方，割牛舌的案子不破，自己的责任也卸不掉，所以夜里睡不好，一会儿上床，一会儿下床，因此也发现了李金富家的灯光。他决定前去看个究竟，刚出门就远远地看见李和尚鬼鬼祟祟地在那边张望，立刻退了回来。过了一会儿，他再走出门，又看见李二泉站在李金富家窗前，于是又等了很久。等到

铁面无私

包拯

这个地方到窗前张望时，李金富和根生已快把牛杀好了。这个地方觉得应该把这件事报告官府，而且李和尚、李二泉形迹都很可疑，其中准有一个人是割牛舌头的，于是就进城报官去了。李家桥进城的大路只有一条，四个人都碰上了，但他们都严格地保守着自己的"秘密"，嘴里尽说些不相干的话，敷衍别人。

经过茶坊门口时，李伯泉进去喝茶了，另外三个人进了县衙门，而这个地方，由包兴直接带到后衙去见包拯，他一五一十地陈述了夜里所看到的一切。包拯这才觉得这个地方不仅可靠，而且很负责，于是鼓励了他一番。

听了这些陈述，包拯觉得这事情果然如自己所料，李伯泉、李二泉和割牛舌头有关。至于李和尚，当然也有嫌疑，于是立刻吩咐坐堂，李和尚、李二泉在堂上分别检举了李金富私宰耕牛的事。

包拯先问李和尚："为什么半夜三更不在家中安睡，到李金富家中去偷看？"李和尚倒也爽快，回答说："不瞒大人说，小人喜欢赌钱，昨天夜里赌钱回村，看见了李金富家在杀牛。"包拯喝道："李和尚听着，本县早知你平日偷鸡摸狗，是个不务正业的游民，本要重重惩办，姑念你能前来检举私杀耕牛之事，如今将功抵罪，希望你改过自新，好好做人，站过一旁去吧。"李和尚回转身来往边上站开了，只剩李二泉跪在下面了，包拯把惊堂木一拍，大喝一声："好大胆的李二泉，你们弟兄二人横行乡里，欺压良民，作恶已非一日，居然将李金富家的牯牛舌头割掉，反而前来告他私宰耕牛，那还了得！你可知道，是本县吩咐李金富杀牛，来试探你们二人的。"这几句话就像千百斤重的锤子打在李二泉脑门儿上，一时吓得他话也说不出来。但稍微定了一下神后，还想抵赖，回说："我李二泉一向安分守己，因李金富私宰耕牛，犯了朝廷法令，故而向大人检举领赏，其他的事一概不知。"包拯见李二泉居然耍花腔，大为恼火，叫左右准备用刑。李二泉心想这事情全是阿哥出的主意，自己也犯不着如此认真。何况阿哥平日对自己也不怎么好！于是就从李伯泉叫他向李金富借牛说起，直到来衙门报案为止，把详情原原本本都说了出来。接着李伯泉也从茶坊里被捉拿到堂，受了一顿申斥，他只顾磕头求饶。最后包拯断案，叫李伯泉、李二泉立即将自家的耕牛赔给李金富，割牛舌的罪暂不追究，以后如再横行乡里，欺压良民，一并严加惩办。李金富所杀牯牛肉，准予在市上以官价公开出卖。

退堂以后，包兴随他们到了李家桥，监督李伯泉把自己的牛送进李金富家的牛栏。隔了十天，包拯带包兴又一次下乡察看民情，特地去探望了李金富和李伯泉赔偿的那头牛，李金富一再向包拯谢恩，说做梦也没有想到会照样得到一头牛。这一天，包拯的兴致很好，想起了李金富那个"牛如命"的绰号，就开玩笑地对他说："你是'牛如命'，我怎能不保住你的命根子呢？"说罢，大家都笑了起来。

包拯刚到天长县就破了这样一件案子，随后，整个县城都传开了，说天长县来了一个清官，而且断案非常厉害，这件事一传再传，后来人们都说包拯断案如神，包拯的名声也越传越远。

一心为公，远赴端州

包拯在天长县任职期间，以一件"牛舌案"而逐渐声名远播。由于父母已经去世，所以包拯就将自己的行孝之心转到报效朝廷、造福百姓上来。当时的天长县属于扬州府，而扬州府地处江淮平原，素称"苏北门户"，是个鱼米之乡。天长县毗邻扬州，虽是县邑，也相当富庶。在天长知县任上，包拯改革吏治，经过努力，终于使得这个地方的秩序井井有条，百姓安居乐业。由于这个地方本来就很富足，所以，包拯在这

里的政绩显得并不突出，但在当地已经有了很高的赞誉。对包拯来说，他的重入仕途有了一个很好的开端。

日月如梭，转眼间三年就过去了，包拯在天长县的任期也结束了。也是从这时候起，包拯对官场有了更加深刻的认识，虽然在接下来的仕途中遇到了很多的坎坷，但是，他一直坚持着自己最初的志向和誓言，并且不管在哪里任职，他都是一心为公，从不推脱。

包拯在天长县三年期满的时候，已经是宋仁宗康定元年（1040）了，虽然他在天长县的政绩并不是非常突出，但是他的声名早已赢得朝野的一片赞誉，然而，也许正是他的这些声名，才使得他面临更加艰巨的任务和职责。同年，包拯被擢升为殿中丞，并且被调到端州（今广东省肇庆市）知军州事，这也是他第一次任州一级行政长官。在中国古代的官场上，很多时候，官员的调任是非常微妙的，而此时包拯的任命就是这样。从表面上看，包拯是被擢升了，但是端州地处岭南，属广南东路，与中原之间横隔五岭，交通阻塞，语言不通，瑶僚聚居，天气酷热，还有"杀人祭鬼""巫觋挟邪术害人"的陋俗，被称为蛮荒之地。不仅如此，岭南地区自秦汉至唐宋，都是朝廷贬谪流放罪臣的地方，到端州当官，也就和被流放差不多了，所以没有人愿意去。而这个时候，包拯虽然被擢升了，但到这样的地方去，往往是要冒很大的风险的。其实，在这以前就有这样的事情，但是当时的官员没有人愿意去这样一个尚未开化的蛮荒之地。

按照当时的官制，官名是分两种的：一种是"职事官"，职事官是有差遣的，如包拯升殿中丞，知端州。殿中丞是官衔，知端州是差遣。一是"散官"，散官实际上是挂着官衔吃皇粮，所以又称为"寄禄官"。职事官有了差遣，就增加了职务（岗位）津贴，所以职事官的俸禄要比散官（寄禄官）多很多。亲戚朋友们都认为，包拯官升殿中丞，已有了官衔，即使不接受端州知军州事的差遣，当个寄禄官，虽然俸禄少很多，也算收入稳妥，实在不必接受这个差遣，到端州去受苦。知道包拯的任职之后，亲戚朋友纷纷上门劝说，让包拯请求朝廷改派到其他州郡。亲戚朋友的良苦用心，包拯心里是很明白的。然而，包拯并没有在意这些，他知道朝廷这样调任肯定有朝廷的用意。同时，经过这么多年来的观察，他也非常清楚，此时的朝廷也是有着很多的弊政，最明显的就是"三冗"，就是冗员、冗兵、冗费，并且这种情况非常严重。虽然还不至于积贫积弱，但是，百姓的负担依然是非常的沉重。北宋之初，官员只有三千人左右，真宗时期增加到九千七百八十五人。到了仁宗时期，朝廷官员激增至一万七千三百多人，还不包括未受差遣的京官、使臣、守选等。这些人中，很多都是没有实职，只吃俸禄的"寄禄官"，朝廷正如包拯说的"官多、禄多、税多"。

面对这样的现状，虽然有心励精图治，但是当时很少有人愿意前去岭南任职。很多候补的官员宁愿在家赋闲，也不愿去这样的蛮荒之地。这样一来，就造成了朝中官员冗杂，而岭南却缺少朝廷任命的有才干的官员。不仅如此，由于广南路严重缺官，便衍生出岭南各级官员的"南选"制度（即主政广南路的官员自行选拔基层干部，不必由朝廷选派）。除了监司一职必须由朝廷派遣之外，其余各州府、县邑为弥补官员不足，便由广南路转运使选差当地土著临时代理州、县官的职务。这类官员称"摄官"，没有品级，只权摄政事，属于临时代理。摄官的月俸仅三千钱，到神宗皇帝时才加至五千钱，州级官员的月俸，还不及正任知县的一半。由于待遇差，摄官一旦有权在手，也就容易贪婪腐败。并且一旦有正官接任，摄官便要归籍为民，没有升迁的机会，在这样的情况下，这些摄官根本不会全心处理政务，而是将心思都放在如何搜刮民脂民膏上。所以，在岭南一带，百姓多怨声载道，并且希望朝廷会派一些真正为民、有真才实干的官员来管理。

其实这种情况在宋朝一直存在着。淳化二年（991），朝廷不得不下达诏令限制摄官人数："宜令两路各于摄官内留选二十五人，以备承乏，余悉放归故里。"也就是说，只有少数历来有政绩的摄官才能够获得机会，还必须经过考核，才能成为有品级的正官，绝大多数摄官还是从哪儿来回到哪儿去。这个诏令不但没有起到限制摄官数量的作用，还加重了摄官内部人心浮动。到了仁宗执政时期，由朝廷派任广南路的州一级官员，又演变为派遣只当过一任知县的荫官。所谓"荫官"，大多是有较高官位者的子孙，是未能考取进士，借助父祖的权势进入仕途的官僚子弟。他们靠父祖的庇荫弄到一顶乌纱，却是闲极无聊，有胆量的便讨个差遣，到岭南来混几年，找到机会还是靠父祖的权势返回朝廷，或升迁到其他好的地方去。这样的纨绔子弟，知识浅薄，少不更事，阅历不深，经验不足，才当过一任知县，未经过严格考核，就让他们去当一个州的行政长官。这样一来，也是解决不了问题，甚至使问题更加糟糕。在岭南，曾经一度出现申冤无门的现象，这些不稳定因素，都使得岭南时常会发生民变或者骚乱。

包拯是个有抱负的人，看到百姓的疾苦，他的心里自是如同刀割。尽管亲友们不明白，朝廷那么多冗员闲官都不愿涉足岭南，包拯为什么要特立独行，不顾自己的前程；但是，包拯有自己的想法，当初的十年侍亲是为了行孝道，而现在自己所做的一切都是为国家尽忠。

包拯在应考之前就已经有了妻室，这个时候包拯的决定对整个家都有着非常大的影响。此时妻子董氏已经知道了丈夫心意已决，于是就没有再去劝说，而是默默地支持丈夫，并且悄悄地收拾好南行的衣物，提前做好辞别江南、远赴岭南的准备，与丈夫共度不可预料、难以想象的岁月。包拯接受了朝廷的差遣后，也没向亲戚朋友一一告别，便携带妻子董氏以及刚满九岁的儿子包繶，以及仆人包兴，放弃休假，提早登程，千里迢迢到端州赴任去了。

面对着不可知的前途，董氏虽然有些担心，但是，看到自己的丈夫有如此的抱负和胸襟，心里也慢慢地平定下来。对于包拯来说，这又是一段新的为官之路，但是，他的心中始终是朝着自己的目标前进的。

发展生产，造福于民

经过几个月的跋涉，包拯带着妻儿终于赶到了这个非常陌生的蛮荒之地。之前，虽然包拯曾在扬州府天长县任知县，对南方的环境和生活已经有些习惯，但是，刚到端州的时候，他还是感到不舒服，他的妻子董氏和孩子更加是水土不服。几个月之后，董氏才慢慢适应这里的生活习惯。

在古代，广东、广西一带都叫作岭南，由于这里交通不便，并且环境比较恶劣，所以多是贬谪流放之人的去处。早在唐朝末年，端州除了南边的西江，北边还有两三条小河流，其中最大的一条小河叫沥水。每逢暴雨，北岭山的山坑水夹沙带泥冲涌下来，年深日久，沥水积聚了大量的沙泥，逐渐淤塞。西江自三榕峡起，分南北两条水道，经双羊峡汇合流向珠江。端州是夹在其中的内河岛屿，称为"两水夹洲"。每年春洪夏涝，西江河水又淹没沥水河周围的大片土地，使得七星岩一带汪洋一片，直淹至北岭山下。水退去时，沥水排泄不畅，又积滞成沼泽湿地，成为端州的灾患。唐末宋初，北边水道由于河床高而逐渐淤塞，成为一大片沼泽湿地，仅留南边水道（即现今的西江河道）过零羊峡（后称灵羊峡、羚羊峡）流向珠江。北宋时期，七星岩后沥水一带都是沼泽湿地。包拯来到端州之后，并没有急着休息，在安顿好了妻儿之后，他就带着包兴等人，到处勘察地理，拜访老人，披阅方志史籍，对端州的

铁面无私

包拯

地理环境做了深入的调查研究，认为四十五年前状元陈尧叟任端州知州时筑堤、排沥的方法很好，一可以减轻西江洪水的险情，二可以排除沥水造田地。得到了这些资料以后，包拯就开始着手端州的发展，并且要在自己的任期内让端州有一个全新的面貌。

　　说到陈尧叟，我们需要来了解一下这个人。陈尧叟，字唐夫，四川阆中人，端拱二年（989）高中状元，时年二十九岁。陈尧叟在至道年间（995—997）到端州任知州，到任后，他明令沿江各县做好西江水情记录，并号召端州人民兴修水利，筑堤防洪。然而，由于当时这项工程量很大，并且要耗费很大的民力，所以直到他任期满的时候，这项利国利民的工程也没有完成。陈尧叟在任职期间，不仅号召端州百姓兴修水利，筑堤防洪，还严禁岭南杀人祭鬼，推广种植苎麻，做了不少有益于岭南的事，政绩颇佳，声誉甚好。由于陈尧叟政绩突出，后被擢升，虽然他想着完成这项工程，但是自己的请求没有被允许。随后，这项工程就被搁置了下来。虽然后来朝廷也曾派过官员，但是都没有什么政绩，而是只顾自己的私欲，搜刮百姓，使得这个地方一度又陷入了极其破败的境地。经过一段时间的亲自勘察和走访，包拯认为，筑堤防洪、排沥屯田、发展生产，是改变端州面貌的最好办法。但是，包拯来时端州的境况已与陈尧叟时大不相同，由于数十年间管治不善，洪涝为害，淤积日深，再加上人为的不断破坏，困难比之陈尧叟时大得多了。

　　北宋时端州少数民族聚集，土著俚僚（以苗、瑶以及水上疍族为主的少数民族）除部分与汉人杂居而逐渐汉化之外，大多数仍是"依深山以居，刀耕火种，以砂仁、豆、芋、楠、漆、皮、藤为利，至地力竭，又徙他山"。这些生活在大山里面的人，自言盘瓠之裔，椎髻跣足，刀耕火种，生性剽悍，善于登攀，登悬崖如履平地，出入持弩腰刀。男孩儿刚开始学步，便被长辈用烧铁石烙其脚跟，使之感觉变钝，故能践棘茨而不伤，其顽犷自幼而成。烈日下不顶笠，唯履以葵叶，闲时一起捕兽饮酒，击长鼓以为乐，一旦发生纷争，至亲亦会刀枪相向。他们过着十分原始落后的游耕生活，对土地的破坏十分严重。数十年来，官府对土著俚僚进行反复的征剿与招抚，虽然田峒的铜鼓多被深埋地下，更多的土著俚僚融合到汉人中去，但仍然有不少不愿屈服的土著俚僚聚啸山林，时常出山骚扰，夺谷抢牛，使得端州没有过一刻的安宁，这些都给当地的百姓带来了很多灾难，并且也使得这个地方的治安非常混乱。

包拯墓园

端州的这些情况，在早些年的时候，已经有人上奏给朝廷，尽管皇上曾经派官员到这里，但是大多没有什么成效。在包拯到这里之前，就已经听说过这里的情况。当时很多官员听说了这些情况之后，都是非常恐惧，不敢轻易前往。不仅如此，当时朝廷派的官员一到端州，第一要务便是"备峒寇"，就是随时准备征剿那些不服朝廷管治、从山谷中走出来的土著俚僚族群。然而打压愈重，反抗愈烈，越是征剿，越是难以驯服人心。北宋淳化年间（990—994），曾任支度判官，因上疏轻言立太子事获罪而被贬为端州知州的冯拯，按照朝廷的政策实施"括丁法"，强行将岭南土著渠帅属下的世袭农奴（洞丁）清查出来，变为向

朝廷纳赋供役的"编户"，对土著俚僚推行亦剿亦抚的政策。但是，由于这种方法对这些土著俚僚族群有着很大的伤害，而且这些人对朝廷也是时刻都充满了戒备心理和抵触心理，所以，在后来的管理中，这些族群时常和当地的官兵发生冲突，形势非常不稳定。

宋宝元二年（1039），党项族首领元昊（西平王、定难军节度使李德明之子）称帝，建国号夏。康定元年（1040），西夏侵宋，战事复起。在这种动乱的形势下，岭南各州、县小股土著俚僚的骚乱也不断出现，也就是在宝元二年三月，广州地界就有数百乱民揭竿反宋，端州虽未大乱，也已是动荡不安，时局极不稳定。这是社会动乱造成的困难，经济状况更是十分严峻。那时候端州正闹春瘴，千村薜荔，万户萧疏，不仅老弱妇孺，连青壮年也因患上瘟疫而失去劳动生产的能力。包拯这个时候走马上任来到端州，其困难之大可想而知。更何况包拯来端州时，只带了妻儿、家仆，连一个协理政事的助手也没有。而当时的端州府署，也没有留守的同知、通判。包拯孤身一人来到这蛮荒僻远之地，独力支撑政局，其中的困难更是难以想象。

然而，面对这样的重重困难，包拯并没有退缩。当时，包拯虽然在扬州一带富有盛誉，但是端州消息闭塞，并没有人了解他，这也给他的工作的开端带来了很大的困难。其实，端州自唐朝以来就很有名，这里环境优美，风景宜人，是很多文人士大夫游览观光的胜地，在七星岩还有许多名人题刻。大文学家、书法家李邕从钦州起程往澧州，途经端州游览七星岩，写下了著名的《端州石室记》，生动地描述了石室瑰丽的自然景观。但是，很多时候，一个地方的自然环境越优美，往往就会越贫穷，端州也是这样。虽然这里每年都有文人前来采风写诗，但是这里的百姓生活非常艰苦，常常是食不果腹。比起江淮平原，比起包拯曾任知县的扬州天长县，俨然是两个世界。

其实，在来之前包拯已经有了心理准备，但是等他看到这样的情景的时候，心中还是不觉一震。此时的端州，混乱不堪，自然灾害频发，百姓生产方式落后，农户耕种的都是"望天田"——撒下了种子便听天由命。生产和生活方式的落后，加上瘟疫长期为害，人们完全没有驾驭自然、征服自然的能力。造成这样惨淡的现状，并非都是自然灾害所致。在中国，历代皇朝都派力役给农民，在宋初，国家的力役沿袭自五代，基本上是按户派差，因此力役也称为差役，一般百姓还能够勉强承担。但是，到北宋中叶，朝政日益腐败，差役问题日益显现。在当时，且以三千户之邑，五等分（户）算，中等以上（户）可任差遣者约千户；官员、衙前将吏不啻一二百户，并免差遣，州、县、乡、村诸邑役人又不啻一二百户。这样一来，两三年内已总遍差，才得归农，即复应役，直至破尽家业，方得休闲。对于百姓而言，他们要承担的更多。在这样的情况下，由于征役无节制，官员又乘机敲诈，比较富裕的农户缴纳钱财可以免除差役；而免除了富裕农户的差役，实际上又向下摊分，成为中下农户的沉重负担，很多贫苦农户甚至因此而家破业败。农户为了应付沉重的差役，农业生产受阻，田荒园废，也就严重影响了国家赋税的征收。

随着时间的推移，这种情况也一直在恶化，但是都没有得到朝廷足够的重视。直到建隆二年（961）五月，朝廷颁诏"令诸州勿复调民给传置，悉代以军卒"。由军役代替民役，这是中国古代役法上的一个重大改革。但是，这个改革触及官僚阶层的切身利益，实施起来并不容易，尤其是岭南地区，山高皇帝远，在实施的过程中，更是大打折扣，百姓的负担丝毫没有减轻。后来，由于战事频繁，原本由军卒承担的一些负担都强加到农户的头上，百姓又陷入水深火热当中，生活更加艰难。

包拯来到端州以后，仔细地了解了端州的情况。他认为，民以食为天，要想彻底地改变这种现状，最主要的就是要恢复和发展生产。要做到这些就要调动百姓的积极性，然后团结起来，共同努力，才能最终实

铁面无私

包拯

现这样的目标，使百姓安居乐业，老有所养。包拯在熟悉了这里的情况之后，没有感到气馁，而是决心造福一方百姓。这个时候，他想起了恩师刘筠的教导：注重实际，力戒空谈，观察社会存在的问题，寻求切实可行的办法。随后的时间里，他深入细致地了解了端州的情况，很快就做出了一个令人惊讶的决定。

当时，宋代有两种军队：一为"禁军"，即中央政府统辖的军队、正规军，也称为上军，被视作"天子之卫兵，以守京师、备征战"，守卫疆土，以作战为主；一为"厢军"，是各州之镇兵，虽也有守土之责，但主要是从事各种劳役，因此也称为"役兵"。为了适应各种劳役，厢军可以专门招募有一技之长的人，甚至可将发配到当地的罪犯也编入到厢军中去，称为"配军"。由于地方厢军兵种复杂，"因事募人，团立新额"，有什么工役便立什么军号，军号也特别多，如桥道军、开河军、宁淮军（日常治理淮河）、步驿军（徒步递送文件），还有诸如水运军、防河军等。作为知端州军州事，他有调遣、指挥地方军队的权力，于是决定利用"以军役代替民役"这一朝廷虽未废止却已经名存实亡的政策。他上任后做的第一件大事，不是动员地方厢军去"备峒寇"，征剿出山骚扰的俚僚，而是组织地方厢军去筑江堤、排沥水、屯良田、备耕耘，着力恢复生产，继承了陈尧叟筑堤防洪、围堰造地的壮举。虽然包拯的这一举措并非先例，但在这个时期采用这种措施，无疑是一种大胆的做法。

同时，包拯也明白，此时的端州积贫积弱，已经没法与陈尧叟时期相比。但是，包拯也知道，在这样的情况下，只能先采用陈尧叟时期的措施来解决这些问题。于是，在接下来的时间里，包拯就下令进行将西江堤加固扩展的工程，防止春汛夏洪泛滥淹浸，排除沥水险情，扩充耕地发展生产。同时，包拯也知道，要想做到这些，除了动用吃皇粮的军队，再无别的办法。好在这个时候，包拯能够调动端州的军队，这一项工程才在包拯的领导下顺利地开展。

包拯很清楚，只有这样做，才有可能在较短时间内，也就是在他上任的头一年，改变端州的经济状况。有人力就能开发田地，有田地才能获得收成，有收成才能改变积贫积弱的现状。包拯当机立断，在厢军中组成了筑堤军、排沥军和屯田军，开展大规模的筑堤、排沥和屯田工程。他一边继续将护城堤围向西边扩展，一边开沥渠（后沥水）排除余沥，造田耕种。短短几个月的时间，高朗地被垦为稻田、菜地，低洼处被开为鱼塘、荷塘，堤围加固扩展，沥水逐渐排走。在以农耕为主的时代，有了土地就有了资本，只要撒下种子就会获得收成，沉寂的端州慢慢有了生机。

当地的百姓看到自己生活了一辈子的地方开始好转，心里也是非常高兴。但是，他们也显得有些疑惑，在他们看来，以往的很多当官的来管理这个地方，首先就是要征剿俚僚族群，然后就是要征收税赋，但是这一次大不一样了。他们看到，新来的官员没有做这些事情，而是让当兵的去干农民的活，整天在开垦荒地，排水围地，几个月的时间就造出了很大的一片可以耕种的田地，这一切都让他们感到非常新鲜和好奇。

刚开始的时候，人们还是远远观望，接着便愈走愈近，官府及时鼓动、号召，十天半月之后，就有人手痒起来了，有力气的便带上锄头、锹铲，和官兵们一齐干了起来，大家的干劲便一天比一天更旺盛。调动厢军本来就不是包拯的最终目的，号召农户垦荒屯田、发展生产，才是他的初衷。包拯是让厢军带头做个榜样，让端州的百姓自觉去筑堤、排沥、屯田，走一条自强致富之路。果然，经过包拯和官军以及当地百姓的共同努力，端州真的开始焕然一新了，包拯的这些措施真的非常有效。当看到百姓们又开始积极地耕种，包拯心里也是非常高兴。

很快，就到了夏种时节。以往这个时候，由于很多官员不管百姓疾苦，很多百姓根本就没有多少可以耕种的田地，而今年这个时候，端州却是非常热闹。官府不仅有了自己的屯田，还帮助百姓开垦了新的田地。不仅如此，不少农户不但耕耘了自己的熟地，还开垦出了新田，很快便在熟地新田上都播下了种子，插下了秧苗。端州几十年来从未有过的新景象，很快吸引了北岭山林中"依山而居"、以山为食，"至地力竭，又徙他山"的游耕俚僚走出山林，他们看到新来的州官不派兵征剿追杀，却让军兵排水围田，便悄悄地找熟人了解情势，听说新来的州官为人亲善，也就壮起胆来陆续出山投亲靠友，参加垦荒屯田。端州州署张贴出告示：凡屯垦出来的田地、鱼塘，都可以按官价卖给端州的农户种养，农户一时缺少银两的，可以到收成之后折谷缴纳。端州百姓获悉包拯这一利民政策，奔走相告，不少土著渠帅（农奴主、部族首领）也自动遣散属下洞丁（农奴），到端州买田置业，招募佃农耕作。许多已被遣散又无家室的洞丁，从此获得人身自由成为佃户。同时，包拯还注意到端州的生产技术落后，特意从天长县招来制造铁犁嘴的工匠，帮助改良耕作农具，让农民实行深耕细作。屯垦出来的土地插上的秧苗很快就见绿了，端州百姓靠自己的力量，赢来了一个丰收的好年景。

就在这一年丰收后，已经多年没有举办的庙会又开始兴办了。当时，很多百姓抬着菩萨神像游行四乡，感谢朝廷给端州派来了一位青天大人，也感激上天的恩赐，欢庆灾疫之年还能获得好收成。大家都希望从此驱邪禳祸，风调雨顺，五谷丰登，六畜兴旺。四十多年前冯拯知端州，以政治军事手段软硬兼施，实施朝廷制定的"括丁法"，没有能够彻底解决难题；四十年后，包拯以发展经济为根本的"屯田法"，第一年就有了显著的成效。也是来到端州的第一年，包拯在百姓的心目中树立起亲民勤政、为民众办实事的形象，受到端州百姓的拥护爱戴。有了好收成，就要考虑储粮备荒，兴建储藏粮食的仓库成了当务之急。包拯

在府署不远处选址兴建了"广储仓"，时至今日，端州人将包拯建广储仓的地方称为"米仓巷"，地名一直沿用至今。包拯来到端州所做的第一件大事就是排沥屯田，大力发展生产，迅速改变端州的贫困面貌，与他在天长县一上任就带领百姓上山种植桃树、改造天长县的自然环境一样，都是权为民用、福为民谋，抓关键、办实事，体现了包拯雷厉风行的工作作风。特别是在端州，他发展生产、储粮备荒、安定民心，抓住了最为关键的大问题，使端州没有因闹饥荒而引发骚乱。

民以食为天，包拯依照这个说理，在他的仕途生涯中，不管到哪里，他都是以发展生产为重，在他看来，只有百姓真正实现了温饱富足，天下才能太平，国家才能安稳。包拯的这种为官一处、造福一方的精神使得他赢得了朝野上下的好评，赢得了百姓的爱戴。

治瘴凿井，政绩卓著

位于岭南的端州，风景幽雅，是个陶冶情操的好去处。不仅如此，这里实施包拯的造田垦荒措施之后，百姓也开始有了自己的田地，逐步解决了温饱问题。但是，由于端州独特的地理环境，并且自然灾害非常严重，每当洪涝灾害过后，就会引发瘟疫，导致传染病流行。这种情况，在当地被叫作春瘴，这也是让包拯感觉最棘手的问题。由于当地雨水较多，并且时常成灾，很多时候，刚刚建好的地方又被淹了。每年的这个时候，百姓都是深受其害，很多年轻的劳力也因为得了这些传染病而丧失劳动能力，这给包拯也带来了重大的难题。

面对这样的情况，包拯认为，要想根治这种积贫积弱的现状，要想繁荣端州的经济，就必须找到根治瘟疫的方法。

铁面无私 · 包拯

针对端州的这种情况，绍兴进士龚茂良为英州安置，在春游端州的时候作了一首诗《端州一日有四时》。诗曰：

晴云当午僧挥扇，晓雨生寒人着棉。

此是岭南春气候，一日常有四时天。

岭南的气候变幻莫测，让人难以捉摸，正如俗语"春天孩儿面，说要变就变"说的一样。由于岭南雨水特别多，西江河支流多，"贺江雨湿石，西江涨三尺"，上游下雨下游涝。端州春、夏两季洪涝最多，西江洪水泛滥，淹浸到七星岩一带。洪水过后，七星岩周围的大片土地积水排不出去，变成不能耕种的荒塘沼泽。北岭山山高林密，树林间郁湿之气蒸腾，荒塘沼泽的死水腐草也散发出污浊的气体，两种浊气迷漫不散，当地人称之为"山林瘴气"。人一旦接触了瘴气便会得一种怪病，昏晕无力，上吐下泻。而且疾病带有传染性，在人与人之间互相感染，可能就是现今的疟疾，或者和疟疾差不多的疾病，在当时是十分可怕的瘴疫。那时候还传说有"瘴母"，十分可怕。而包拯自幼生活在平原地区，从没到过岭南，对这种病也没有什么了解。瘴疫无常态，说来就来，能损人肌体，使人丧失劳力。那时候，岭南医药落后，巫觋邪术横行。宋至道年间，陈尧叟曾严禁岭南杀人祀鬼。天圣元年（1023），朝廷"禁广南路巫觋挟邪术害人"；景祐三年（1036）二月，又以"广南兵苦瘴甚，为置医药"。但是患病的根源一直找不到，遏制不了瘴疫，"杀人祭鬼""巫觋挟邪"的事就禁而不止。医药治不好瘴疫，百姓也就只好去相信巫觋了。

包拯到达端州的时候，杀人祭鬼虽然不常有，但求神问卜却是非常常见。三圣宫、观音堂香火不绝，人头涌动；相邻的悦城龙母祖庙，庙门堵塞，烟火弥漫，鼎湖山到处都是求神佛保佑的善男信女。

在荒村陌道上，为染瘴疫死亡者挂白举幡的送葬队伍时常可见；甚至有的瘴疫患者，为了使亲人不被传染，让亲人将自己抬到山上活埋；有的得了瘴疫的老人悄悄爬出家门，默默走向荒野，含悲忍泪投身西江了却残生。看到此情此景，包拯食难下咽，睡难安眠，心急火燎，到处寻求根治瘟瘴的办法。端州东郊渡头村有位隐居的老进士姓梁名燮，祖籍河南洛阳，宋真宗咸平元年（998）考中进士，先任南雄通判，后为端州同知。他因为看不惯官场的黑暗腐败，愤而挂冠归隐，落籍渡头，以教私塾维持生计，已过了花甲之年。梁燮见包拯有为民之心，便赤诚相见。他懂得医理，也熟识当地生草药的性能，向包拯提出了中药与生草药配伍治疗瘴疫的方法。包拯立即遣派差役、动员百姓上山采药，按照配方用大镬煎煮，供端州居民服用，连续半月有余，总算将疫情压了下来。

然而，当时正是多事之秋。包拯一颗悬着的心还没放下，疫情又出现明显的反复，原来没有患病的人患病了，原来已经好转的人又复加重，端州成了一个人不敢至的地方，老百姓更是惊慌失措，惶惶不可终日。包拯心里明白，要制止瘴疫的传播，就必须找到瘴疫传播的源头。他一有余暇，便四处认真观察，仔细寻找那"始如弹丸，渐如车轮，遂四散，人中之即病"的"瘴母"。然而，经过一段时间的寻找，始终没有进展。这一天，包拯独自来到西江畔，看到几个端州居民在西江挑水。西江河中间，滔滔的江水奔涌流下，而江湾边的水却十分平静，漂浮着居民丢弃的污秽物品。居民倒掉用过的污水，又缓缓地回流到西江里去。包拯忽然想到，州署用水都是派人驾小艇到羚羊峡，在水流湍急的江中心处取水的。他寻思，这西江边流动十分缓慢的江水，会不会就是瘴疫的源头？他还想到，自己在家里喝水，都是烧开过的，而端州居民却有一个煮饭蒸水的习惯，就是在饭将熟时，用碗盛水放到饭锅里蒸，水虽然烫热，但还没滚沸，这样喝下去

包公井

会导致人患病，还有的人甚至直接喝接回来的水，这些很有可能就是百姓患病的根源。然而，当时山上流下的水不能喝，西江的水又受到污染，要改变端州居民长期形成的饮水习惯更是不容易，但只有让居民喝上干净的水才能解决瘴疫传播的问题。最终，包拯想到了挖井取水的办法，但很多人感到疑惑，都说大条西江河水用之不尽，还挖井来干什么？这不是劳民伤财吗？包拯主意坚定，找来衙役，亲自动手，就在州署前边开挖了第一口水井。州官大人亲自凿井，端州百姓感到新奇。包拯在城内城外居民密集的地方，又选了六个开凿水井的位置，让端州居民参加开凿。这六口水井的位置，连同州衙前的第一口井，和北岭山下的七堆石山一样，如同天上北斗七星撒落端州。百姓都说是天降祥瑞，瘟疫一定能够根除，心里都十分高兴，挖起井来劲头更足。岭南地下水足，凿井并不太难，大家齐心合力，仅月余便都先后完工了。居民饮用井水既方便又卫生，瘴疫不再蔓延，再加上中草药配方见效，染病的民众都逐渐康复了。

包拯在端州的三年时间里，为端州百姓做了很多好事，然而，这些在史籍方面都很少记载，或者是记录得很简单，唯独包拯亲自挖井这件事，在历代的见闻札记中，屡见记述而且颇为详尽，从这也不难看出，包拯当时的这一举措是造福于民的，甚至是功在千秋的。

在元末明初郡人董源的《义井记》，清代屈大均的《广东新语》、袁枚的《子不语》、李调元的《南越笔记》、宋起凤的《觯说》、张渠的《粤东闻见录》、范端昂的《粤中见闻》、檀萃的《憷庭稗珠录》、许奉恩的《里乘》，还有当代中山大学赵仲邑教授的《精庐小札》等书中对此事都有相关的记载。

董源的《义井记》中说："宋仁宗朝，包孝肃公以知扬州天长县，徙知端州。病民之汲于江，作七井以便其用。其一在府治内，后人以其水清冽比公之介，名之曰包公井。距府治西岳庙旁则其第二井也。其三在县学前街南，俗谓之义井。其四在分司巷口。其五在广济仓右。自广济而转城北门之左，其第六井也。自城北而复主帅堂之前，其第七井也（按，此处元代是肇庆路管军万户兼同知广南东说宣慰使分府所在地，明初系肇庆千户所在地，是本地最高军事机关，故称为主帅堂）。唯县学前、分司巷口两井，当通衢之冲，汲之者众。然皆以瓮缶出水，少不谨，则相撞击破毁，岁久填塞。水涸之月，绠不能以及泉。井之用，于是乎有间也。高要县判簿，乐平鲍君宣文，仰前人之遗矩，急斯民之日用，方庙学、义仓诸役甫完，欲兴修治。即买石儌工浚之，复躬自指画，出其瓦砾汗淖，补其敝漏缺。井之口，周以石阑。其外四隅，皆治使端正，甓砌平垣，尤愈于新……"

屈大均《广东新语·肇庆七井》中记载："包孝肃为端州守，尝穿七井，城以内五，城以外二，以像七星。其在西门外者，曰龙顶冈井，民居环抱。清源滑甘，为七井之最。此郡城来脉，山川之秀所发也。大凡幽豁邃涧之水，饮之消人肌体，非佳泉。佳泉多在通都大路之侧，土肉和平，而巽风疏洁，乃为万灶所需，食之无疾。孝肃此举，端州之人至今受福。大矣哉！君子为政，能养斯民于千载，用之不穷。不过一井

铁面无私

包拯

之为功，亦何所惮而不为乎？答曰：君子以劳民劝相，言凿井之不可缓也。"屈大均所说的城外二井，就是董源所列的第二与第六井。第二井是龙顶冈井，当地人称为"大井头"，大井头古井位于市区西部龙顶冈西麓的三联巷。井呈圆筒形，以弧形花岗岩石砌井壁。井口直径零点七五米，井栏为石灰岩，高零点三五米，栏口有绳痕。现今尚存。第六井在北门左图街西尽头处，俗称"沙井"，20世纪50年代初已填塞。董源所列县学前街南的第三井和在分司巷口的第四井，由于取水的人多，取水的陶罐经常撞破，日久被陶罐碎片填塞，虽几经疏治，最后还是填塞了。第五井在今米仓巷、高要市委宿舍大院内，是包拯所建广储仓的所在地。广储仓元代改名广济仓，明代改为丰济仓，清代改为督标后营守备署，清末被医生张玉屏购买，称为玉屏园，故第五井又称玉屏园井。如今这个水井的井栏已用水泥重筑，水井保存完好。

　　张渠《粤东闻见录》卷上"井水条"记载："肇庆昔有七井，包孝肃守郡时凿。内五外二，以像七星，在西城外者曰龙顶冈井，最为甘冽，今亦湮。城内五井不可考，当时碑石无存……"张渠，康熙五十年（1711）由副榜贡生出任太常寺博士；雍正五年（1727）补刑部郎中；雍正八年六月题补广东惠州知府，不久擢为肇罗道员；雍正十年迁广东按察使，后调任江苏布政使，又曾任湖南、江苏、湖北巡抚。他的《粤东闻见录》是其在粤期间所闻所见的笔记，并非虚妄之谈。以张渠所记，他来端州时已无缘看到包拯所开的七口水井了，龙顶冈井"今亦湮"，"城内五井不可考，当时碑石无存"了。张渠是在屈大均死后三十六年才到广东的，也就是说，在清雍正十年之前，包拯七井就"亦湮"，"碑石无存"，不复存在了。不仅如此，张渠《粤东闻见录》卷上"井水条"中还有一段话："……附城妇女多汲江灏。各署日需羚峡泉，雇夫舟运，穷日之力而往返。论者谓幽溪邃涧之水，饮之消人肌体，不如浚治龙冈旧井，多益而省费。"由于"幽溪邃涧之水"不能喝，居民只能再汲用回西江边不卫生的水，官府又要驾舟到羚羊峡去运水。因此人们又"浚治龙冈旧井"，把包拯所凿的旧井龙顶冈井挖掘利用，玉屏园井也应属于旧井重开。湮没重开，井栏便按清朝的式样来制造，这也是随着时代的改变而改变的事情。

屈大均所记府治内（即今丽谯楼后）的水井，百姓称这口井为"包公锁妖井"。传说包公在端州为官时，见有许多妖魔鬼怪为害百姓，便用妙计将九十九个妖魔诱骗到井里镇住，让其永世不得翻身。唯一成功逃脱的鹤精，慑于包公之威，改恶从善，修炼成仙，领着一群白鹤在府衙后边的披云楼上栖息，时常鸣唱，"披云鹤唳"便成了端州八景之一。民间传说中的妖魔，不就是当年流行的瘴疫吗？包拯开挖七口水井，让端州居民喝上甘甜的井水，摆脱了瘴疫，百姓就创造出"包公收妖"这样的传奇故事来了。还有更离奇的传说：包公在锁妖井前说"包收陆放马成湖"这么一句话，意思是说，包公把妖魔收到井里锁起来了，以后若有一个姓陆的人到端州，就会将妖魔放出来。到了姓马的人来当知州，端州城就会塌陷下去成为湖泊。据传到了清朝的嘉庆三年（1798），有一位名叫马书欣的来任肇庆知府，肇庆的百姓就以"包收陆放马成湖"这句话为理由，要求他不要上任。马书欣来此不足一年就走了，可能也与传说中包公说的那句话有关。民国时期，有陆桂芳、马炳乾两位先后来任高要县县长，也因这句话闹得沸沸扬扬。我们可以说这是传说或是迷信，但是也可以从中看到，包拯在端州人心中的分量有多重，以及端州人对包拯有多么崇敬。诚如屈大均言："孝肃此举，端人至今受福。大矣哉！君子为政，能养斯民于千载，用之不穷。不过一井之为功，亦何所惮而不为乎？"斯民能不齐呼青天乎？

关于包公井，还有其他传说。"沙井"就是董源列出的第六井（在北门左图街西尽头处），当时俗称"芽菜塘"。传说包拯曾经在那儿教

铁面无私

包拯

端州居民用沙井的水发豆芽菜，"芽菜塘"因此而得名。亦有传包拯将黄芽白（北方叫大白菜）的种子带到端州来，在今麦仔园一带教农户种植。后来黄芽白传遍两广，成为岭南冬春的主要蔬菜。还有传包拯在"富民坊"教居民制作山楂饼，医治小儿疳积。这些都是传说而已，并无书籍记载。包拯做一任知州，挖七口水井，就留下了许多传说。除了端州有七口包公井之外，四会县（今四会市）也有一口包公井。据光绪《四会县志》载："包公井在县署东南包公祠前。旧志谓，今已湮塞，不知何时重浚。今县厨日取汲焉。"四会包公井并非包公所凿，而是后人为纪念包公办案公正、为民申冤，以及感谢包公的救命之恩所挖，取"饮水思源"之意。

关于这些井还有很多传说，不仅如此，当地还流传着很多的包公秉公办案的民间传说。相传四会县城刘财主的妻弟林振鹏被告行凶杀人，判了死罪，留待秋后处决。包拯重审此案，使林振鹏沉冤得以昭雪。后来林振鹏中了举人，衣锦还乡，在家中建了包公祠，又开凿了一口水井，起名为"包公井"，让子孙后代永远不忘包公的大恩大德。明朝嘉靖元年（1522），四会县改建了当年的包公祠。清朝乾隆二十八年（1763）和光绪二十八年（1902），知县黄之选和知县刘恒都先后对包公祠进行了重修。这座包公祠每岁春秋都由县官捐廉致祭，其祝文写着："唯公守端，刚明方介，一砚清风，廉顽百世。邑原旧辖，泽无不届，感仰并深，馨香勿替。兹值仲春（秋），礼当展拜，伏冀来歆，福绥永赖。尚飨。"

在端州的任上，包拯做了很多造福百姓的事情。而在这许多的事情当中，最被人们牢记的就是治好春瘴、凿井救民这件事了。由来已久的瘴病时刻威胁着百姓的生命，而包拯的这些利民措施虽然只是凿了几口井，但却给端州的百姓带来了新的希望和生机，让这个沉睡了几十年的南方州县终于改换了面貌。现在肇庆红旗路边还有一口磨石光滑的深井，人称"包公井"，就是当年包拯开掘的七口水井之一。近千年来，端州人民谈起"包公井"来，无不对包拯充满敬仰感激之情。

题诗明志，创办书院

包拯一生功绩卓著，虽然他也是饱读诗书，但是却不善于写诗作赋，而是善于策论，这些也是和他做事务实、不求形式的性格息息相关的。包拯曾写一首五言律诗，是包拯流传下来的唯一文学作品。这首诗是包拯这次出来做官时写下的，是他的一首明志诗。诗曰：

清心为治本，直道是身谋。

秀干终成栋，精钢不作钩。

仓充鼠雀喜，草尽狐兔愁。

史册有遗训，毋贻来者羞。

"清心"是治身的根本，"直道"是处世的要诀。笔直而细小的树干，一定会长成支撑大厦的栋梁；百炼的纯钢，绝不能做弯曲的钩子。仓库里堆满粮食，连老鼠、麻雀也会高兴；田野里寸草不生，连狐狸、兔子也会犯愁。史册上记载着古人许多宝贵的教训，做官就要做好官，千万不要留下耻辱，让后人笑骂。这就是包拯出仕做官的座右铭。他在诗中直抒胸臆，堂堂正正地表明了自己从政和为人的道德准则，即清心治本、直道处世。

包拯在落笔首联就鞭策自己，"清心为治本，直道是身谋"，明确提出一个做人和做官的准则——做人要直，做官要清。能够做到这

铁面无私

包拯

样，就必须按孔子遗教，"欲修其身者，先正其心；欲正其心者，先诚其意"，即"意诚而后正心，心正而后身修，身修而后家齐，家齐而后国治，国治而后天下平"。"物有本末，事有终始，知所先后，则近道矣。"所以他认为清心寡欲，乃正心修身根本。包拯的政治生涯，正是"清心为治本，直道是身谋"的具体写照。颔联直接提出做人和做官的具体要求："秀干终成栋，精钢不作钩"。他认为要想成为国家的栋梁之材，就要像茂盛佳木，顶天立地，不怕风吹雨打；要像千锤百炼的精良钢铁，坚强韧拔，百折不挠。颈联的"仓充鼠雀喜，草尽兔狐愁"，进一步表露自己的政治抱负和从政目的。五谷丰登，仓廪充实，老鼠、麻雀都会兴高采烈；开荒种植，除尽杂草，野兔狐狸无处藏身。也有学者认为，"草尽兔狐愁"不是"除尽杂草"的意思，杂草除尽就没有兔狐了。后人有诗"留得塞山一片石，草间狐兔漫纵横"，而更深层次的寓意为：国富民强，民康物阜，则自然国泰民安，社会升平；铲除一切弊政，使奸佞小人无法钻营、难以藏身，人民自可安居乐业，这才是为民父母官的从政目的。尾联"史册有遗训，毋贻来者羞"中"史册"者，史牒也，考诸典籍史牒，不少圣贤训诫：做人要正直，做官要清廉，否则只能千秋万代受人唾骂羞辱，不足效法。

诗言志，诗如其人，这首诗充分反映了包拯居官的指导思想：清心寡欲，廉洁奉公，正身立朝，无私无畏；要立志做国家的栋梁，刚直不阿，努力使国家富强，坚决铲除奸恶，做个无愧于先贤和后人的清官廉吏。包拯这种思想境界，在当时确实高人一等。他言行一致，躬身力行，奋斗了一生。后来，包拯立朝二十六年，上报国家，下安黎庶，勇斗贪官污吏，一身正气，终于成就了一个扬名千载的杰出人物——"包青天"。

其实，这首诗是他在端州的清心堂所作的一首诗。当时，包拯任端州知州时的端州州署，是一座具有岭南特色的庭院式建筑。除了处于正中位置的"衙门大堂"之外，周边还有好几个堂，做各种办公用途以及公职人员住宿的地方，所以州署也建了休憩的庭院，院内还有轩，垒石做棋枰。由于端州很久没有人来进行有效的管理，所以署衙内的很多摆设都已经有些破旧了。看到这种情况，当时包拯将州署从东城往西迁，"设定了端州城区的中轴线，为后来兴建宋城墙奠定了基础"；"整个宋代城市的格局已由包拯确定了下来，可以毫不夸张地说，沥湖，即现在星湖景区的山水布局，包拯时已规划出雏形。"根据明万历《肇庆府志》记载："鉴止堂在府治西，旧名枕书堂。中和堂在府治东，旧名清心堂，又名静治堂。以上俱宋守包拯建，改今名。旧志拯所名堂尚有相魁、敬简、双瑞、节、秋霜、宅生，今俱为廨舍。"又说："菊圃在府厅西，宋守包拯建。行十数武有轩，轩前垒土为山，砥石为棋枰，榜曰'烂柯洞天'，今废为廨舍。洗砚池，在府治西，北宋守包拯凿。"清康熙《肇庆府志》及乾隆《肇庆府志》的记载大致相同。按志书的记录，凡包拯亲手所修建的都说明是"宋守包拯建"，其余建筑是"拯所名堂"而已。这说明了包拯到端州后未建州署，只在旧州署内增建了枕书堂和清心堂，在府厅西开了菊圃，在府治西北开凿了洗砚池，"宅生""相魁""节""双瑞""敬简""秋霜"等都是包拯在增建两个新堂之后重新命的堂名。"宅生"即是寄托生命的意思，身为知州、知县，是老百姓的生命寄托所在，万万不能疏忽懈怠。"相魁"应是仰察斗机（北斗七星的第三星）的意思，也就是仰察皇上，恭候朝命，与包拯的忠君思想吻合。"节"指旌节，藏立旌节并定时祭奠的州府楼堂称为节堂，包拯来任时端州是军州，知端州也就相当于节度使领刺史，应佩双旌节。"双瑞"是指镇圭（礼器）、牙璋（兵符），意指负有征守、备凶荒、治军队的职责，与节堂所标示尽管相近，但仍然有别。节堂是从整体标示，双瑞堂则从具体标示；两堂并列齐举，足见命意的严谨郑重，表现出包拯对知州职责的凛遵铭刻。"敬简"出自《涛经》

"岂不怀归？畏此简书"，以做州署的警示、策励。"秋霜"表明州官必须气度威严，才能对付奸狡邪恶。包拯所起的堂名表现了他忠于君王、忠于社稷、惠泽民生、谨守职责、警醒自律的追求，体现了为国为民的赤胆忠心。

在这新旧八堂之中，包拯去得最多的是增建的清心堂，无论是愤怒、高兴还是忧愁、烦闷，他都要到清心堂坐一坐、想一想，平复一下心绪，并且经常以自己在清心堂题写的"清心为治本，直道是身谋。秀干终成栋，精钢不作钩。仓充鼠雀喜，草尽兔狐愁。史册有遗训，毋贻来者羞"为鞭策，时刻警醒自己做官的原则。

包拯一生富有改革思想，又是一个实干家。他在端州的时候，正是以时任谏官的范仲淹为首的革新派酝酿和实施新政的时期。包拯远在岭南端州，身体力行，踏踏实实做了许多革弊兴利的事情，使端州在两三年内便起了翻天覆地的变化，用实际行动支持了"庆历新政"的改革。

经过大分裂后统一的宋朝，为了避免分裂再次出现，宋朝初期的三个皇帝，出于政治上的需要，都尊崇黄老思想，提倡"清静无为""循谨缄默"，实行无为而治，几十年间，习成风气。刘皇后操控大权时，先后任用王曾、王钦若、张知白、张士逊、吕夷简等人为相，朝政率循旧章，依旧执行"守内虚外"的国策，致使官僚军伍冗滥，办事效率不高，作战能力低弱。为解决"积贫积弱"，朝廷又不惜增加赋税。百姓如牛负重，怨声载道，造成士兵暴动，农民揭竿。加上西夏入侵，内外矛盾不断加剧，正是"一年多如一年，一火强如一火"，社会危机日趋严重。此时，有识之士纷纷提出革新的倡议，以救国家于危亡。

仁宗亲政之后，擢升范仲淹为参知政事，韩琦为枢密使，富弼为枢密副使，三人同以宰相执政；又以欧阳修、蔡襄、王素、余靖同为谏官，期望能够推行更新朝政的革新方略。当时正是：宋兴，士大夫之学，亡虑三变。起建隆至天圣、明道间，一洗五季之陋，知乡方矣，而守故蹈常之习未化。范子（仲淹）始与其徒抗之以名节，天下靡然从之，人人耻无以自见也。欧阳子（修）出，而议论文章粹然尔雅，轶乎魏晋之上。久而周子（敦颐）出，又落其华，一本于六艺，学者经术遂庶几于三代，何其盛哉！则本朝人物之所由众多也。改革者为挽救"积贫积弱"，"方庆历、嘉祐，世之名士，常患法之不变"，都以重振儒学、挽救天下为己任，掀起一场儒学复兴运动。景祐二年（1035）九月，仁宗诏辅臣于天章阁应对，范仲淹与富弼联名上《答手诏条陈十事疏》，提出一套革新的基本方案：一"明黜陟"，提倡依官吏政绩决定升迁罢黜；二"抑侥幸"，限制官僚子弟依据恩荫充官；三"精贡举"，变更学校传习之业及科举取士之法，应"教以经济之业，取以经济之才"；四"择长官"，重视对地方官吏的择选，而使政令下达，杜绝扰民；五"均公田"，均定官所占职田的收入；六"厚农桑"，主张重视农业生产，修复水利，以利财政收入；七"修武备"，建议招募强壮之丁，以充京畿卫士，令其三时务农，一时教战，既可省兵费，又益京师防卫；八"减徭役"，提出合并州县，以利减轻户少之州县百姓的赋役负担；九"覃恩信"，要求朝廷及地方政府官员恪守职责，严格执行宋帝及朝廷所颁大赦等恩惠，以取信于民；十"重命令"，即慎重订立条法，一经颁行，各级官吏必须照章遵守执行。这些革新的政治主张，赢得了仁宗的高度评价，也得到了当时革新派的大力支持。

　　包拯对这次的革新也有一些了解，虽然他现在远离东京，但是也时刻关注着时局的变化。在端州任上，包拯不仅严格要求自己，一心造福端州百姓，而且还非常重视端州的文化和教育。当时的端州由于连年的灾害，百姓多食不果腹，野蛮愚昧，更谈不上学文识字了。端州在包拯的领导下已经有了翻天覆地的变化，这个时候，包拯想的就是要大力发展文化教育，只有这样才能够使端州摆脱野蛮和愚昧的状态。在这样的想法促使下，包拯经过再三考虑，决定在端州建造一座宝光寺。这座宝光寺位于东厢临江，后改天妃庙。从志书的记载来看，包拯知端州时兴建的宝光寺，遗址在如今的崇禧塔东堤围上，即当时端州东郊的渡头村附近，土名叫"飞鹅嘴"的地方。宝光寺供奉的是玉皇大帝，不是个镇妖降魔的神佛。在当时，宋朝的皇帝都称自己是玉皇大帝派下凡间治理天下的，包公建宝光寺，意在鼓励端州人要服从朝廷管治，维护社会稳定与国家统一。包拯建造这座寺，也体现出了浓厚的忠君思想。包拯从青少年时起就立下了为皇帝、为朝廷"竭忠死义"的决心，这也是包拯一生都受到仁宗皇帝赏识信任的原因。

　　当时正处于儒学复兴的大变革时期，在范仲淹等改革者酝酿、推行"庆历新政"的时候，包拯还是一个地方"芝麻官"，处于"江湖之远"。从天长县知县升调端州知州之后，端州的地瘠民穷，更使他对国家的"积贫积弱"深有体会与感触。他对新政、对革新是抱支持态度的，因为他清楚作为一个地方官对朝廷、对百姓的责任。包拯既重视实践，运用管治一州的权限，以为民办实事来为朝廷分忧、为改革出力，又是一个重视学问的人，十分注重人才培养。特别是来到岭南端州后，他更深刻地体会到人才的缺乏，将兴文办学作为为政的责任。包拯深深地知道，要想真正地提高端州百姓的文化素质，培养能够报效朝廷、为民造福的实用人才，最好的方法就是兴教办学。随后，包拯在端州创办了星岩书院。

　　书院的名称始于唐朝，是负责编纂、撰述图书并储备顾问的机构。如唐开元六年（718）设丽正修书院，八年之后改称集贤殿书院。书院置学士，掌校刊经籍、征集遗书、辨明典章以备顾问对应，是一个培育人才的地方。包拯青年时深受翰林学士刘筠的影响，认为选拔和培养人才是关系国家盛衰的大事，而所选皆须胸存谋略、讲求治道的实用型人才，这和以范仲淹为首的改革者"教以经济之业，取以经济之才"的主张是一致的。

在教育方面，岭南比之中原地区、岭北地区都要落后。唐初，文化典籍的讲习，在中原、岭北已经由私人普及到县，而直到唐天宝十三年（754），朝廷才颁布诏令，岭南五府实行科举制度，敕各府民间"自身有词藻可称者……任命应诸邑乡贡……有堪及第者，具奏闻"。到了唐宣宗大中五年（851），开建（今封开县部分）才出了个"岭南第一状元"莫宣卿，"南方异地产奇才，突破天荒出蒿莱"。但是，文化发展是延续的，文脉切断就会出现青黄不继的断层。北宋时期，岭南也正是处于这样一种状况。特别是宋初，朝廷曾经一度不许州县随便兴学，设立官学、书院还要经过朝廷的特许，这在一定程度上抑制了岭南教育的发展。

包拯在宋康定至庆历年间（1040—1042）创办星岩书院。那时候，中原至岭北，有著名的四大书院：江西庐山五老峰南麓的白鹿洞书院，因唐李渤隐居读书，曾蓄养一头白鹿而得名；湖南衡阳北石鼓山的石鼓书院，为景祐年间仁宗所赐名；河南登封太室山（嵩山东峰）的嵩山书院，早于北魏孝文帝太和年间始建，原为嵩阳寺，后于宋景祐二年（1035）仁宗更名为嵩阳书院；河南商丘的应天府书院，因商丘旧名睢阳，亦称"睢阳书院"。这些书院都选择山林名胜之地作为院址，清静幽雅，吸引了众多著名学者前来讲学。而岭南，在包拯之前还没有书院创立。包拯在岭南西江流域首创星岩书院，开了岭南办书院的先河。书院选址在州城北郊的宝月台，亦是当时端州最为秀丽、清静、幽雅的地方，"宝月荷香"是闻名遐迩的"端州八景"之一。星岩书院设有专门的学舍，也建有专门给教员、学生住宿的地方，然比之"应天府书院"筑学舍一百五十间、聚书一千五百余卷的规模，可能要小许多。虽然星岩书院没法和其他大型书院相比，但就从属于"南蛮"边远之地来说，办书院本身就是一件了不起的事情，并且这一举措对端州的文化教育发展起了很大的作用。星岩书院不是官学，但它在教育上具有较高的层次。地方上的府、州、县学侧重于儒家主要经典的传授，为科举应考做准备。而书院主要是进行专题讲学，多邀请著名的学者、专家掌教、授课，学术气氛较为浓厚，为地方培养懂得经济、懂得治理的实用型人才。然而，由于当时的岭南偏远蛮荒，交通不便，加上端州瘴疫流行，中原人才到岭南游历、流寓的不多，特别是包拯治端州的前后十年，少有中原名士踏足端州，更没有像范仲淹这样的大师前来讲授。星岩书院创立不久，包拯又调任上京履职，书院得不到后继知州的重视。加之"庆历新政"，很多有政治主张的人物，借书院作为百家争鸣的场所，"讽议朝政，裁量人物"。"庆历新政"失败之后，书院因涉及政治斗争而受到抑制，端州星岩书院也难以幸免。到了元丰年间（1078—1085），知州王泊上任，将星岩书院改为"石头庵"，书院因此停办。因为当时端州城东已经有了一座"石头庵"，为了与此区别，当地百姓就把"星岩书院"称为"西石头庵"。南宋淳熙年间（1174—1189），高要人黄执矩才恢复了星岩书院，一直办到明朝初年。星岩书院不但是西江最早，也是广南东西路（广东、广西）较早兴办的书院之一。它的创办，标志着西江地区的教育先行了一步。

不仅如此，包拯还建造了文昌祠，"文昌祠在城西景星坊，宋康定郡守包拯建"。"文昌"是天上的星官名，属紫微垣，包含六颗星。月在北斗魁星附近，其中第六颗叫司禄星，也称为"文曲星""文星"。"文昌帝君"主宰人间文运科名、文章学问，是科举士子的守护神。文昌精神是一种奉献精神，总体可归结为：文章学问，无不从阴德中来，不积阴德，便无以自立。因此文昌精神劝人广行阴德，努力提高自身的道德境界，从而实现最高理想。包拯修建文昌祠，也是为了弘扬奉献精神，对为善者鞭策，对为恶者警诫。用包拯的诗来概括，就是"清心为治本，直道是身谋。秀干终成栋，精钢不作钩"。鼓励读书人努力学习，科场夺魁，为国家效力，为百姓谋福。包拯是进士出身，参加过殿试，因此很重视科举取士。建文昌祠，让学子们祈祷文昌帝君神灵保佑，是他劝学的宣传手段，良苦用心由此可见。他希望在地处岭南，比起中原、江南文化还相对落后的端州，青年人能够养成学习的风气，用文化知识改变端州这种积贫积弱的现状，让百姓都能够安居乐业。

古代讲究的是文能治国，武能安邦，包拯也正是在这样的一种思想的促使下，在地处偏远的端州兴起崇尚文化的风气，这在当时来说，的确是一件了不起的大事。发展文化教育，乃是千秋大计，包拯不仅做到了一个士人和为官者该做的事情，而且还将这些事情做得更大，这些是非常难得的。

振兴经济，兴建驿馆

自古以来，一个官员到任，要想做出政绩，最根本的还是要发展经济，只有这样才能够真正改变当地的状况。

端州在很长的时间里消息都非常闭塞，经济也是非常落后。包拯到达端州之后，就开始着手解决端州百姓的衣食住行，并且逐步解决端州经济发展的问题。当时，宋朝盛行的是集市贸易，也就是一种短距离的、市镇周边的物资交流。西江两岸的许多乡镇都有圩市（集市），定有圩期。圩期期间，邻近的居民都到圩市"趁圩"（北方称圩为集，趁圩称为赶集）。

在北宋兴旺的时期，端州的集市贸易也是很有名的。随着经济发展、门户开放，物流业随之兴旺起来，面临西江的端州，货物运输也迅速发展。那时候岭南的军事、政治中心已经向广州转移，广州的对外贸易逐渐发达。宋初学者钱易也说："端州以南，三日一市，谓之趁圩。"那时候，圩上摆卖的主要有陶瓷器、纺织品、藤竹器、木器，也有卖端砚给读书人用的。然而，后来的端州疏于管理，集市慢慢地萧条荒废了，百姓的生活也变得苦不堪言。

包拯在上任后不久就对端州的历史有了一个很全面的了解，并且务真求实，切实为百姓谋福利。随着包拯采取的一系列措施，端州在包拯的有效治理下，农耕经济发展迅速，在包拯任期内，端州的人户比广州还多。经济的发展促进了物流的兴旺，西江流域出产的粮食、丝帛、茶叶、香料以及矿产多在端州集散，港口的运输状况迫切需要改善。根据情况，包拯及时兴建了崧台驿站，既方便了官职人员往来办事，也方便了商贾的货物运输。

包拯兴建的崧台驿站，是端州有史以来第一个功能颇为完备的驿站，为端州从贫弱转向繁荣做出了卓越的贡献。包拯兴建崧台（古称驿站），这是端州地方第一个交通和邮政总站，以方便公文书信与客商过往，崧台就设在西江边上鹄奔亭（故址在今阅江楼）。方志学者刘伟铿说："城西崧台驿，原端州驿，在今阅江楼。隋朝时始建，包公时已毁，为方便公文书信来往及船舶装卸，包公迁建于城西大菜园村西侧，今建有包公祠。"而钟士周在1992年撰写《解放以前的高要邮政》中载："高要县的邮驿机构，始建于宋仁宗康定元年（1040），是年，包拯任端州知事后，在高要县城西兴建驿站和递运所。明洪武二年（1369），驿站迁往城东石头岗（今阅江楼西侧），称崧台驿。明正统六年（1441）递所并入崧台驿，这是高要县历史上的第一个交通总站。"

从隋朝至唐朝，端州的驿亭年久失修甚至圮毁，直到包拯知端州时才兴建了驿站。古时驿站与驿亭有所区别，驿站是传递文书中途歇脚之处，而驿亭是行旅止息之所，杜甫就曾有诗说"风帆数驿亭"。若如此，刘伟铿所说隋朝所建的端州驿，应是指供行旅止息的驿亭，而不是后来包拯所建的驿站了。驿亭很早就有，汉朝时的"鹄奔亭"应该就是驿亭。后来的驿站和驿亭二者功能合一，统称为驿站，既是传递文书的中途歇脚处，也可做行旅止息之所，更主要的作用是作为物流的中转地，方便商贾的贸易往来。就如到了明朝将递所并入驿站一样，驿站也取代了功能单一的驿亭。

崧台驿位于端州城西，明洪武二年（1369）至成化六年（1470）期间，驿站曾一度移设城东一里的临江处，后来又于旧址复建。明《钟大咸古寿仙桥记》记载：崧台驿位于西濠口寿仙桥旁，"予步自城南溯江而西一里许，至崧台驿。其左盖有桥云。西城外有水于濠，放于江。夹涯之间，堑陷溢险，兹桥盖以濠设也……而况兹桥当崧台之要冲，所利赖非小哉"。据明万历《肇庆府志》、清康熙《肇庆府志》载："寿仙桥在崧台驿左，旧志在西濠口正当东西孔道，以木为之。万历二年知县张延熙伐石重建，举人钟大咸记。"也说明崧台驿位于西濠口寿仙桥旁。《古今图书集成》记崧台驿路面常遇水淹，故用石铺砌。明万历《肇庆府志》和清康熙《肇庆府志》也有相同记载，为防水淹，知府黄颐和袁载都曾命人以石筑台及"瓮甓石为说"。"石嘴街"之"石"字，也当由此而来。清道光《肇庆府所绘肇庆城图》也清楚标明石嘴街为西濠口出处。据明万历《肇庆府志》和清康熙《肇庆府志》记载，崧台驿为"水马驿，在城西，宋郡守包拯创建……水路：崧台驿下水一百二十里至三水县西南驿；上水一百二十里至新村驿，一百里至寿康驿，一百里至麟山驿，七十里至梧州府门驿……陆路：崧台驿八十里至腰古驿，五十里至新兴县，七十里至独鹤驿，一百二十里至恩平县，七十里至莲塘驿，六十里至阳江县，六十里至乐安驿，六十里至太平驿，九十里至电白县。恩平县一路，六十里至新会县、蚬冈驿。乐安驿一路，九十里至阳春县……"可见，崧台驿及周边都形成了水陆交通网络，端州的经济自然就繁荣兴旺起来了。

铁面无私

包拯

包拯知端州军州事不足三年，在这样短的时间内，面对端州的州贫民困，他尽心尽力薄赋敛，宽力役，救荒馑，抚慰民心，安定社会。与此同时，他毅然调动厢军，筑堤防洪，排沥屯田；带领州民，开凿七井，根治瘟疫。这些行动让端州的农业经济发展起来，为短期内改变端州积贫积弱的面貌打下了扎实的基础。他建起了广储粮仓储存粮食以应付灾荒，使端州百姓度过了最艰难的日子，端州社会很快从动荡转向稳定。随之，包拯又着手整顿吏治，杜绝贪污受贿，严禁利用折变、支移等不法手段剥削百姓，更明令端砚的征收"方足贡数"，使端砚一业振兴而带动百业畅旺，鼓励并促进了端砚、草席、陶瓷、竹木器等端州特色手工业的发展，从而扩宽了税基，增加了赋税收入。此外，他又兴建崧台驿站，水路上接梧州驿，下通西南驿，陆路通连新兴、恩平、阳江、电白、新会而至江门等地，使商业贸易飞速发展。面对十分恶劣的环境和种种困难，包拯不是头疼医头，而是通盘考虑，全面施控，其构思之周密、规划之科学、安排之得当、执行之果断、落实之认真，都可见包拯超乎寻常的睿智和才能、雷厉风行的胆识和魄力。

然而，由于端州已经是积弱积贫，虽然经过包拯的励精图治有所发展，但是包拯在端州的任期只有三年。对于包拯和端州百姓来说，这三年的时间太短了。包拯离开端州之后，很多有利于百姓的政策都没有得到有效的执行，也正因为这样，包拯更是受到端州百姓的赞誉。事实上，包拯后来能成大业，除了他在青少年时期受到严格良好的儒家思想教育之外，更重要的是他入仕之后经历的实践磨炼。端州这个特殊的环境，使他形成了"清心为治本，直道是身谋"的高尚品格。包拯知端州三年，赢得了"包青天"之美誉，此后为官亦是"立朝刚毅""临政无阿"。由此可见，知端州三年是包拯一生仕途的重要阶段。

包公掷砚，青天留名

宋仁宗康定元年（1040），包拯四十二岁，晋升为殿中丞、知端州（今广东肇庆市），职权范围扩大了，更有利于施展抱负，所以，他不顾地方偏远，立即起程赴任。当时包拯的同僚们，大多认为京官晋升快，不大愿意做地方官，尤其是不愿到边远而荒僻的郡县任职。包拯倒对地方官比较看重，觉得这是代替朝廷亲身为黎民做事的差使，关系至为重大。因此，他一生曾多次建议朝廷，对于"耳目接于民事，政令所出，惨舒攸系的州县官，不可轻授"，应当"精复治状、审验人才"，选用熟悉民事的廉直的官吏担任，不用那些贪残苛虐、败政害民之辈。包拯这次出任知州，似乎有意为地方官做个楷模，后来的行事果然与他人不同。

端州位于广东西江的中游，面临浩浩荡荡的江水，背依葱葱茏茏的北岭，是一座山清水秀、风景优美的古城。然而，尽管从唐代以来，端州就是文人士大夫游览观光的胜地，可是当地居民却没有那样的雅兴，仍然是贫困不堪，生活艰难。这里生产方式落后，广种薄收，撒上种子，就听天由命了，叫"望天田"，旱涝不保，产量很低，百姓的生活很是穷苦。当时的端州，实际上还是相当落后、急待开发的自然型地区，比起长江中下游的先进地区来，俨然两个世界。

包拯上任后，决心为百姓做些兴利除弊的好事。端州除了自然风光秀美外，还有一种全国著名的特产——端砚。砚台与笔、墨、纸并称文房四宝，是文人士大夫的必备之物。端州出产的砚台有许多独特的优

铁面无私

包拯

点，是外地砚台望尘莫及的。端砚石质坚实温润，纹理细密，发墨快而不涸，溜不损毫，书写流利生辉，从唐代起就享有盛誉，成为朝廷内的"贡品"。到了宋代，端砚更精，每年照例为朝廷无偿进贡一定的数额，士大夫视端砚为至宝。据说唐代名臣魏徵有一方端砚，平时珍藏起来，只有给皇帝写奏疏的时候才使用，临死还嘱咐以此砚陪葬，可见喜爱之甚了。女皇帝武则天曾将一方刻有"日月合璧，五星联珠"的绿端砚赏赐给宰相狄仁杰。狄仁杰不愧为贤相，他知道端砚采制不易，特奏请皇上减少了"贡砚"数额，砚工为此感恩戴德，称颂不已。宋代士大夫更是以有端砚为荣，著名文学家王安石、苏东坡等，都曾以自己的宝贵端砚向人炫耀。端砚的雅号也多了起来，最有名的如"鱼脑冻""胭脂搽""灵卯""紫花虹霓"和"蟾蜍砚"等，若是砚台上有碧色石眼就更名贵了，而且多多益善，谓之"鸲鹆眼"。

然而，天下事有其利亦有其弊。端砚因为精美贵重，反而给制砚工人带来了灾难。凡是到端州做官的人，总是在"贡砚"的数额之外加征数十倍的端砚，用它去贿赂朝廷权贵，作为升官发财的"敲门砖"，沉重的负担压得砚工苦不堪言。

在到端州之前，包拯就对这里的端砚有了一些了解，当时在朝廷中，端砚更是达官贵人所追求的东西。

包拯来到端州之后，整天只顾着为百姓谋福利，很多时候，到了深夜还没有休息。由于开始的一段时间太劳累，自己喜爱的书法也没有练习。这一天白天，包拯打量了一下昨天夜里没有看仔细的房间，桌椅摆得整整齐齐，没有一点灰尘，靠近窗口的那张书桌上，放着一套颇为精致的文房四宝——纸、墨、笔、砚。从小就喜爱写字的包拯，能把王羲之的《兰亭序》临摹得和原本一样秀丽，如今看见了这一套文具，练字的兴趣又来了。他从书箱里取出了《兰亭序》，坐下来聚精会神地写了一遍，似乎今天的笔特别听指挥，砚台里的墨一磨就是一池，而且不大容易干涸，仔细看这砚台式样古老，制作精美，用手摸去，背后却高低不平，原来刻了"大宋庆历三年制于岭南端州羚羊峡"一行阴文篆字，这时包拯不禁带着惊奇和赞美的口吻轻轻地叫出声来："原来这就是端砚。"

不知什么时候包兴已经起身了，进来禀报说有七八位老先生前来拜访，包拯收拾了字帖和文具来到前厅。这七八位老先生之中只有一位昨天见过，于是又一一问过年龄、身份和生活情况。谈起民间风俗，老先生们情绪还热烈，谈起赋税，有些人说的话便不大着边际了。

包拯刚才见识了那块精致的端砚，便把话题转到端砚上来了，对老先生们说："这里出产的砚台不错，真正是名闻天下，够得上称为名产了。"别人都没有理会，唯独一位名叫徐乐天的老秀才在鼻子里哼了一声，冷冷地接了一句："幸亏这种名产还不多。"别的老先生听了这话，都用眼睛瞪着他，他也就没有再吭声。包拯觉得这里面一定有缘故，想追问几句，可是见徐乐天有些局促不安，就没有多问，决定过些时候到徐乐天家拜访一次。

半个月以后，包拯把前任知州留下来的案卷翻阅了一遍，比较紧急的公事都办妥了，就打算去拜访徐乐天。包兴向别人问清楚了徐乐天的地址，是住在孔庙后面的一条小弄里，就头前领路和包拯一径到了徐乐天的家。知州大人亲自登门拜访，这完全出乎徐乐天的意料。从他父亲在世时算起，四十多年来，从未有官员来拜访过，所以包兴一进来通报，这位老秀才倒没有了主意，吩咐三个学生提前回去，自己忙把桌子上的书和文具稍稍收拾。这时包拯已经到了屋里。

徐乐天再三请求包拯原谅他失迎之罪，包拯说："早就想来请教，前些时候公务繁忙，分不开身，所以今天才来，请原谅回拜来迟，礼貌不周。"说罢，两个人都笑了。宾主相互谦让了一番，大家坐定。徐乐天说："老汉痴长了一把年纪，论文论武，却没有什么长处，大人说要

铁面无私

包拯

请教，岂不把老汉惭愧死了？"包拯说："此番南来，人生地不熟，想到责任的重大，实在心情沉重，只有靠地方上父老们多多指教，才能少犯过错。"徐乐天深为包拯的谦虚、诚恳所感动，连忙接下去说："如能为大人效劳，我老汉一定尽心力而为之。"包拯说："这样就好了。"话锋转到端砚上，便向徐乐天说："那一天谈起砚台，老先生的神态有些异样，莫不是其中有说不出的苦处？"徐乐天说："大人察觉到了吗？那一天我的神态的确有些异样。至于说苦处，我徐乐天倒没有什么，只是端州老百姓的心里有很多的苦处。"端砚会给端州老百姓带来什么苦处，包拯一下子猜不透，正在思索，徐乐天接着说："我生成这爱饶舌的脾气，其实呢，这事情我不说也罢，说了免不了要得罪一些人。这端州山多平原少，种稻麦，种甘蔗，收成都不算多。靠老天保佑，这羚羊峡一带尽出好石头，制成砚台，出色非凡，外地人都称之为端砚，这些想必大人完全知道。制一块精致的砚台，不仅要有高明的手艺，而且很费时间；一个手艺高明的工匠，只要肯勤勤恳恳地做，收入比种地要多些。再说州里的读书人因为本地就出砚台，买一两块有些破损的剔下来的端砚，也比较便宜，所以大家练字的兴趣甚好，三四百年以来还出过四五个小有名声的书法家。"

包拯说："听你说来，这端砚造福于地方之处不少，哪里会给端州老百姓带来苦处呢？"徐乐天把椅子往包拯面前移上一步，放低声音，继续说："刚才所说的确实是造福于地方的事，现在再说这苦处。大概是从唐代开元天宝年间开始的，每年要进贡端砚八块。大宋开国之初，仍旧按老规矩进贡。不知怎样一来，不多几年，八块变成了十六块，十六块变成三十二块，现在究竟是多少块，连我也不大清楚……"

前几天，包拯查阅过进贡的案卷，分明写着端砚八块，现在听徐乐天说，三十二块都不止，包拯半信半疑，不能断定是案卷错了，还是徐乐天说了谎话。徐乐天看出了包拯对自己所谈的颇为怀疑，马上解释说：“也许我没有说清楚，所以你不信。进贡的砚台一直是八块，没有增加过。另外的全是州里的官员和士绅们托人带往羊城和京城送礼的，石料和式样全要和进贡的不差毫分。工匠们自然负担不起，这费用就分摊在端州百姓的头上……”包拯听了徐乐天的话，连忙站起来，亲切地对他说：“你老先生把这样重大的事情告诉了我，我包拯真是如梦初醒啊！”徐乐天又说：“苦处还不止这些，制砚台花费的钱由里甲分摊下来，往往比实际的花费多好几倍。”话说到这里停住了。包拯又问：“钱落到了什么人的腰包里？”徐乐天摇摇头说：“这个我就不是很清楚了，反正在里面捞一把的人不在少数。”两个人愈谈愈起劲，包兴提醒包拯，该回衙吃饭了。告别时徐乐天告诉包拯：这羚羊峡的风景清幽如画，制砚的工匠住在那里的也比较多，如果去走走，准会听到看到一些情况的。包拯早有这个意思，听了很赞成，约定第二天请徐乐天到衙门一起陪同前往，这才回衙。

第二天，徐乐天却没有到衙门来。包拯派包兴去探望，说是有些风寒咳嗽，不能出门。第三天一早，包拯正打算亲自去探望徐乐天，徐乐天却来了，脸上毫无病容，包拯问他：“风寒咳嗽好了没有？”徐乐天说：“不瞒大人说，我说风寒咳嗽，是推托之辞，心病是真。大人回衙不久，有一个老朋友来坐了半天，大概是听说大人曾光临我家，他特地来劝我以闭门教书为要，不要多管闲事。我被说得举棋不定，所以昨天没有来。再仔细想想，长此以往，端州百姓未免太苦，所以还是来陪大人一起到羚羊峡去。”于是包拯在徐乐天陪同下，带着包兴来到羚羊峡。

这个时候，草丛间露水还未完全干，朝阳从茂密的林间照射出来，格外耀眼。在山坡上，在峡谷深处，断断续续传来开凿石料的叮咚之声。包拯再也没有心情去欣赏山林景色，他见路边有座茅屋，就以讨水喝为名，进去看了看，里面破败得很，迎上来招呼的是一个老太婆，包

拯从这个老太婆嘴里知道了这座茅屋原是一个制作砚台的工匠的家。工匠收入少，没有娶媳妇，就养一个老娘，两个人还是饥一餐饱一顿的。从茅屋里出来，徐乐天对包拯说："我年轻时常来此地，现在算算，也有十多年没来了，许多事情我也不清楚。从这工匠家的情况来看，实在很苦，说不定有人从中克扣了他们的工钱。"包拯说："回去定要查个明白。"

一个小茅棚里，工匠们正在聚精会神地雕刻着砚台上的图案花纹，每刻好一刀，他们就深深地叹一口气，有人说："这砚台饿了不能吃，冷了不能穿，不知道衙门里要这样多派什么用场？"包拯和徐乐天听完这些话，彼此点了点头，又走了几处，不等太阳落山，他们就回城里了。包拯回衙，立即派包兴把经办贡砚的书吏张孝文找来。这张孝文在端州衙门里做了十年书吏，无论赋税、人丁、进贡各项，在他肚子里都有一本清清楚楚的账。张孝文为人能干圆滑，但是胆子比较小，油水也不敢多捞，所以人缘还好。现在是包拯第一次单独找他来问话，他决定要给包拯留下一个好印象。张孝文跟包兴进了屋子，跪下叩头，听包拯问起贡砚的事，他顿时眉开眼笑，很得意地说："今年的贡砚早已和其他贡物一起送往京中，不劳大人操心。至于大人交际应酬需用之数，小吏也已有所准备，现存在库房中，待我取来，请大人过目……"没等包拯开口，他就转身出去，取了一块砚台进来，双手捧到包拯面前。

张孝文所说的话和做的事完全证实了徐乐天所说的一切，也证实了制砚工匠所说的一切，这端砚确实把端州老百姓害苦了。现在包拯看到张孝文手中捧的那块端砚，比卧室里书桌上那块还要精致，心里格外气愤。包兴见包拯今天这样发火，手足无措，要插进来说几句话，却不知道说什么好，便挤一挤眼睛，叫张孝文退出去。哪知张孝文领会错了意思，以为包拯嫌一块太少了，于是又说："这一块是拿给大人看的样子，库房中共有二十多块，听凭大人取用……"张孝文这一说等于火上浇油，包拯怒气冲天，伸手把张孝文所捧的那块砚台拿过来狠命一掷，幸好包兴连忙把袍子张起来接住了，砚台总算没有掷破。

包拯发怒地问："今年一共做了多少贡砚？"张孝文吓得声音也变了，说道："八十多块。除八块进贡外，前任知州大人拿了三十多块，其余州中别的大人们和士绅们分了，还剩下二十多块在库房。"包拯问张孝文："借进贡而营私舞弊，知不知道王法？"张孝文这才知道包拯确实是个铁面无私的人，自己不能用老一套的世故来对待他，于是，跪在地上连称："小吏该死，小吏该死。"看见张孝文吓成这副样子，包拯的怒气也消了些。想这事情首先是那些官员和士绅不对，不能全怪经办人员，于是叫张孝文起来，把历年来进贡砚台的情况，以及支付给制砚工匠的工钱数目、官员士绅借贡砚而贪污发财的事实——从头说个明白。张孝文知道瞒也无用，索性连自己在这里弄了多少油水也都讲了。

之后，包拯又和徐乐天谈了三四次，最后出了一张告示，规定：

一、州中官吏和士绅所贪污的贡砚，一律交到州衙。

二、工匠制作贡砚的工钱由州库按实付给，不得再在众百姓头上摊派。

三、现存州库贡砚做今后数年进贡之用，任何人不得擅自取用。

这告示贴到哪里，哪里的老百姓就欢声雷动，贴到羚羊峡，工匠和家属们都激动得流下了眼泪。包拯接着把处理此案的详情写本进京，朝廷把京东转运使和新任国子监祭酒都撤了职，这两个人都是在端州做知州时，贪污贡砚，巴结权贵，才被提升的。包拯在端州做了三年知州，对老百姓十分爱护，御史中丞王拱宸向仁宗皇帝保荐包拯做御史，仁宗皇帝也听别人说起过包拯的清廉正直，觉得他做御史很适合，就批准了王拱宸的请求。

离开端州之前，包拯带徐乐天、张孝文等人又到羚羊峡去了一次。上次进去小憩的茅屋经过修理，已经不再东倒西歪了，遇到的六七个工

铁面无私

包拯

匠，也不像从前那样愁眉苦脸了。问问他们情况，都说现在没有人克扣工钱了，高兴多做些就可多得几个钱，即使出了废品也不要赔偿，所以大家都能安居乐业。工匠和家属们，有认识包拯的，都跪下来喊："青天大老爷！"包拯把他们一一扶起，说："我身为知州，为老百姓做一点事是应该的，这'青天'二字实在不敢当。"归途上，包拯的心情十分舒畅，四望一座座绿得像翡翠般的山峰，充满着生机，心坎里有说不出的安慰。想到马上就要离开这里，离开岭南，又有几分留恋。

徐乐天也说起此番一别，不知要到何时才能再见，要送一件礼物给包拯做纪念。包拯听了哈哈大笑，对徐乐天说："这一年的清官，是你帮我做成功的，看来你又后悔了，所以要乘我离开端州的时候，败坏我的名声吧！"徐乐天也笑了。包拯以为徐乐天是在和自己开玩笑，也没有把送礼物的事放在心上。州里的官绅们既钦佩包拯的清正廉洁，也摸到了包拯的性格脾气，对于包拯的提升没有人敢送什么礼物，更没有人敢提竖德政碑或送万民伞的事。

包拯起程进京了，跟随着他的仍然只有一个包兴，行李也仍然是来时的那两三件，就像赶考的秀才那样寒酸。众官员和士绅都来送行，老百姓主动来送行的也不少，徐乐天和张孝文自然也来了。包拯和众人且走且谈，直到送行的人回城，包拯这才同包兴快马加鞭，一起赶路。转过一个陡坡时，包兴的头巾给树枝刮了下来。他下马拾头巾，记起了在接官亭时替主人收了一件徐乐天的礼物，就连忙对包拯说："禀报大人，适才收下了一件礼物，望大人勿见罪。"

包拯听了此话，很不高兴，责备包兴说："你跟随我多年，怎么忽然糊涂了，谁让你替我收别人礼物的？"包兴说明是徐乐天送的，包拯这才又有了笑容，对包兴说："是徐乐天送的，那又作别论，礼物在哪里？"

包兴打开书箱，取出一个青布小包，交给包拯。包拯接到手里，觉得很有些分量，忍不住嘀咕了一句："这老先生搞的什么名堂呢？"连忙打开一看，原来是一块端砚，另外还附了一封信。包拯坐在石头上先看信，看完信以后，并没有站起来，而是在想什么。

包兴问："信上怎样写的？"

包拯回答道："徐老先生说，他知道我很爱写字临帖，而这一次来到端州，却一块端砚也不肯带走，因此他把祖传四代的一块端砚送给了我，再三声明这是清白的东西，要我收下。"

包兴问："那么你收不收呢？"

包拯回答道："我正在想呢。徐老先生要是送别的东西给我，也就收下了，而现在是端砚！我好容易花了一年工夫，把端州官绅贪污砚台的陋规革除了，现在自己却带了端砚进京，这岂不叫人笑话？"包兴点了点头。包拯站起来，把徐乐天送的那一块端砚掷在山脚下一条涧河里去了，回过头来，对包兴说："对徐老先生来说，我领了他的盛情。但是这端砚，我却万万不能带进京去。这一次如果不能给后任的官员们树起一个榜样的话，端州的百姓就又陷入苦海，难有出头之日了。"

包拯和包兴上马走了不多远，忽然包兴又停了下来。包拯还以为包兴掉了什么东西，哪知包兴从铺盖卷里又摸出一块端砚，自己掷到山脚下涧河里去了。包拯问包兴："是不是徐乐天送了两块端砚？"包兴说，这一块是自己花钱买来的，打算带到京里去赚点钱。如今细细思量，也许这会败坏主人的好名声，于是也掷在涧河里，免得给人说闲话。包拯觉得包兴想从砚台上赚几个钱是不好的，但情况和自己不同，就不必掷在涧河里了。包拯问清楚包兴是花多少钱买的，照数付给了他。包拯回京以后，给徐乐天写了一封信，一方面为送端砚事致谢，同时告诉他："端砚在当时就已经掷在涧河里了。"

徐乐天接到包拯的信，十分感动，和其他几个老先生，筹了一笔钱，在包拯掷砚的陡坡上，造了一座小小的"掷砚亭"。后人传说"包

078

铁面无私

包拯

拯三掷砚",是把第三次包兴掷砚的事也记在包拯的账上了,而包拯的美名也是从端州开始的。

现在肇庆市的古端州旧址还遗存一座书有"古端名郡"的城楼,其后侧深处尚有高台一座,人称"青天台"。相传,这就是包拯当年的审案台。还有个包拯平反冤狱的传说,说有个老砚工雕刻了一方"丹凤朝阳砚",精美绝伦。当地一个恶霸出十两黄金购买,遭到拒绝后,便诬告老砚工是偷的他家的砚台。赃官受贿,将老砚工下狱长期关押,而将"丹凤朝阳砚"判给了恶霸。包拯上任后,公开审理了此案,为老砚工平了反,要回了"丹凤朝阳砚",并将那欺压良民的恶霸判了十年徒刑。满城群众欢呼雀跃,称颂"包青天"。这种传说,固然不足凭信,但把它记在包拯身上,而不出在其他历任知州身上,却是发人深思的。其实这并不奇怪,中国老百姓向来对于自己喜爱的人物,吹风敷彩,直至幻想出自己心目中的"这一个"。这与其说是为了表彰人物,不如说是为了表达自己的理想、愿望,寄托些希望,寻找点安慰。庆历二年(1042)三月初九日,包拯与广南路提点刑狱周湛及同提点刑狱钱聿,一起游览了高要县石室,即七星岩石洞。石室是一座著名的天然洞府,称"石室洞天",壁上刻有历代墨客骚人的诗词、题名。他们游览后题了名,以志纪念。包拯的小幅题名在石室东壁,字体清癯,端劲峭拔,颇能体现他的个性与为人。包拯的手迹现在仍然保存完好,是包拯流传至今的罕见的真迹,异常珍贵。

民间还流传有一个"包拯掷砚"的传说。庆历三年,包拯在端州任满,调为京官。他告别端州赴京时,成千上万端州百姓为他送行。包拯当了三年端州知州,勤政爱民,而身边始终没有一方端砚。端州百姓十分感动和过意不去。他们听说包拯离任,便精心制作了一方上好砚台,用黄布包裹起来,趁送行的机会,暗地里交给书童塞到了船上。不料,当包拯的官船行至开采砚石的风水宝地羚羊峡时,天气突变。狂风骤起，浊浪滔天，电闪雷鸣，船上人员无不骇然。有人战战兢兢地说："咱们谁做亏心事了？是不是贪财爱宝，惹得龙王发怒了？"这话提醒了包拯。他命令一一检验行装，结果发现了那方端砚，经书童说明情由，才知道是端州百姓的心意，包拯捧起端砚向端州方向深深鞠了一躬，对百姓的盛意表示感谢，然后随手将端砚及黄布掷入了江中，说："包某决不带走端州的一石一物。"说来也怪，顿时风过雨收，天气晴朗。不久百姓发现包拯掷砚的地方出现了一个小岛绿洲，便起名叫"砚州"（在今广东省高要市的砚州村）；那块黄布也变出了一个黄沙滩，被起名为"黄布沙"（在今高要市沙浦乡），与砚州相望相对。后来，人们在包拯掷砚处修建了一座"掷砚亭"，来纪念他的功德。还在高要市城门刻了一副对联："星岩朗耀光山海，砚渚清风播古今。"称扬包拯题名为山河增光添彩，掷砚则使廉洁之风播颂古今。砚渚即指砚州，不知何时，有人又将这副楹联移写在端州城的门楼上了，至今犹存。当然，包拯掷砚的传说掺杂了不少神话色彩，可是，包拯居官清正廉明，不贪一砚，却是史有明载，绝非虚妄的。《宋史·包拯传》及许多宋人笔记中，都有包拯知端州三年而"岁满不持一砚归"的记载。

铁面无私

包拯

第 三 章
为官清正 忧国忧民无所惧

　　包拯在端州政绩突出，仁宗及朝中大臣对他也是赞誉有加。后来，就将他调到京城任职，从这时候起，包拯也正式进入中枢机构。其间，包拯仍然不忘百姓的疾苦，并向仁宗上疏，采取措施，安定百姓。不仅如此，包拯在执法的过程中不畏权贵，铁面无私，而且在断案的过程中也充分展示了他的才能，而这些都是包拯忧国忧民的一种体现。

奉调回京，不忘民苦

包拯在端州短短三年任期内，一心发展生产，为百姓排忧解难；发展教育文化事业，使端州百姓摆脱蒙昧的状态；改善公益设施，保证百姓的健康和正常的生活，同时还建造驿站，发展经济，增强交通。在包拯呕心沥血的治理下，端州终于一改过去破败落后的状态，逐步恢复曾经的辉煌。在朝廷，官员们对端州的看法也开始有所好转。宋仁宗庆历二年（1042），提点刑狱周湛、同提点刑狱（副职）钱聿听说经过包拯的治理，端州的变化很大，便一齐到端州巡察。包拯陪同两位顶头上司在端州走了一圈，还同游了七星岩。两位提点刑狱看到端州欣欣向荣的景象，十分高兴，推包拯执笔题字刻石，以为纪念。于是，包拯题写了"提点刑狱周湛同提点刑狱钱聿知郡事包拯同至。庆历二年三月初九日"，命工匠刻在黑岩洞口的石壁上。两位提点刑狱十分赞赏包拯治理端州的成绩，回到广州之后，立即将在端州的所见所闻，向仁宗皇帝如实禀奏。仁宗皇帝很快就下达诏命，将包拯迁殿中丞，调上京都任职。

对于包拯来说，擢升本来是一件好事，然而，对端州百姓来说，他们更希望包拯能够留在端州，管理端州。端州百姓们知道，包拯这一走，不知道还要等多少年才能再有这样一心一意为百姓谋福祉的好官了。其实，包拯对于这次升迁也是喜忧参半，因为在他的心里存着的是天下的百姓，但是看到现在端州的面貌焕然一新，他的心中也有几分欣慰。包拯接到朝廷的诏令，告别端州百姓之后，就起程赶往京城了。

到了京城之后，包拯并没有立即进殿面圣，而是在草草安顿下来之后，给仁宗皇帝上了《请选广南知州疏》，包拯在奏疏中恳切陈词：

"臣窃见广南知州，例差奏荫京朝官初任知县及一考者，世禄之胄，鲜敦义教，童孺之岁，便忝仕籍，未尝学政，即使司民，甫越期年，又移典郡。一邑之事尚未练悉，六条之重安可责成。地虽远郡，不可轻授。方国家多务，调率旁午，远民困重，尤在得人。臣前在端州，具知其事。或无职官处，只知州独员管勾。其猥冗恣横之辈，唯务诛求；庸懦懵昧者，又全不晓事。民罹其害，无所诉告。提刑、转运惮其远恶，不能巡历按劾，但上下相蒙耳。乞今后奏荫京朝官该广南知州者，于次任知县内选有治绩及举主者，方得差移。元无职官处，各选置一员，令转运、提刑司非时不得差出，所贵关掌郡事，辑宁异俗。"

包拯在端州三年，对端州的地理环境和人文习俗等都有了非常全面的了解，可以说，在当时的朝臣中，他是最有发言权的。包拯根据自己在端州的亲身经历以及对广南路的了解，向仁宗皇帝陈述了岭南吏治的状况。他更直言朝廷在这些边远地方，一向疏于管治，往往派遣不称职的州县官员，甚至是由广南两路转运使选派当地土人充任"摄官"，临时代理应由朝廷委派的正官职务，或是派遣一些靠父祖权势而出仕的"荫官"前来理政，甚至还经常出现缺官的现象。这些官员资历尚浅，未经练历，一个县的事务还处理不好，就去管理一个州，实在是难以胜任。一些官员猥冗恣横，贪赃枉法；一些官员庸懦蒙昧，不会理政，致使民受其害。至于广南路转运使、提点刑狱这些上级官员，又怕偏远地方不安宁，极少到地方巡察、查劾，让百姓含冤受苦找不到地方申诉。包拯奏请皇上，祈望派一些能干的、有见识的、愿意为百姓办事的官员到广南出任州县官员，以改善广南吏治，并强调这是当务之急。从这个上疏中我们看得出来，包拯一直是心系天下百姓的。

包拯将《请选广南知州疏》上奏仁宗之后，等了一段日子未见仁宗答复，于是接连又上了《请添差广南职官疏》和《再请添差广南职官疏》，这些都体现出了他的爱民之心以及对朝廷的忠诚之心。

《请添差广南职官疏》中说："臣先曾上言广南东西两路诸州，元无职官处，各置一员关掌郡事。蒙下铨司，至今未闻有人注拟。以岭外遐僻，惮其地远。闻东西两路缺员甚多，其十数年无正官处，并差土人充摄。近年蛮贼侵扰，民力困竭，全藉廉干官吏绥抚。若候合入远选人及情愿者，恐卒未得便。窃见顷年以来，广南缺官，于江浙移两任四考以上簿尉充彼知县，自后因循不行。乞令铨司检详旧例，于江浙、荆湖等处近便诸州簿尉中，选无罪犯、两任五考以上除权职官、四考以上除县令，便令赴任。如此则远官无由幸免，异俗得以辑宁。"

包拯在给仁宗的奏疏中指出：朝廷曾有过将在江浙经历过两任锻炼、四次考核的正式官员派往岭南的决定，但是最终没有落实。现今应再予以实施，选派没有过失、曾两次出任知县而且经过五次考核的官员往广南出任知州；选派有两任经验、经四次考核的正式官员派往广南出任知县。他十分重视派出官员的素质，并强调要令出必行，不让派出的官员借故不去赴任，以保证广南边远的吏治能够改善，广南能够持续稳定发展。

《再请添差广南职官疏》说："臣昨上言，广南诸州今后奏荫京朝官，该往彼知州，于次任知县内，选有治绩及举主者，方得差移，元无职官处，各选置一员，至今未行。缘岭服之表，地最遐僻，俗性犷悍，易动难安。今又蛮贼猖狂，郡县骚扰。长吏之任，尤在得人。童孺之年，未尝学政，不当轻授。近地牧守，尚有通判职官，更相裨赞；而岭外远郡，乃令此辈独员管勾，民罹其害，无所控告，甚非朝廷求治之意也。所缺职官，只一十余州，每州各置一员，事理至便，望速赐行。"

包拯再次向仁宗皇帝讲述广南社会不安定的状况，第三次强调选派

铁面无私

包拯

优秀的官员到广南赴任，不要选派没有行政经验的荫官任职，又强调广南所缺官员有十多个州，每一个州至少也应选派一名有能力的官员出任知州，以改善岭南的吏治，并盼望能够尽快执行。情词更为恳切，心情更显焦急。由于种种原因，大多官员不愿意到边远的广南，仁宗皇帝也没有能够彻底解决广南缺官的问题，但是，包拯关心民众、关注广南、情系端民之心表露无遗。后来，《端溪文述》中说："孝肃莅端，神明之政，史书志乘，惜不及详。读公三疏，见公指画广南，情词剀切，万世可师，足补此邦文献。"

当时的宋朝经济还算是繁荣，但也是时刻处于内忧外患之中，不仅如此，朝中也是一度奸臣弄权，朝纲颓废。现在虽然已经有所好转，形势仍然不容乐观。在这样的形势下，国家非常需要像包拯这样的贤才来治理。此时的包拯虽然因为政绩卓著而得到擢升，但在端州的所见所闻依然让他难以忘怀。他知道，只有国家有具体的政策，才能够从根本上解决这样的问题。包拯的这些作为正像范仲淹所说的"居庙堂之高，则忧其民；处江湖之远，则忧其君"。

胸怀天下，安定百姓

民者，国之本也。包拯在为官的过程中，深知百姓的重要性。在被擢升京官之后，包拯更加重视百姓。不管什么时候，包拯都是一位关心国家民族命运、很有见识和抱负的政治家，所以，他也非常重视天下百姓的安定，并且努力寻找安定百姓的途径。

在调到京城任职之前，包拯当过管理钱粮税收的小官，当过知县、知州；到了京城以后，除了担任过监察御史和谏官等职务外，多数时间还是在地方任职。从仁宗庆历六年到庆历八年（1046—1048），包拯先后担任过京东、河北、陕西转运使，从仁宗皇祐四年到至和三年（1052—1056），又先后担任过河北都转运使，瀛洲（今河北河间）、扬州、庐州（今安徽合肥）知州和江宁府（今江苏南京）知府。这些经历，使包拯比较了解民间情况，认识到北宋王朝面临的严重局面。他曾用简短的文字，描绘了北宋王朝危机四伏的险象："方今诸路饥馑，万姓流离，府库空虚，财力匮乏，官有数倍之滥，廪无二年之蓄，兵卒骄惰，夷狄盛强……"当时小规模的农民抗暴起义多次发生，他们"一年强如一年，一伙强如一伙"，官府根本对付不了，就连开封府所属各县，也成了"寇盗充斥、劫掠公行"的地方。这样严峻的形势，使包拯非常忧虑。他多次上疏仁宗，强调"民者国之本"的观点，指出老百姓是国家财富的来源、安危的关键，因此，安定百姓是朝廷头等重要的大事。针对官府对老百姓横征暴敛的现实，包拯大声疾呼："大缓吾民，以安天下！"要求宋王朝免除常赋以外的一切临时加派，给老百姓休养生息的机会，让他们能缓一口气。

宋朝政府向农民征收的田赋本来就很重，仁宗时对西夏用兵，财政发生困难，就改用折变的办法征收赋税。所谓"折变"，就是收税时随意把某种实物折合成另一种实物，或者把实物折合成现钱，这样折来折去，往往使纳税户多交几倍的赋税。据包拯统计，庆历八年（1048）朝廷收入将近一千九百万贯，比景德年间（1004—1007）增加了一倍。这些财富既不是地上长出来的，也不是天上掉下来的，而是无限制地搜刮剥削农民的结果。那时老百姓的生活极为困苦，往往是五谷尚未登场，布帛尚未下机，就已经不是自己的了。就连江淮那样比较富庶的地区，即使是丰年，老百姓还是吃不饱肚子，碰上灾年，更是活不下去了。即使这样，宋王朝的财政，也还是"年年亏短"，每年差额都在三万贯以上。包拯认为这是官多、兵多、消耗多的结果，为了改变这种状况，必

铁面无私

包拯

须"减冗杂而节用度"，即裁减多余的官吏，淘汰老弱的兵员，节省宫廷、官府的开支。

宋朝官吏之多，到了成灾的地步。从宋真宗到宋仁宗时期的40年间，文武在职官员的总数扩大了一倍。其实，宋真宗时官僚机构就够大的了，据说有一次裁减各路多余的官员，竟达十九万五千多人。到了宋仁宗时，又是成倍增加，可见这个问题的严重。不仅如此，北宋的军队也很庞大。宋太祖建国之初，全国军队有三十七万八千人，到宋仁宗时增加到一百二十五万九千人，朝廷用于养兵的费用，竟占全国赋税的十分之八，成了国家和老百姓一项沉重的负担。应该说，包拯"减冗杂而节用度"的办法，对缓和阶级矛盾、改善财政状况，还是有积极意义的。皇祐元年（1049），包拯任户部副使，朝廷派他与河北四路的安抚使、转运司商量裁减多余官员和淘汰老弱兵员的事。后来，宰相文彦博和枢密使庞籍也联名上疏，指出国用不足，要求省兵。仁宗下令，陕西保捷军年五十岁以上以及体弱个小的，听任他们离开军队，回乡务农。结果有二万五千人符合条件，都欢呼雀跃回乡去了。其中有些人硬是缩着脖子、曲着小腿才算符合条件。即使这样，也还有五万余人被留在军中，他们都因为不能回乡而伤心流泪。从这件事可以看出，包拯的主张既能切中时弊，又是很得人心的。为了安定百姓，包拯还提出了一些有力措施，主要的内容是：薄赋敛，宽力役，救饥馑。也就是说，要减轻农民的赋税和徭役，以及救济饥饿的百姓，在这方面，包拯确实做了一些好事。

有一次，包拯经过调查了解到，东京附近的陈州（今河南淮阳）的夏税，原是缴纳大麦、小麦的，当地官府突然要求缴纳现钱。按当地的市价，大小麦每斗五十文，官府却折纳为一百文，外加缴费二十文，再加损耗二十文，共为一百四十文，使纳税户平白无故增加了两倍多的负担。看到这样的情况，包拯立即给皇帝上疏，请求朝廷命令当地官员，迅速依照市价估定钱数，让老百姓自己选择，或是缴纳现钱，或是缴纳大小麦，使老百姓能生活下去。后来，包拯又了解到，淮南、江浙、荆湖等地的夏税，一律折合现钱，小麦每斗九十四文。但是老百姓没有现钱，必须贱卖小麦，每斗才卖得二三十文，家家愁苦不堪。为此，包拯连续四次上疏，请求免除淮南、江浙、荆湖地区的"折变"。

当时有的转运使在他们管辖的地区，往往多征收二三十万贯的赋税，名为"羡余"，进奉给朝廷，因此得到了嘉奖，于是各路竞相仿效，使百姓更加困苦。包拯极力反对这种横征暴敛，有些官员也上疏反对。仁宗皇帝只好承认，这是"积怨于民"，立即下令禁止。陕西凤翔府斜谷造船场，每年为国家制造六百只船，造船所需木料，全从本府附近地区收买或砍伐。为这个造船场供应木料的差役，历年都要"各赔钱一二千贯"，不少人被迫逃亡，有的甚至自杀。包拯任陕西转运使的时候，请求朝廷免除了当地老百姓这项沉重的负担。皇祐元年（1049）十月，包拯奉命去陕西考察当地食盐的运输和销售情况，发现那里搬运食盐的差役是按家业摊派的：估定家业每值一贯，即要搬运食盐两席（即两袋盐包），到各州县由官府出卖；应差的人，往往倾家荡产，就连服役的兵士也相继逃亡。包拯了解到这个情况，支持当地主管盐政的官员范祥的建议，改官卖为通商，结果公私两利，既减轻了老百姓的徭役负担，又增加了税收，在两年的时间里，国库增加了五十一万六千贯的收入。因此，包拯两次推荐范祥任陕西转运副使，范祥果真把陕西的盐务办好了。

北宋时期，每年都有使臣往来于宋、辽之间，负责陪同的官员叫"接伴使"；另有一种官员叫"三番使臣"，负责筹办使臣往来所需物资，在"接伴使"出发前四五日离京，沿路索取鸡鸭鱼肉，大吃大喝，还到处敲诈勒索，给地方上增加了许多额外负担。包拯当谏官的时候，多次指出"三番使臣"困扰百姓的种种弊端。皇祐二年（1050），仁宗

铁面无私

包拯

合肥包河公园

采纳了包拯的意见，撤销了"三番使臣"的设置，同时规定，接待辽国使臣所需物件，由沿路州、军自办。此外，当时朝廷每年还要派宦官检查辽国使臣经过的地方驿站，这伙宦官专挑毛病，大做文章，驿站的官员和差役只有破费钱财，填满他们的腰包，才能免受责罚，几乎成了惯例。包拯看到这种状况，就上疏要求朝廷不要再派宦官出去，改由地方长官负责检查，这同样为老百姓除去了一害。皇祐四年（1052），包拯担任河北都转运使，不久，又改任高阳关路安抚使。他发现所属十一州军欠官府的各种钱物达十余万贯，随即向朝廷说明欠负的缘由，是因为有许多民户逃亡，即使还留在当地的，也没有家业，根本无法偿还，要求朝廷全部免除。包拯的请求被采纳了，这对当地百姓来说，无疑是一件天大的好事。宋朝政府加在人民身上的徭役繁多，许多人害怕当差。差役之苦，不但在于无代价地为官府卖命，而且往往要承担赔偿运送公物时的消耗、损失。为此，包拯多次上疏，请求免除服差役的人因赔偿损失而欠下的钱物，还要求放宽服役的年限，由一年一次改为三年或两年一次，使农民有个喘息的机会。对于救济灾民的工作，包拯也极为重视。宋仁宗在位期间，全国水稻虫灾频繁，许多地方闹饥荒。包拯担任监察御史期间，江淮六路连年发生干旱，田苗枯死，米价暴涨，老百姓没有饭吃，父子不能相顾。包拯担心这样下去势必酿成大乱，局面就不好收拾了。因此，他多次要求朝廷采取妥善的措施，如停止在灾区"配籴"（即向农民强买粮食），以减轻灾民的痛苦，并派得力官员去灾区赈济，防止人民流离失所，铤而走险。包拯主张，遇到灾荒，如地方官不用心救济，以致饥民流亡他乡，就应受到严厉处罚。

包拯这些安定百姓的主张，是为了避免"老弱者转死沟洫，少壮者起为盗贼"，防止农民起来反抗地主阶级的统治。但是，减轻剥削总比加重剥削好些。包拯多次亲赴江淮等地赈济灾民，至今河南淮阳一带，还流传着包公放粮的故事。包拯为官一方，造福一方，他的这些安民的措施得到了仁宗的大力支持，同时也赢得了天下百姓的赞誉。包拯的这种安定百姓的政策同时也是他忠于朝廷的体现，他的这些举措对北宋朝廷的安定有着非常重要的作用和影响。

铁面无私

包拯

陈州查案，秉公执法

由于包拯每在任上都有着很好的政绩，赢得了百姓的赞誉，并且由于包拯为官清廉、执法公正，所以很快就擢升为监察御史。在监察御史任职期间，也就是庆历四年至庆历七年（1044—1047），包拯检举了不少官员的违法乱纪行为，其中最典型的是陈州查案。在这次查案中，包拯秉承一贯的执法原则，秉公处理，体现了一个刚直不阿的执法官的形象。

当时，陈州遭遇灾害，百姓生活难以为继。京东西路转运使王逵上了一本奏章，请求将陈州知州任师中立即撤职。在这一本奏章中，王逵说今年陈州麦子收成比较差，任师中却不准老百姓改用货币或别的粮食换粮，弄得老百姓无法生活，纷纷逃亡。王逵上奏章纠劾任师中这件事，引起了朝中大小官员的议论，有人慨叹说：“看来以欺压老百姓出名的王逵已经开始悔改了，而一向以爱护老百姓出名的任师中却变坏了，否则是不会发生这件公案的。”也有人说：“绝不能听一面之词，说不定王逵又在陷害好人了。”身为监察御史的包拯也很注意这件事，因为对陈州的情况了解得不多，所以也没有多说什么。

宋仁宗赵祯看了王逵的奏章，龙颜大怒，立即召见御史中丞王拱宸，要御史台进一步负责彻查，同时还说了不少责备的话。王拱宸回到御史台衙门，为彻查任师中的事，心里很烦闷。后来，衙门里几个专门看宋仁宗脸色办事的御史说：“既然皇上颇有撤换任师中的意思，那么我们只好依顺了，到王逵府上去拜访一次，再搜罗一些有关任师中的罪状，通过吏部把他撤掉就是。”王拱宸听了这些话，未置可否，没有当即表明自己的观点，他觉得这件事有些蹊跷。

包拯听完，忍不住站起来对王拱宸说：“要判断王逵和任师中谁是谁非，现在当然还太早，至于将揣测皇上的口气办事算作彻查，这种做法卑职断断不敢苟同。”王拱宸为人也颇有些正义感，只是遇事缺乏决断和魄力。他本来就不赞成那种趋炎附势的做法，听了包拯的话，觉得句句在理，忙问包拯应该怎么办。包拯说：“要说怎么办，也很简单，事情发生在陈州，要彻查就得亲自去一趟，单凭拜访王逵来办任师中的罪，未免有失公允。”听了包拯的一番话，王拱宸感觉很有道理，其他的御史此时也没有多说什么。于是，王拱宸采纳了包拯的建议，决定派人去陈州。究竟派谁去呢？酝酿了很久，还是派不出来。因为御史们怕得罪王逵，所以大家都不愿意去。王拱宸觉得这件事非同小可，派别人去不一定能查清楚，最后还是决定派包拯去，并对包拯说："好在陈州离汴京不算很远，路上有三两天工夫也就够了，还是辛苦包大人去一趟吧。"包拯本来也很想把这件事查究一番，只是上级没有指派，自告奋勇似乎又不太合适，正在踌躇。现在王拱宸既然先开了口，他就毫不迟疑地接受了这个使命。他所担心的是王拱宸的决心不大，不敢和王逵斗争，感到有必要先和王拱宸把这个问题摊开来谈一谈，他说："我此番前往陈州，如果查得不细致不确实，尽管办我失职之罪。如果查明确实了，王大人可得秉公处理，不要虎头蛇尾。"

王拱宸非但没有因此而不愉快，反而对包拯更加钦佩起来，他郑重地对包拯说："请你放心，我一定秉公处理，如果我虎头蛇尾，你可以上奏章纠劾我的啊！"包拯说："大人此话言重了，言重了。"

第二天午牌时分，包拯带了一名书吏，选了两匹马上了去陈州的官道。随从的人少，带的包裹行李也少，不到两个时辰，他们已经走了七八十里路。这时候，忽然有一名门官打扮的中年男子骑着一匹枣红马赶了过来，嘴里直嚷："包大人慢走，我家王逵大人请您往府上叙话，然后再去陈州。"没有等到包拯答话，来人已翻身下马，把话又说了一遍。包拯和书吏的马都给挡住了去路，只好停了下来。

原来王逵听说御史台派包拯去办理自己的案子，而且包拯已经在去陈州的路上，不禁大吃一惊，他知道包拯的为人和办案的风格，要是让包拯来查，自己的事情必将败露，到时候自己就会很麻烦了。于是，他就想在包拯去陈州之前，采用威胁利诱的办法来收买包拯，这样一来自己就会更加安全了。包拯本来就怀疑是王逵陷害好人，现在王逵突然派门官来追，那么完全可以肯定是王逵做贼心虚了，于是对那个门官说："我有公务在身，急于赶路，到达陈州以后，我一定仔细查访完粮情况，有不清楚的地方，回京再去向王大人讨教也不迟。"三言两语，拒

绝了门官的无理要求。门官平时倚仗王逵的权势无恶不作，放肆惯了，他把脸一板，对包拯耍起无赖来，恶狠狠地说："大人不肯转回汴京，我在主人面前就没有法子交代了，还是请大人随我回去一趟吧。"包拯见门官说的话不成体统，也不禁生了气，训斥门官说："你有法子交代也好，没有法子交代也好，都是你们的事，和我有什么相干？再要阻拦，定不轻饶。"

门官还想蛮干，伸手来拉包拯的马头。包拯马鞭子一挥，门官的手想缩回去已经来不及了，大拇指上着了一下，疼得直叫。包拯很严厉地训斥门官说："我是朝廷命官，奉派前去陈州查案，你不过是转运使家中的一个奴才，竟敢逞强阻拦，真是目无王法。你们主人平时对老百姓是什么态度，也可想而知了。再和我纠缠的话，立即送地方治罪。"门官知道已经闯了大祸，神色陡然变得很沮丧，再三向包拯叩头求饶。包拯说："这也不能完全责怪你，多半是主人平时过于纵容你们，快滚回去吧！"

包拯一挥手，门官赶紧爬上马背转回汴京去。书吏看到刚才发生的事，心里也有不少感触，对包拯说："包大人真是坚定、沉着，对付这种意外的事毫不慌张，而且又是那么有分寸。假使是别的大人，不知道会发生什么事情呢？"包拯对书吏说："这些事情我经历得多了，也看得多了。王逵派门官来追我，也完全在我意料之中。能够有秉公办事的决心，什么事都容易对付。就我来说，向来只问是非曲直，而不考虑对自己有什么利害，所以好像从来也没有遇到过什么为难的事。"

赶了一两天的路程，包拯一行快要进入陈州地界时，遇到了好几批逃亡的难民，包拯随便找了些人，问问当地的情况，那些逃亡的饥民都说今年麦子虽然谈不上丰收，但是完粮之后，还可以勉强吃上三四个月。再问为什么要逃亡他乡，是不是知州不好，有人就说了："说话得凭良心，像知州任大人这样的好官能有几个！任大人到了这里，为官清廉，从来没有压迫我们百姓。就说今年的夏粮吧，任大人本来是照往年的旧规办的，刚刚完了一天，转运使王大人便不让办理，另外派人把任大人已经收了的麦子都退回，说是因为今年麦子收成差，留给老百姓自己吃了，官府改收折色，这原是好事情！哪里知道，把五十文一斗的麦子折成一百文，每斗还要另加运费二十文、蚀耗二十文，这样一来一斗麦子的夏粮就得缴纳一百四十文，老百姓把收上来的麦子全部卖完了都不够，不逃亡又吃什么？"

一路之上，逃亡的老百姓说的都差不多，不过有人更加激动些，嘴里不住地咒骂转运使，说这种贪官迟早不得好死。包拯命令书吏把这些老百姓的姓名、村落和所说的话一一记下来，以便带回汴京备查考。

任师中听说包拯来了，也有自己的想法。因为他早已听说王逵在纠劾自己，以为包拯此番来陈州是来革除自己的职务的，所以他穿着一般老百姓的服装，双手捧着印信跪着迎接包拯，说："下官身犯大罪，请包大人议处，奏明朝廷，另派贤能之人接替。"包拯根本不去接任师中手里的印信，而是双手把任师中扶起，安慰他说："任大人清廉爱民，政绩卓著。我所见所闻，皆是歌颂大人政绩的，何言有罪？至于王逵纠劾大人的奏章，朝廷自有发落，任大人尽可放心。"

然而，任师中还是跪着不肯起来。包拯知道任师中对自己来陈州一事仍有怀疑，于是又解释说："一路之上，遇到不少逃亡的老百姓，从他们口中，我已得知王逵以'折色'收粮的种种情况，知道他纠劾任大人是嫁祸自救。我此番来陈州，一来是彻查案情，二来是面请大人安心供职，勿生他念。"

任师中见包拯说得十分诚恳，这才立起身来，收起印信，陪同包拯进入后衙。包拯请任师中把转运使派人收夏粮"折色"的详情又说了一遍，果然和老百姓说的一模一样。包拯说："王逵贪赃枉法是毫无疑问的了，现在最要紧的是人证物证，否则他还会死命抵赖，要立即把他所

铁面无私

包拯

派的收粮人员和账册全部带来，事不宜迟。"任师中也觉得能这样做最好不过了，于是亲自率同州中都头、捕快等，前往长街之上，将人犯全部逮捕，账册、银两也一并带到衙门。包拯连夜审问人犯，据这些人的招供，确实是转运使王逵派他们来收夏粮的，有的人还是王逵的亲戚和同乡，因此态度也很傲慢。他们说，到了汴京只要王转运使出来说一句话就没事了。

经过周密的查访，包拯终于得到了许多可靠的材料，于是他决定把人犯、账册、银两带往汴京，禀奏皇上。这一夜，包拯没有好好地睡觉，任师中几乎和他一直谈到东方发白。

任师中知道王逵对不依从他的官员和揭发他罪状的官员都要进行打击报复，现在虽然有包拯出来主持公道，但还是放心不下，另外他也为包拯的安全和前途担忧。包拯对任师中说："朝廷既然没有革除你的官职，你就得像往常一样，仍旧把这副担子挑起来，苦闷又何济于事呢？至于为我担心，那就更是多余的了。该做的事情就一定会去做，我从不后悔。这一次王逵的事，我一定请求朝廷严办。究竟如何，现在当然不能预测，即使被他逃过了这一关，我看他也逃不过万人的唾骂。"经过包拯这番开导，任师中的消极情绪总算消除了大半。就在包拯回到汴京的同时，王逵派在陈州的另外一些爪牙也从小路逃回汴京，向王逵报告了收粮人员被捕的详情。

王逵欺压良民、搜刮民财已有好多年了，一直没有人敢和他进行斗争，所以胆子愈来愈大。现在遇上了包拯，感到相当棘手。当他得知账册、银两已被包拯拿到手时，急得两眼发黑，几乎从太师椅上栽下来。王逵紧皱着眉头，想出了一条诡计，他决定把每斗麦子收"折色"一百四十文的贪赃行为推脱给爪牙们，说他们把"折色"的算法弄错了。随后他就去拜访包拯，请求包拯原谅那些无知无识的人，不要和他们计较。包拯在家中休息了一会儿，还没有去御史台，王逵就来了，包

拯忙到大门外相迎，先为去陈州没有能中途随门官折回来表示了歉意，又说："准备去御史台以后，再往府上拜谒的，没有料到王大人先光临了。"

按照预定的计谋，王逵仍旧把自己说成是一个爱护老百姓的好官，说手下人无知无识，把"折色"的办法算错了。包拯明知王逵是在说谎话，也不去戳穿他，回答道："既然是算错，我想朝廷自有公正处置，大人也不必替他们多操心了。"王逵又进一步向包拯提出了一个请求："包大人如果能替他们说上一两句好话，当然比我空操心有用，只是不知包大人是否愿意？"包拯觉得再和王逵含糊下去不行，就干脆回绝了："王大人这话是欠考虑了，我身为监察御史，怎能受你嘱托替人说情呢？这些收粮人员的罪状还有待进一步查究。受何人指使，也一定要弄清楚。而且，我并不认为他们是把账算错了。"

王逵也感到愈是向包拯说情，愈容易暴露自己，于是马上装出一副很诚恳的神态，向包拯承认纠劾任师中是出于误会，他说："对陈州知州任大人，我上奏章纠劾他，完全是我的过错，没有把事情弄清楚，把自己手下人弄出来的事，记在任大人账上了，真是太对不起他了。了解我的人还好，不了解我的人，也许认为我在有意陷害任大人！"包拯冷冷地回答道："王大人，我看现在事情的难办之处就在于了解王大人的人，也认为王大人是在有意陷害任大人。"

听到包拯的这一番话，王逵面孔一红，知道再说下去也是白费心机了，只得告辞。随后，他又往御史台去拜访王拱宸。在王拱宸面前，王逵承认自己手下人在陈州收夏粮是不合法的，而且把账也算错了，同时承认告发任师中也是自己弄错了，痛哭流涕地表示今后对手下人一定严加管束，自己也要多做一点有利于国计民生的事。他请求王拱宸办两件事：第一劝包拯处理这件事时含糊一点，第二在宋仁宗面前替他委婉地解释解释。王拱宸耳根子比较软，多少有点动摇，表

铁面无私

包拯

示等和包拯见面以后，了解了实际情况，再作考虑。正在这时候，包拯也来到了。王逵听到包拯在走廊里说话的声音，就匆匆和王拱宸告别，从御史台后门溜走了。

包拯把陈州收夏粮的实际情况做了详细陈述，同时呈上逃亡老百姓的谈话记录，王逵派人收夏粮的账册、银两以及这伙犯人的供词。王拱宸起初也十分恼怒，后来想到王逵刚才来讨饶的那副可怜相，就对包拯说："王逵刚才来过这里，看来他颇有悔过之心，你看怎么办？"包拯说："怎么办？我去汴京之前，大人不是已经向我说过吗？'决不虎头蛇尾，一定秉公处理'，现在能这样办就很好。"王拱宸回想起来，确有这样一件事，现在当然要按照当初自己所说的办理，于是不住地向包拯点头。

包拯告诉王拱宸，王逵也曾到他家中去过，两下一对证，就知道王逵是去求包拯碰了钉子又来求王拱宸的。王拱宸叹息道："像王逵这种人，恐怕不见得会真的悔改，即使悔改了，这次所犯的罪也是十分严重的，非重办不可，假使我卖人情，不仅你包拯不依，天下人也不依，要把我和王逵放在一起咒骂了。"

文武百官分列两旁，宋仁宗上朝了，大殿上的气氛显得非常凝重紧张。御史中丞王拱宸站了出来，向宋仁宗奏明："王逵纠劾任师中一事，御史台系派监察御史包拯前往陈州实地查访，现查明任师中为爱民清官，征夏粮而逼迫老百姓逃亡的不是任师中，恰恰是王逵。"王拱宸的话虽然说得声音不高，但是每一个字都很有分量，大殿上的人都吃惊地把视线集中到王逵身上，王逵立刻低缩着身子，躲在别人背后，恨不得钻下地去。

宋仁宗一向很偏袒善于献媚的王逵，不相信王逵会做这种事，叫王拱宸退下去，让包拯把查案的经过从头奏来。包拯已有充分准备，就应声出班。那王逵暗自叫苦，他知道王拱宸口才一般，事情不一定能说得恰如其分，自己也许还有空子可钻，如今让包拯奏事，自己看来要吃大苦头了。包拯说："王逵不准任师中照旧规收夏粮，自己另外派人征收，嘴里说得好听，说麦子收成不好，留给老百姓自己吃，改收'折色'，把每斗五十文的麦子折价一百文，再加收运费和蚀耗各二十文，结果收了一百四十文之多，老百姓卖了全部麦子完粮也不够，当然只有逃亡一条路可走。王逵见闯下乱子，反而诬告任师中。请皇上处王逵重罪，以明是非，平天下之民心。"

宋仁宗问："可有人证？"包拯说："陈州老百姓人人可做见证，王逵所派收粮人员均已押解来京。任师中在陈州，圣旨宣召，随时可来汴京。"宋仁宗又问："可有物证？"包拯说："王逵手下人所用账册、所收银两已一并取来，封存于御史台库中。"

宋仁宗再问："一面之词不可轻信，你去陈州前后，可曾和王逵谈过此事，可曾问过王逵情况，可曾听过王逵解释？"

包拯说："臣去陈州途中，王逵曾派门官快马劝阻，臣以公身，未敢从命。从陈州回汴京后，王逵曾到臣舍间，将这件事说成是他的属下无知无识，把账算错，情有可原。臣未应允，随后，他又到御史台求王拱宸大人，嘱托他吩咐臣含糊处理此事，并且在陛下面前为他说好话。除此之外，臣未听到王逵说明任何情况，解释任何疑问。"

宋仁宗发现自己尽替王逵推卸责任不大好，而且看来王逵真的有罪，这责任是推卸不掉的，于是决定叫王逵出来对质。王逵听见宋仁宗叫到自己的名字，只好硬着头皮站出来。

宋仁宗对王逵说："王拱宸、包拯二人所说是否属实？你有无辩白？"王逵因为自己罪证都已落在包拯手里，知道多辩无益，才不得不老老实实地回答说："王大人、包大人所说句句是实，臣罪该万死。"这时候，宋仁宗也很难再偏袒王逵了，宣布将王逵罢斥，其他有关人等也都一一判罪。

陈州一案，包拯秉公处事，使陈州老百姓免去了许多额外负担。这件案子处理之后，陈州很多逃亡的百姓又回到自己的家，而任师中也因勤政爱民受到仁宗的嘉奖，同时包拯也因为这件案件赢得了满朝文武的赞誉，仁宗也对包拯更加信任。

不畏权贵，刚正无私

嘉祐二年（1057），包拯担任了权知开封府。开封知府是一个相当重要的官职，以往都是选派比较有威望的亲王、大臣兼任。这样做的原因很简单，在封建时代，历来是京官难当。由于是皇都所在，皇权可以直接干预地方政务，再加上是皇亲国戚达官贵人聚集的地方，一些人仗势欺人，横行不法。如果让一般的官员来治理，往往就会有很大的困难。据史书记载，在北宋一百多年中，担任开封知府的，竟有一百八十多人，其更迭之快，似乎也反映了京官难当的情况。但是包拯在开封知府任上，却做到有令必行、有禁必止，就连皇亲国戚也不得不有所收敛。

包拯权知开封之后，就开始改革诉讼受理制度。原来到开封府打官司的，照例不准进入公堂直接投递状纸，只能由号称"牌司"的人转递。"牌司"往往故意刁难，勒索钱财，使穷苦百姓负屈含冤，告状无门。包拯坐开封府大堂以后，下令敞开大门，允许告状的人直入公堂，当面向他陈述是非曲直，大大方便了要求申冤的百姓。不仅如此，包拯在执法的过程中，不避权贵，不讲情面。当时京城里流传着这样的谚语："关节不到，有阎罗包老。"意思是：包拯和阎罗王一样，不讲情面，不受贿赂，什么关节也打不动他。

在权知开封府期间，包拯虽然没有破什么大案，但在他的任期内，却让京都变得安定了许多。在这期间，重开惠民河一案再一次真实地反映出了包拯的刚正不阿、执法如山的铁面无私的形象。

凉爽的秋天，汴京市上到处是一片繁华景象。谁都没有想到，接连下了三天大雨，城里竟然积水成灾了，最低洼的地方几乎有将近三尺深，一些房屋倒塌了，开封府尹包拯让那些无家可归的难民搬进了大相国寺后院的空房子里。街上偶尔有几只小船往来摆渡，店铺都没有开门，显得冷冷清清，凄凄凉凉。

雨虽然不像前三天那么猛了，可也没有停，水也丝毫不见退下去。宋仁宗传下了一道圣旨，吩咐文武百官暂时停止上朝。包拯是个颇有深谋远虑的干练人物，他早已看到开封的护城河——惠民河不能畅通是严重的问题，这样既容易闹旱灾，也容易闹水灾。但是这一次的水灾来得这样快、范围这样广，却是他所没有料到的。现在，包拯在和他的助手开封府推官吕公孺研究重开惠民河的工程，已经有些眉目了。在包拯的指点之下，吕公孺绘制了一份详细的惠民河图。从图上可以看出，惠民河两边被大官们筑了许多堤坝，把河面圈为他们私人的荷花池或养鱼塘。张尧佐所圈的这一段最长，而且几乎把整个河面圈进去了十之七八，和他的花园连在一起，还给取了一个雅致的名字，叫作"青莲池"。地图上这"张尧佐"三个字虽然不大，但是看起来特别刺眼。这个人很不容易对付，当时的张尧佐已经七十多岁，告老闲居在家了，他是宋仁宗最宠爱的张贵妃的亲伯父，张贵妃死去以后，宋仁宗对他仍旧很照顾，差不多每天都派太监往他家里送东西。而他就始终以"国丈"的身份自居，架子大不用说，还尽做些欺压良民的事，也没有人敢出来讲什么。

这重开惠民河的工程，不进行便罢，如果要进行，就非要牵涉到张尧佐不可，包拯和吕公孺都觉得这是件很棘手的事。包拯在做监察御

铁面无私

包拯

史的时候，就曾经连续上了三次奏疏，弹劾张尧佐，说这个人的声望和才干低劣，不能担当全国财政三司使，宋仁宗却没有理睬，最后包拯联合了其他几个监察御史，又联名上了一次奏疏，宋仁宗才被迫把张尧佐调了职。这其中的情形，吕公孺也是非常清楚的。他们都知道，如果上奏疏的话，宋仁宗会因为这件事牵涉到张尧佐，而不准许包拯去重开惠民河。吕公孺反对包拯上奏疏，主要也是这个原因。包拯也考虑过直接去找张尧佐交涉，可是这办法行不通，因为张尧佐自从被撤换三司使以后，对自己怀恨在心，不去碰他，也许能相安无事，找上门去，恐怕难免会闹起一场风波。

包拯一向是以有决断有魄力出名的，可是遇到了这样一件事，却一时拿不定主意了。他对吕公孺说："在惠民河两岸圈荷花池、养鱼塘的，不止张尧佐一个人，我们先在别的地方开通，把那些堤坝、围墙、木栅统统拆除，等只剩下张尧佐一家时，他也许会见风转舵，把青莲池拆掉的。"吕公孺听了包拯的话，对这位自己一向很敬佩的府尹大人感到有点失望，他一面不停地摇头，一面叫人翻出一叠旧的公文，并且拿来要包拯仔细看看，他愤慨地说："大人所提的办法，依卑职之见，断乎使不得，根据最近十年的情况来看，前几任府尹大人都发过重开惠民河的宏愿，就是不敢得罪张尧佐，把别人家修筑的堤坝拆除了不止一次，可是大家见张尧佐家的青莲池丝毫没有动，于是又都偷偷地重新修筑堤坝，这不是很好的前车之鉴吗？"包拯听了吕公孺说的话，觉得入情入理，于是又问他："依你之见，应该怎么办呢？"

吕公孺回答说："民间有句谚语，叫作水火无情，意思是说水或火都能造成大的灾害。古代的圣贤也认为救民于水火之中是刻不容缓的事情，现在汴京发了大水，对国计民生的影响很大，用慢郎中医急惊风的态度来对待，绝对不行。按照大人的做法，即使张尧佐最后真的见风转舵，让我们重开惠民河，但是这水到哪一天才能退，谁也不知道。如果是这样的话，我们就上对不起朝廷，下对不起黎民百姓了。"这一连串的话就像锋利的刀子扎在包拯心里。包拯觉得自己近年来的确过于谨慎了，照这样下去什么都干不成，吕公孺的话使他猛然清醒了过来。他既感激又惭愧，要吕公孺继续说下去。吕公孺的面色陡然严肃起来，激动地说："张尧佐家的青莲池一拆除，重开惠民河的工程一定可以顺利进行，这是为万民造福的好事，不容再耽误了。"

包拯很诚恳地对吕公孺说："我同意你的看法，我们要在不得罪张尧佐和重开惠民河两者之间寻找两全之策，是很困难的。现在决定照你的意思来办，我们再议一议进行的法子吧！"接着，他们又进行了一番商议，决定先由吕公孺带了地图以及开封府的公文，乘船前往张府交涉，如果张尧佐果然蛮不讲理，包拯就亲自去和他说理，直到他低头认错，同意拆除青莲池为止。吕公孺出发了，包拯随后也换了官服，带了旗牌、差官，乘了一只小船往张府而来。

开封府里在忙着筹划重开惠民河、救济灾民这些事情，而张府里却在忙着饮酒享乐，那张尧佐正在青莲池中的余晖榭上，和众清客喝酒，侍候他的家丁奴仆们往来奔走，就像穿梭一般。

接连几天大雨，青莲池的水也涨了不少，有一个管家，率领一批家丁在堵塞堤坝上几处漏水的地方，并且从堤坝上把水打出去。不知谁不留心，把七八株荷叶碰断了。假作斯文的清客王修园对张尧佐说："大人，你来看，那边本来长得像伞一般的大荷叶可惜都给砸断了。古人说'留得残荷听雨声'，这也可算是青莲池中的一景，现在可不行了。"张尧佐肚子里没有墨水，就是怕别人说自己粗鲁，不懂得风雅。因此王修园这句话引起了他无名火八丈高，叫管家把四名家丁绑了起来，用竹杖毒打，要他们把碰断荷叶的人供认出来。就在这当口，吕公孺到了张府，门官进去通报，说是开封府推官吕公孺求见。张尧佐正在暴跳如雷地责骂家丁和管家，门官的话没有听进去。门官提高了嗓门儿再禀报的

铁面无私

包拯

时候，张尧佐把满腹的不高兴又发泄到吕公孺身上去了，侧转面孔，对门官说："谁叫你通报的，一个小小的开封府的推官也要来见我，替我回绝，就说不见。"

门官怕主人喝多了酒，不大清醒，又补充了一句说："这开封府推官虽然不过是芝麻般的小官，府尹包拯可不好惹，还请老爷三思！"张尧佐也觉得犯不着和强硬的包拯闹什么意气，因此叮嘱门官："你回说我身体不适，不能见客，改天再来吧。"

吕公孺在张府门前台阶上下了船，等门官进去通报，一等就是两个时辰，好容易门官出来了，吕公孺连忙问回话。门官冷冷地回答了三句话："老太爷身体不适，不能见客，改天再来吧。"吕公孺是个书生，还想和门官再讲讲理，他问门官："这公文乃是紧急公事，可否请老大人准我当面递交。"门官见吕公孺纠缠不清，很不耐烦，就教训他道："你不要不识好歹，老太爷本来就不接见，念你是开封府来的，给你面子，所以说'身体不适，不能见客'，还请你'改日再来'！至于紧急公文，我们这里只有皇上来的圣旨，这开封府的公文不见得比皇上的圣旨更紧急吧！"

吕公孺再要说什么，那门官就当作没有听见，回到里面打盹儿去了。吕公孺记起包拯刚才再三叮嘱自己要小心，因此也就不再说什么，想等包拯来了，再作计较。包拯到达张府大门口时，看见吕公孺神色沮丧，估计他碰了钉子，一问果然如此，包拯决定亲自闯进张府，和张尧佐当面交涉。既然张尧佐假称"身体不适"，包拯就将计就计，说特地前来探望病情。

那门官本来气焰万丈，如今见包拯来到，威风也不知到哪里去了，陡然之间好像矮了大半截，跪在地上请求包拯宽恕他"失迎之罪"，然后爬了起来，一溜烟儿地跑进去通报。余晖榭里，张尧佐正在查问是谁把荷叶折断了，忽然门官来报，包拯已经到了大门口。张尧佐听后，慌了手脚，赶忙吩咐先把四个家丁松绑。众清客也就各自散了，张尧佐觉得王修园有些小聪明，也许可以帮助自己对付一下包拯，就要他一起到大门口去迎接，王修园推辞不掉，只好硬着头皮跟在后面。张尧佐、王修园等刚到大门口，包拯先发制人，对张尧佐说："尧公是当今元老重臣，虽然优游林下，仍负天下所望，系天下安危。闻政躬违和，特来请安。"

张尧佐明知包拯此番来探病是假，一定另有目的，但是包拯说得十分客气，自然只能以礼相待。他说："贱躯略受风寒，劳大人关注，深感罪莫大焉。"于是又请包拯到厅堂叙话。包拯随张尧佐进了大厅，吕公孺站在包拯背后，仔细地观察周围的陈设。

张尧佐以为王修园真的有文才有学识，便把他介绍给包拯，说王修园是他吟诗饮酒都离不开的好朋友，上知天文，下知地理，称得上是一个不求富贵功名的学者，一方面是没有话找话说，一方面也借此表示自己的清高风雅。包拯和吕公孺看得很清楚，王修园分明是个谄媚小人，说话时故意挤眉弄眼、低声下气，没有一点骨头。书大概比张尧佐多念过几本，可是也并不见得怎样有文才，尤其听说什么学者不学者，吕公孺几乎要笑出声来。包拯却不住地点头，并且很认真地说："包拯此番造府拜谒，一来是探望尧公贵恙，二来是请教尧公一件疑难之事，连日大雨，汴京积水甚深，皇上因此而停止上朝，黎民百姓流离失所者不知多少，我才疏学浅，一无办法，深感惭愧，想尧公必有良策教我。这位修园先生既然也是饱学之士，正好一并讨教了。"

王修园听包拯说要向自己"讨教"，高兴得手舞足蹈起来，正想胡乱说一通，卖弄卖弄"才华"，但张尧佐怕王修园把话头转到惠民河上，马上用眼向他一瞪，意思是叫他不要开口。王修园被泼了冷水，无精打采地退到人后面去了。张尧佐听包拯的口气，估计到他是为疏通惠民河的事来的。而吕公孺带了公文先来拜访，大概也是为了此事。为了

铁面无私

包拯

保存青莲池起见，张尧佐假装出一副谦恭的神气，回答包拯说："不说客套话，我如今真的是'老'而且'朽'了。承包大人不耻下问，但我实在闭塞得很，外面的事情都不大知道，恐怕谈不出什么东西来。这治水是利国济民的大事，修园兄也不在行，只好偏劳包大人了。"

包拯又说："我身为开封府尹，这治水是职责所在，当然要竭尽全力。尧公如能指示一二，一定能事半功倍。"张尧佐见包拯步步进逼，为了摆脱困境，决定向包拯进行反击，他皮笑肉不笑地说："包大人最清楚不过了，我在朝为官时也没能有所建树，甚至犯了不少过错。如今我不在其位，不谋其政，请大人不要强人所难吧。"包拯一听，知道张尧佐话中有刺，分明对被弹劾而丢掉三司使一事抱着宿怨，而且对治水一事，把门关得铁桶一般，不让自己再谈下去。于是不动声色，勉强赔着笑脸，又谈了一些彼此敷衍的空话。吕公孺气得肚子直发胀，很想发作几句，干脆和张尧佐闹翻。但是包拯暗中对他轻轻一摆手，他也就没有再说什么。

包拯又对张尧佐说："尧公既然对治水没有兴趣，那就不谈它吧。久闻府上青莲池是汴京出名的风景区之一，我想游赏观光，已非一日，苦无机会，今日既到府上，如果不游青莲池，岂不是入宝山而空回，不知尧公是否肯让我等开开眼界？"张尧佐没有料到包拯会直截了当地提出要去青莲池，这事情对自己很不利，说不定会引起许多麻烦，正想婉言拒绝，冷不防王修园插了进来，对包拯说："这青莲池四时景色咸宜，楼台亭榭，处处风光如画，大人如有雅兴一游，包管满意。可惜大人来迟了一步，已经有好几株大荷叶给家丁们折断了，否则大人还可以一赏'留得残荷听雨声'呢！"张尧佐见已经没有法子拒绝包拯的请求，又怕王修园再说出什么不三不四的话来，只得表示欢迎，对包拯说："大人有此雅兴，为青莲池增光不小，老朽深感荣幸，如今请随老朽前往。"说罢，自己在前面带路，包拯、吕公孺、王修园在后跟随着，来到了青莲池，仍旧在余晖榭里小憩。青莲池的景色确实不错，刚才又经过了一番收拾，显得格外清幽，虽然天空仍旧飘着雨丝风片，没有什么余晖可看，但是池中水平如明镜，碧绿可爱，那垂柳曲栏也相映成趣。包拯说了不少赞赏的话，王修园献了两首描绘青莲池的歪诗。张尧佐心中有疙瘩，一脸苦笑，根本没有心思多谈。在余晖榭里，可以看到堤坝外面惠民河的水比里面要高，而且汹涌澎湃，就像脱缰的马狂奔一般倾泻着。包拯假装不知道外面是什么地方，问张尧佐。张尧佐只得实说："外面就是惠民河。"包拯说："刚才尧公说，不懂得治水，想不出好的法子，我看现在法子倒有了，只要尧公肯把青莲池的堤坝拆除，惠民河一畅通，汴京就不怕闹水灾了。"张尧佐知道事情已经愈弄愈僵，敷衍或者赔笑脸都不成了，于是心一横，准备和包拯撕破脸皮，非把这青莲池保全不可，于是傲慢地回答包拯说："这水旱灾情，自古至今是常有的，和青莲池有什么关系？我劝包大人不要逼人太甚，彼此伤了和气，我张尧佐不是好惹的。"

包拯再三向张尧佐解释，绝没有存心和他过不去的意思，拆除青莲池，为的是救灾，为的是黎民百姓。张尧佐气焰嚣张，一句也听不进去。包拯忍无可忍，叫吕公孺把那张为治水而绘制的地图挂起来，指着地图说："你自己来看吧，惠民河宽八丈，这青莲池一段就占去了七丈三尺，河水怎能畅其流？遇到了大雨，汴京怎能不成灾？如果人有骨鲠在喉，怎能不妨碍饭食呢？"

张尧佐看了地图，想辩解青莲池对于惠民河没有妨碍，苦于一无理由，二无根据，只好对包拯说："在这惠民河边上圈荷花池、养鱼塘的，何止我张尧佐一人，你们不去找别人，尽找我，为什么呢？"包拯见耐心劝说无用，也不客气了，他愤慨地责备："尧公！我敬你是当朝的皇亲国戚，才和你再三商量，希望你能以大局为重，不然，这青莲池就会被强行拆除。至于别人家圈的荷花池、养鱼塘，我们自然也要拆除

铁面无私

包拯

掉的。来贵府之前，我查了开封府历年的档案，那些荷花池、养鱼塘拆除了不止一次，人家看见你家的青莲池仍旧保存着，因此又偷偷地重新恢复了。如今事情明摆在这里，非从这青莲池开始不可。"余晖榭里的气氛骤然紧张了起来。包拯说话的声音虽然不十分高，但是每一个字都说得斩钉截铁，既干脆，又有分量。吕公孺很少看见包拯像今天这样恼火，有些吃惊。王修园知道情况已经十分严重，吓得面孔像白纸一样毫无血色。张尧佐叫过一名亲信家人，轻轻地交代了几句话，命他火速进宫，求宋仁宗下圣旨，阻止包拯拆除青莲池。家人出发之后，张尧佐得意地对包拯说："无论你包大人怎么说，别的事都可以听吩咐，要拆除青莲池断乎不可。不是老朽斗胆，敢于违抗府尹大人，实在这青莲池是张贵妃生前游宴之处，看在皇上的分儿上，你也不该如此放肆。我已派人进宫，去问皇上，圣旨不到，你不能动手。"

包拯觉得事不宜迟，让宋仁宗一插手，这青莲池一定拆不了，吩咐吕公孺赶快到大门口，唤差役、工匠们进来，即刻动工，一面对张尧佐也毫不客气地回敬了几句，用警告的语气说："我身为朝廷官吏，只知

明月亭

救民于水火，刻不容缓，你仗势阻挠，也是枉然。皇上问罪下来，都由我包拯担当，决不推脱。我包拯不是贪生怕死之辈，尧公尽可放心。"王修园忙着向包拯和张尧佐两人打躬作揖，劝他们不要太过冲动，大家从长计议，包拯和张尧佐都没有理会他。这时候，吕公孺已经把差役、工匠领了进来，包拯吩咐立即动手，去堤坝拆除青莲池。差役、工匠们见张尧佐一脸杀气，眼珠突着，就像要滚出来的样子，都不敢动。包拯就冒雨，登上堤坝，亲自挥动铲子，铲去了一大块泥土，差役、工匠们才放大胆子，纷纷上来铲土拆除。张尧佐见阻拦不住，吩咐家人把那些亭台楼榭中的书画、摆设、家具赶快搬走，怕池水冲进来，什么都完了。包拯又派吕公孺到惠民河沿岸各大府第传令，说为治水救灾，已在拆除张府的青莲池，命令所有圈在惠民河里的荷花池、养鱼塘一律拆除，违令者送开封府法办。那些官宦人家知道这一次是包大人亲自出马督工，张尧佐的青莲池都没有保住，一个个都乖乖地把自己所圈的荷花池和养鱼塘拆除了。

惠民河的河面一放宽，街上的水就很快倾泻出去了，因此，虽然雨还没有完全停止，拆除青莲池以及其他荷花池、养鱼塘的工程还没有完全结束，开封城里的水已经开始退下去了。宋仁宗得到消息，知道包拯在逼迫张尧佐拆除青莲池，果然答应了张尧佐的请求，派钦差前来阻拦。不料水退得太快了，钦差出宫不久，那只船就搁浅在大街上了，于是又回到宫里，重新骑马出发，到达张府的时候，天已经是黄昏时分，青莲池的拆除工程也已大体结束。钦差读了圣旨，包拯随钦差一起进宫请罪，张尧佐打算在宋仁宗面前哭诉一番，也吩咐备马进宫。在宋仁宗面前，包拯和张尧佐又进行了一场激烈的辩论。宋仁宗知道拆除青莲池已成事实，而且城里的积水已经退了很多，也就没有对包拯多加责备，只是告诫他以后办事不能这样鲁莽。张尧佐定要宋仁宗严办包拯，最后被宋仁宗训斥了一顿，说他"不识大体"。他回家以后，闷闷不

乐，不久就病死了。

包拯权知开封府只有一年多时间，但在开封人民心中却留下了极为深刻的印象！包拯死后，开封人为了纪念他，特意在开封府署旁边建了一座包公祠。元代诗人王恽曾经写诗赞颂题名说：

> 拂拭残碑览德辉，千年包范见留题。
>
> 惊乌绕匝中庭柏，犹畏霜威不敢栖。

诗中颂扬了包拯、范仲淹的道德人品和政治上的业绩，鞭挞了古往今来的贪官污吏，把他们比作一群令人讨厌的乌鸦，充分体现了人民群众的爱憎之情。包拯在权知开封府期间，虽然面临着很多困难，但是他始终坚持自己的执法原则，认为"王子犯法与庶民同罪"，使得京城的秩序稳定了很多，百姓也能够安居乐业了。

明察秋毫，巧破迷案

自古以来，皇宫深院都是充满杀机和扑朔迷离的地方，而君王的宫闱之事更加是难辨真假。宋朝也不例外，在宋仁宗年间，发生了一件"假皇子案"，也叫"冷青案"。这一年是皇祐二年（1050），包拯升任为天章阁待制，知谏院。谏官的责任，凡朝政缺失，大臣至百官任非其人，三省至百司如有违失，皆得谏正。说起这件案子，还得从宋仁宗的子嗣说起。

宋仁宗一生只得了三个儿子，不幸的是，这三个儿子都是早夭，都没有活过三岁。仁宗的第一个皇子出生于景祐四年（1037）五月九日，然而，在出生的当天就死了。后来，仁宗感慨无嗣，怀念这个皇子，给他赐名赵日方，并追赠为褒王。第二个皇子出生于宝元二年（1039）八月十五日，取名赵昕。然而，这个皇子在半年之后也病逝了，仁宗十分悲痛，追封他为豫王。第三个皇子出生于庆历元年（1041）八月五日，取名赵曦。这个皇子的出生，让仁宗感到后继有人了，然而好景不长，当这个皇子长到两岁多的时候又病逝了。经历了这几次重大的打击，仁宗感到非常不安，心情也一度非常低沉。本来仁宗是对这个皇子抱有很大希望的，并且想着立他为太子，没想到，仁宗的愿望又一次落空了。仁宗在悲痛之余，追封赵曦为鄂王。

此时的仁宗三十四岁，春秋尚富。虽然前面的几个皇子都是早夭，但是仁宗和朝臣们都坚信还会有皇子诞生的。但是，过了很久，后宫当中一直没有传出来消息，这让仁宗和朝臣们都感到非常担心。在仁宗四十岁的时候，尽管有龙嗣诞生，但都是女儿。而在封建社会，女儿是不能继承大统的。由于东宫一直虚位，朝中有着很多不稳定因素。当时，朝中很多大臣都结党营私，形成朋党，争夺权力，使得朝政混乱，朝臣倾轧，面对这样的情况，仁宗也是非常担忧。

皇祐五年（1053），太常博士终于按捺不住，最早向皇上呈上了收养宗室子弟入宫的建议。这位太常博士上疏称："臣位于朝二十五年矣，不能早为陛下建长世之策，臣实耻之。夫生民之命，系于宗庙社稷之重，而以继嗣为之本。……太祖以神器传太宗，太宗以传真宗，真宗以传陛下，陛下承三圣之业，传之于千万年，斯为孝矣。而春秋四十四，宗庙社稷之继，未有托焉，此臣所以夙夜彷徨而忧也。"他恳请皇帝祈祷天地，分宠六宫，以期早日诞育皇嗣。在封建王朝，谈论君王的私密之事是大忌，但是仁宗感念他的忠心，并没有怪罪他。这次阅过上疏之后，仁宗更加担忧太子之事。因为到了这个时候，太子之事已经不仅仅是皇上的私事，而是关系着国家社稷的大事。更为严重的是，这些情况都传到了民间，引起种种无端猜测，甚至引发出一些让人哭笑不得的事情来。皇祐二年（1050），京师就出现了一个假皇子，虽然被包拯及时识破，但是也使全国闹得沸沸扬扬，这些让仁宗更加不悦。

这件案子的经过是这样的：在开封城中有个叫冷绪的行医，他的妻子姓王，曾在皇宫干杂役，后来因为宫中失火，被遣散出来，嫁给了冷绪。一年后，生子冷青。冷青长大后漂泊庐山，逢人便说自己实为皇帝之子，有一个和尚信以为真，带着冷青上京师认亲。可宫禁之严，他们哪里见得着皇上。无奈之下，冷青便在东京街头高声宣讲，称母亲尝得幸掖廷，有娠而出，生出的"龙子"就是自己。京师百姓纷纷驻足而观，聚集了一大群人。知开封府钱明逸闻讯，马上派人将他们捉了起来。然而，此时的冷青气焰非常嚣张，俨然是把自己真的当作皇子了，在开封府的大堂上，他痛斥钱知府："你见到我为何还不起身？"钱明逸居然被唬住了，不知怎的，竟然站起身来。钱明逸估计是遇到一个疯子，但心里又吃不准，不敢按大逆定罪，只将其当作狂人送到汝州编管。有个开封府推官认为知府处置不当，使罪犯留外惑众，就参了钱明逸一本。不少人认为当诛不当流，仁宗命知谏院包拯追查。对于开封府这样一个判决，包拯认为还留有一定的疑点。当时开封府的推官韩绛提出，把冷青留在外边，一定还会迷惑群众，肯定会扩散不好的影响。当时担任翰林学士的赵概也提出，如果冷青自称是皇子，并非欺妄，并非骗子，那他不该判处流放编管之罪；相反，如果冷青确是进行诈骗，那么流放编管的处分就太轻了，应该从严判其欺君大罪，立即处死。显然，冷青案件还有一堆疑团没有解决，大家还有争执。韩绛和赵概的意见反映之后，仁宗就下御旨，命令包拯和赵概迅速彻底审理冷青案件，一定要弄个水落石出。

包拯同赵概一起亲自审理冷青，经过几次反复，案情逐步得到澄清。原来冷青的母亲王氏，确实曾在皇宫中当过宫婢，服过差使。后来有一次宫中放出一批宫女，让她们归回民间父母家中，王氏就离开皇宫。随后她就出嫁，与当医生的冷绪成亲，冷青确实是她所生。冷青长大成人之后，在庐山一带漂泊，到处流浪。由于自己的母亲曾经是一个宫女，他就经常在群众面前招摇撞骗，说自己的母亲在皇帝面前得过宠，自己确实是当今皇帝的儿子。当时庐山有一个和尚叫全大道，他看中了冷青，认为奇货可居，可以利用，就把他带到京城中来，并且声称一定要在宫阙之下叩见皇帝，亲自查明此事，希望受到赏赐。全大道和冷青二人，在京城之中大言惑众。一般的群众不明真相，大受愚弄。后来，当这件案子败露，冷青被开封府逮捕之后，全大道看到事情不妙，他立生一计，唆使冷青装疯卖傻，顿时变成一个颠三倒四、神经错乱的狂人。冷青一口咬定自己是皇子，开封府把他逮捕，罪该万死。这样的胡言乱语，弄得真假难辨，十分棘手。

　　包拯接手这件案子之后，并没有妄下结论，而是从事实着手。包拯深知，这件案子事关重大，不仅仅是一件简单的断定亲子案。经过了解，包拯终于找到了头绪，包拯认为这件案子虽然直接牵扯到皇上，但是要想侦破这件案子还需要从这个人的母亲着手，后来证明，包拯的这个想法是正确的。经过深入调查，包拯和赵概掌握了一个最关键的情节，就是冷青的母亲王氏离宫出嫁之后，她第一胎生的是个女儿，在第二胎才生了冷青。冷青的姐姐从来没有自称过是皇女，这个确确实实是冷绪和王氏所生的儿子，根本不是什么皇子。包拯掌握了这些证据之后，彻底地揭开了这个大骗局的真相。原来，庐山和尚全大道，在经过审问后得知真名叫作高继安，原是一个曾经做过恶而被开除了的军人。他早先犯了罪，被发配鼎州（今湖南省常德市），后来钻了空子，窜入京城。他打通关节，假装有病，就免除了发配之罪。他装出一副名山和尚的模样，谈经说法，信口雌黄，说自己掌握幻变术，能为人去灾求

铁面无私

包拯

福。他招摇过市，专门结交当朝的达官贵人、权要之士，这些人真的上了当，受了他的欺骗。他每到一处，以祷祠为名，装模作样，煽惑州县地方官员。近年他在潭州（今湖南省长沙市）与冷青相遇，冷青自称皇子，他就巧加利用。他把冷青带在身边，同路而行，形影不离。一路上几次三番造谣惑众。高继安明明知道冷青是个骗子，但他故意放纵，一直不向官府告发。等到冷青被开封府逮捕，他就唆使冷青假装神经错乱，扮成疯子。这一招果然灵验，蒙混了像钱明逸这样的开封府尹。因为冷青是个疯子，钱明逸没有判冷青重罪。高继安还教冷青胡言乱语，弄得有真有假，真假难分。

这件案子的根源就是仁宗没有子嗣造成的，包拯在断案的过程中，不仅要考虑到皇上的面子，还要考虑到对朝中的一些影响。在经过仔细审查之后，终于使这件让仁宗头疼的事情告一段落。包拯同赵概两人向仁宗上疏，认为冷青、高继安两人"狂伪之状，灼然明白，决无可疑，天地所不容，人神所共弃"，冷青与高继安都被处以极刑。这个轰动一时的"假皇子"案就此结案。然而，尽管事情水落石出了，但仁宗的心头总是感觉有一种无形的压力存在着。

这件"假皇子"案的审断，不仅体现出包拯断案的高超，更加体现出他尊重事实、不逢迎拍马的刚正作风。在当时的朝廷中，这是非常难得的，后来仁宗对包拯的信赖，也是有这方面原因的。

第四章
直言敢谏　堪比魏徵昭日月

包拯一生刚直不阿，疾恶如仇，并且敢于直言时弊。在刚进入中央机构的时候，就表现出了非凡的能力，后升任谏官。包拯非常敬佩唐朝的谏官魏徵，并且以他为师，在谏官任上，他更是秉承了魏徵的作风，敢于犯颜直谏，并且因七弹王逵而震动朝野，随后，又弹劾了很多违法乱纪的朝中大臣。同时，他也时时向仁宗建言献策，心系天下，为国为民。

直言敢谏，疾恶如仇

皇祐二年（1050），包拯升任天章阁待制，知谏院，担任了谏官的职务。他十分推崇唐朝的魏徵，因为魏徵辅佐唐太宗，直言敢谏，使天下安定，后来的"贞观之治"也有他的功劳。魏徵也因为直言敢谏，而成为唐朝的一代名臣，是后世谏官的楷模。

包拯为后世所歌颂和怀念，不仅是由于他当时为百姓做好事，而且也由于他个人高尚的道德品质，以及由此而折射出的强大人格力量。包拯认为唐太宗是英明大度的皇帝，魏徵是忠直无隐的良臣，这样的君臣际遇，使他十分仰慕。他曾经认真地研读了魏徵的奏疏，觉得魏徵说过的话，虽然过了四百多年，仍有现实意义，于是就选录了魏徵的三篇奏议，呈请宋仁宗观览，以便从中汲取经验教训。从这件事可以看出，包拯多少是以魏徵自况的，他希望自己能和魏徵一样，当一个直言敢谏的诤臣。他也希望宋仁宗广开言路，能听进逆耳的话。包拯对自己在谏官任上的作为，曾有这样的概括：披沥肝胆，冒犯威严，不知忌讳，不避怨仇。对违法违纪官吏的弹劾，更是不避显官贵族，他的直言敢谏、疾恶如仇在历史上也是很有名的。

包拯主张法治。他认为法令体现了皇帝的威权，法令的执行与否，关系到国家的治乱安危，应当慎重对待。他向仁宗皇帝举了这样的例子：唐文宗（826—840在位）问宰相李石："有什么办法可以治理好国家？"李石回答说："朝廷法令能够施行，国家就可以治理好。"以此来说明执法的重要。他还批评仁宗不该随便更改诏令，失信于民。皇祐二年（1050）九月，东京接连十来天下大雨，仁宗在皇宫里吃斋祈祷。

铁面无私

包拯

不久天晴了，仁宗就祭祀天地，下诏大赦，还给文武百官升迁一级。这样由皇帝普遍给予"恩泽"，就叫作"覃恩"。包拯激烈反对这种做法，当这件事还是传闻的时候，包拯就上疏仁宗表示反对，并要求当面向皇帝陈述己见，没有得到许可。后来正式看到诏书，他又立即上疏，要求去掉这种败坏朝政的做法，应当是有功德的才升迁，不能这样随便轻率。由皇帝直接下命令赦免犯罪的人，包拯也是激烈反对的。也是在他当谏官的时候，他上了《请绝内降》的奏折，尖锐指出：凡是由皇帝直接下命令赦罪的，大部分是依靠后宫或宦官的关系，求得人情，结果妨碍公事，败坏朝政，实在是要不得。后来仁宗皇帝表示，要"严切禁止，示信天下"，还让谏官们察举那些走门路的人。后来，明朝人胡俨读了包拯的奏议后，赞颂包拯"举刺不避乎权势，犯颜不畏乎逆鳞"，即不畏权势，也不怕惹恼了皇帝。

包拯疾恶如仇，最恨的是贪官污吏。他说过：廉洁的官吏，是老百姓的表率；贪赃的官吏，是老百姓的盗贼。他当谏官时，就上过《乞不用赃吏》的奏折，要求朝廷罢免贪官污吏，不再起用他们，即使再起用，也不让他们担任重要的官职。

淮南转运使张可久，利用职权贩卖私盐一万余斤。他的罪行被揭发后，交由大理寺审理。按照当时的规定，定罪轻重只按捉获到的赃物斤两计算，而张可久的私盐都已卖出去了，以此定罪，必然轻判，无异于姑息养奸。包拯认为他身为转运使，和一般老百姓不一样，应该行重判，把他发配到边远地方。汾州（今山西汾阳）知州任弁，利用职权私自役使兵士一百一十六人，让他们织造驼毛缎子，做各种杂役，用工二万三千六百个，折合绢一千六百余匹。根据当时的法律，应当和盗贼一样论处，充军三千里外，还要罚铜十斤。可是仁宗却直接下令免了他充军的刑罚，只罚铜十斤，继续让他担任知州。对此，包拯立即上疏反对，要求皇帝收回成命。

包拯在任谏官期间，一直以魏徵为师，直言进谏，不顾个人生死，不畏权贵。在包拯的努力下，朝廷查处了一批庸官以及贪赃枉法的官员，这也为朝政的清明做出了自己的贡献。不仅如此，在包拯任谏官期间，不管是朝中大臣还是皇亲国戚，行为都有所收敛。虽然后来包拯遭到了一些猜忌，但是他仍然坚持自己的原则，史载他"立朝刚毅，贵戚宦官为之敛手，闻者皆惮之"。

七弹王逵，朝野震动

包拯任监察御史，从庆历三年末至庆历六年六月，共二年零七个月的时间。他尽职尽责，论列时政，弹劾赃官酷吏，激切忠直，震动朝野。这是包拯精神在朝廷开始大发扬的时期，使他的威名暴响全国。在谏官的任上，包拯也做出很多的政绩，而弹劾贪官赃吏、肃正纲纪则是他在监察御史任上重重的一笔。当时"七弹王逵"事件，使得朝野为之震动，包拯的威名更加远播。

王逵，字仲达，河南濮阳人，是当时臭名远扬的贪官恶吏。他任地方官时，飞扬跋扈，随意增派苛捐杂税，一次就多收了三十万贯。他把搜刮来的钱财进奉朝廷，博得朝廷的欢心，却坑苦了当地的老百姓。他曾几次担任掌管一路大权的转运使，无视国法民情，拼命搜刮百姓钱物，讨好朝廷，希图升官，民愤极大。他任荆湖南路转运使时，许多老百姓被迫逃到少数民族地区的山洞里，老百姓被他杀害的不知有多少。人民对他恨之入骨，当他被降职调往池州（今安徽贵池）的时候，潭州（今湖南长沙）老百姓几千人聚会庆贺，城里数万家居民接连三天张灯结彩，通宵达旦，惨遭他迫害的人家还用木头刻成他的偶像，时时鞭

铁面无私

打，以解心中之恨。

包拯这个人疾恶如仇，不用说见到，即使提起祸国殃民的贪官污吏，也要恼得牙关紧咬。他访知王逵重任转运使，且仍然苛政暴敛，坑害百姓，立即上疏弹劾说："臣访闻江南西路转运使王逵行事任性，不顾条制，苛政暴敛，殊无忌惮，州县稍不徇从，即被捃（收拾之意），使吏民无告，实可嗟悯。按王逵先任荆湖南路转运使日，非理配率人户钱物上供，以图进用。山下居民苦于诛求，逃入蛮洞，结集凶党，致此大患，于今未息。沿江重地，幅员千余里，财赋户口尤盛，亦与蛮界接连，不可久任匪人，窃恐为国生事。且杨撒但以体量官吏过当，尚降差遣，况王逵害民蠹化，众议不容。欲至望慈特与降黜，则天下幸甚。"包拯此疏不仅弹劾了王逵，而且提出了一个重要论点，就是"官逼民反"。他认为农民反抗暴政是苦于诛求的结果，缘于王逵的横征暴敛和迫害。

在封建王朝中，包拯在皇帝面前公然为起义农民说话，可以看出他的刚直无畏和实事求是的精神。当然，他弹劾并要求罢免王逵，也是为了缓和阶级矛盾，维护宋王朝的长治久安，这也是包拯忠于朝廷的一种表现，同样也具有阶级局限性。但是，包拯能够客观地正视现实，无情地鞭挞贪官，体谅百姓的疾苦，无疑是爱国爱民思想的光辉体现，这在那个时代是非常难能可贵的，应当充分肯定。

然而，就是王逵这样一个残害百姓、十恶不赦的家伙，由于同宰相陈执中、贾昌朝关系密切，又得仁宗青睐，在池州没待多久，又被提拔为江西转运使。对此，包拯气愤异常，立即上疏弹劾他，认为王逵施暴成性，难以悔改，不能把许多百姓和官员交给王逵，听任他肆意残害。王逵到了江西以后，依然是严刑酷法，鱼肉百姓，迫害属下的官员，动不动就抓人入狱，判罪充军。尽管包拯一心为朝廷摒除奸佞之臣，但是由于宋仁宗和当时的宰相的又一次庇护，对包拯的奏疏丝毫不重视。为了应付包拯，最终将王逵的这件案子交由王逵的同僚下属提刑司（本路掌管刑狱的机构，也称"监司"，仅次于转运司）官员李道宁调查处理。很明显，宋仁宗没有打算处置王逵，包拯早已对官场中的这些做法深谙在胸，他明白这是皇上和宰相在糊弄自己。然而，包拯坚决地认为，这件事不能就这样算了，于是又一次上奏章，强力弹劾王逵："臣近以江南西路转运使王逵所为任性，加以残酷，不可令久住表率之任，乞降差遣，窃知下本路提刑司体量，且提刑与转运使俱是按察之官，事相关连，宁无私徇，纵使情状的著，恐未必能遵朝旨。……伏望圣慈特出宸断，只令依杨撤例，降一小郡，所贵天下酷吏稍知警惧。"

包拯的这一疏，力言朝廷的批复不当，提出将王逵降知小郡，要求也不算高，但结果还不如上次。仁宗不仅无动于衷，反而将该路提点刑狱官李道宁调知泸州（今四川省泸州市），命王逵临时兼管本路提刑司，简直成了公开庇护了。当时提刑司原来的官员调走了，新派的官员尚未抵达，结果王逵又兼管提刑司，于是他就利用职权，搞起残酷的打击报复了。他怀疑告发他的人是前任洪州（今江西南昌）知州卞成，就制造冤狱，逮捕了卞成，被牵连的人竟有五六百之多。包拯得知王逵越来越猖狂，朝廷听之任之，心中很不平。但他只是一名监察御史，可以尽力弹劾，却没有裁处的权力。现在，他只有继续进攻，才可能引起皇上注意并认识到事情的严重性。于是包拯上了第三次弹劾状疏。疏称：

"臣先曾上言，以江西转运使王逵行事任性，所为酷暴，不可令居表宇之任，乞降差遣，寻蒙中书札子下本路提刑司体量。无何，提刑高良夫未到，提刑李道宁又知泸州，却系王逵权兼管勾。洎见朝廷指挥，必是妄疑前知洪州卞成到阙（朝廷）说其残虐之状，遂令诸色人等首告卞成在任事件，一面差官根勘。且卞成替罢，近及一年，以朝廷体量之故，即虚有猜嫌，方行捃拾，以逞私憾，又令前提刑李道宁录状举留，乃是轻侮朝廷之甚。所有卞成被人陈告不法之事，乞从别

铁面无私

包拯

包公雕像

路差官照勘。其王逵不可令更在本任，亦乞与移别处差遣，免致锻成大狱，枉陷非辜。"

其实，在这之前，王逵的罪行已经暴露于天下了，但由于他是仁宗的宠臣，所以一时没有人敢上疏揭露王逵的罪行。经过包拯的两次弹劾之后，朝中的一些忠义之臣也深感要摒除这样祸害百姓和朝臣的奸佞。此时的包拯对王逵的罪行已经有了一些证据，于是包拯持理以争，而一些大臣也上疏仁宗，请求治王逵的罪。在众多大臣的一致力谏下，仁宗知道不能再庇护王逵了，于是便将他贬到徐州，这样，包拯才算消了点不平之气。尽管朝廷对王逵的处罚轻描淡写，包拯仍然感到了为民除害的小小的安慰。当时"庆历新政"已经失败，范仲淹等革新派都被贬出了朝廷，守旧派官僚组成了一个典型的庸人政府。新政失败的关键就在于斥退庸才、惩治贪官污吏、选拔年轻有为的贤才而损伤了旧派官僚的既得利益。现在的宰相兼枢密使陈执中和贾昌朝都同王逵有着千丝万缕的联系，哪里会真正从严去惩处呢！同时，王逵虽然贪污受贿，坑害搜刮百姓，但是他也给了大臣很多好处，仁宗和很多大臣还需要他来为自己敛财。所以，尽管这次包拯的谏言获胜，但是没过多久，王逵又从徐州知州升任淮南转运使了。

在官场上，虽然包拯也是深谙其道的，但是面对这样的情况，包拯还是感到很意外，并且非常忧虑。没过多久，包拯升任谏官。他见王逵又恢复了转运使，考虑到朝廷这样安排不当，就再次上疏弹劾。然而，他这两次弹劾，毫无反响。包拯心中难平，于是又上疏说："新授淮南转运使王逵，累任皆以惨虐不法，降黜差遣，纵该赦宥，不可复任职司，乞追还勅命。"他还袭用范仲淹的话意说："若命酷吏为之职司，而令一路之民独受其患，是一夫之幸，而一路之不幸也。"像包拯这样公开批评朝廷包庇和擢用酷吏的奏章，已经是十分尖锐了，并且这份奏疏不仅仅是说王逵的罪行，更是说仁宗宽宥奸佞。然而，面对包拯这样强烈的谏言，朝廷上下仍然没有多大反响，这让包拯感到非常气愤。于是，在第二天的早朝上，包拯又上了一道长篇奏章，下弹王逵，上刺朝廷，可谓双管齐下。包拯曾强调指出："王逵奸险惨毒之性，无改悔之理。"与一小郡，已是朝廷莫大的宽恩，岂能令他再做转运使？他这次直接指责仁宗说："今乃不恤人言，固用酷吏，于一王逵则幸矣，如一路不幸何！"由于包拯连章弹劾不止，朝野深为震动，舆论汹汹。朝廷无可奈何，终于罢免了王逵的转运使职务。

包拯自从被任命为谏官的时候起，就以魏徵为师，效法魏徵的进言之道，将个人荣辱和生死置之度外。虽然同样是谏官，但是宋朝到仁宗时期，谏官的地位有所变化。谏官的主要职责就是监察官吏的违法行为，维护封建统治秩序的相对稳定；打击贪官污吏，以防范封建政治的腐败，而且在制约君权和相权上起到一定的作用。到了仁宗时期，由于是朝政开始改革和尝试的时期，这个时候形成了皇权、相权、台谏之权三足鼎立的形势。这样一来，也使得朝政呈现出宽松的局面，所以一些违法乱纪的事情发生得就更加频繁。而此时的包拯能够做到直言进谏，不畏犯颜，的确非常难得，同时也体现出他的为官原则。

包拯在任谏官期间，弹劾过很多的大臣，甚至是皇亲国戚，但是七弹王逵使得朝野震动。王逵为害依旧，但一直没有人敢弹劾，只有包拯才最终将他打倒。包拯为什么要这样做呢？王逵又是怎样的一个人呢？北宋著名文学家曾巩曾与王逵交游，两人很有交情。在王逵死后，

铁面无私

包拯

曾巩曾为他撰写《墓志铭》。曾巩说，王逵任湖南转运使时，"蛮人归附"。因坐小法，知处州（今浙江丽水西）、池州（今安徽贵池）、福州（今福建福州）、扬州（今江苏扬州），后任江南西路转运按察使，曾经按察"知洪州卞成，抵其罪"。后又任荆湖北路转运使、河东转运使，坐小法，知光州（今河南潢川）。知徐州（今江苏徐州）时，"山东大饥，君所活数万人，收遗骸为十二冢葬之，亦数万"。后来当淮南转运使，"岁饥，又多所全活"。在知荆南府时，"浚渠水利，又开新河通漕，公私便之"，又坐法免。后来曾提举景灵宫、崇福宫，最后乞求致仕。在宋神州熙宁五年（1072）去世，活了八十二岁。曾巩对王逵有一个综合性的评价，说他："君为人志意广博，好智谋奇计，欲以功名自显，不肯碌碌。所至威令大行，远近皆震。然当是时，天下久平。世方谨绳墨蹈规矩，故其材不得尽见于事，而以其故，亦多龃龉，至老益穷。然君在撼顿之中，志气弥厉，未尝有忧戚不堪之色，盖人有所不能及者也。君尤笃于好善，平时与之游者，皆当世豪杰知名之士。"曾巩在王逵的《墓志铭》里，指出他的一些政绩，但也透露出王逵的主要色彩，他曾三次"坐小法"，受到处分，还指出王逵"欲以功名自显，不肯碌碌。所至威令大行，远近皆震"，但最后"亦多龃龉，至老益穷"。这反映出王逵一辈子也很不得志，钉子碰得不少，晚境不好。曾巩是王逵的好朋友，不可能多写他的坏事。

包拯七弹王逵，主要的矛头是反对以贪残暴虐为特征的酷吏。包拯认为，这种酷吏在一州，则害一州之民；在一路，则害一路之民。反对酷吏，是爱民思想的反映。与反对酷吏相联系，包拯还反对赃吏。他曾上《乞不用赃吏》疏，大胆揭露："今天下郡县至广，官吏至众。而赃污摘发，无日无之。"但赵宋王室对贪官污吏采取放任态度，一遇贪赃案件，"或横贷以全其生，或推恩以除其衅，虽有重律，仅同空文。贪猥之徒，殊无畏惮"。包拯坚决要求对贪官污吏一定要严加惩处，并且一旦有贪赃罪名，概不录用。在明堂大赦之后，照例对贬降臣僚又加录用。包拯为此又上过《请赃吏该恩未得叙用》疏，主张要像宋太宗那样，严惩贪污的官吏，只可放令逐便，不可复以官爵。主张通过惩罚，使"廉吏知所劝，贪夫知所惧"。但是，当时的仁宗对像王逵这样的酷吏却是非常庇护，若不是包拯七次上疏弹劾，恐怕王逵还会祸害百姓，残害忠良。包拯的这一举动，体现出了作为一个谏官的刚直无畏的精神。而弹劾酷吏，憎恨赃官，确实是包拯政治思想方面的一大特色，是爱民思想的直接反映。

在谏官任上，包拯确实为天下百姓做了很多好事。弹劾王逵更是让包拯声名远播，天下百姓都知道当朝有个铁面无私的包大人。在这段时间里，贪官污吏对他都十分忌惮，近于谈虎色变。后来，包拯还多次弹劾皇亲国戚和宰相及奸猾官吏，不仅权幸大臣，就是仁宗皇帝对他也有几分畏惧。因此，当时社会上出现了一句谚语，叫作"包弹"。人们凡是发现官吏"有玷缺（恶行）者，必曰：'有包弹矣。''包弹'之语遍布天下"。后来，"包弹"这句话又有了发展，人们议论官吏好坏时，对清官廉吏誉之为"没包弹"；而对贪官恶吏则斥之为"有包弹"。包拯所做的一切虽然有一定的局限性，但是，在当时的情况下，他能够不为名动，不为利诱，始终坚持自己当初的誓言，的确非常难得。也正因为如此，他才赢得了满朝的赞誉和天下百姓的拥戴。

心系百姓，巧妙进言

包拯在京都任职期间，不管是在谏官任上还是在其他位置上，都是

铁面无私

竭忠尽智，为朝廷进言献策，捍卫宋朝江山，并且勇于做一个为民请命的官。不管什么时候，包拯都心系百姓，在官场上的多年里，包拯对仁宗的心思已经是非常了解了，他也明白，要想真正做好一件事，还需要讲究一些方法，而不能蛮干，在后来的进谏中包拯更加灵活，并且收到了很好的效果。

庆历六年（1046）秋天，包拯出任京东转运使。庆历七年四月，包拯以工部员外郎改任陕西转运使。京东路包括今河南一部分、山东大部分、江苏西北角等一部分地方，治所在宋州（今河南商丘南）；陕西路包括今陕西、宁夏、甘肃等部分，以及山西、河南一部分，治所在京兆府（今陕西西安）。北宋转运使的职权很大，除了专管一路的财政，也管边防、治安、司法、钱粮和按察工作，对于所辖府、州、军的地方官吏，也有监督弹劾之权。转运使又称监司、漕司。庆历六年三月，仁宗曾经下诏要宽恤民力，让各地官员上报有关情况，并把副本送给各有关转运司，经过详细研究，把可以解决推行的问题立即解决推行。当时派遣包拯担任转运使，说明仁宗对他是有所倚重和信任的。

在转运使的任上，包拯知道，要想真正了解民间疾苦，就要深入到百姓当中进行查访。于是，很多时候，包拯往往会化装成百姓，以便能够了解到更多真实的情况，一旦自己查明或者了解到百姓的心声，经过深思熟虑之后，他都会将这些向朝廷反映，并且提出一些可行的建议。

当时，京东路一部分地区以出铁著名，但冶铁户中也存在不少问题。包拯曾经亲自巡察到登州（今山东蓬莱）、莱州（今山东莱州），了解到冶铁户家境贫困，长期无力开冶，缴纳不出铁货，他们只能将田产变卖，"抱空买铁纳官"。然而，当地的官府却是不顾这些情况，只是勒迫他们按照原额送纳铁数，弄得他们不但倾家荡产，而且还累及子孙。这种情况在当地比比皆是，百姓怨声载道。本来冶铁能获厚利，但富民恐怕留下后患，不肯兴创，所以铁货的数量日渐削减，长期不能振兴。包拯希望对确实破产的冶户，或无力开炉的冶户，详细进行调查，在规定时间内报名，申报转运司，销掉姓名。对州县故意放纵，或冶户妄图逃避，允许别人检举揭发，给以处分，并给告发人赏钱。州县还应召集冶户人等开炉起冶，不得阻碍留难，达到铁货增产充溢，宽民利国。包拯的这些措施有效地解决了当地的情况，这些措施落实下去之后，百姓不再逃跑，经过一段时间的休整，百姓多可以安居乐业了，而包拯在这一带也留下了美名。

在北宋仁宗庆历六年至庆历七年前后，北宋连年发生地震，气候反常，发生严重干旱，面对这些自然灾害，包拯上《论地震》疏。由于包拯在之前的谏言中积累了不少经验，他知道要想让百姓真正受益，将事情办成才是最重要的。包拯根据当时的实际情况，借助于阴阳之说，但所论证的问题是重要的，他说："夷狄者，中国之阴也，今震于阴长之月，臣恐四夷有谋中国者。"他语重心长而又十分含蓄地说："不可不深思而预备之也。"他说前几年并州、代州地震，结果赵元昊背叛；近来广南英州（今广东英德）、连州（今广东连州）等地亦发生地震，而有"蛮寇"内侵的事件，这都是必然已应之兆。他最后强调战备问题，说："臣近曾上言，沿边将帅尤在得人，乞委执政大臣，精选素习边事之人，以为守将，俾训练卒伍，广为积聚，以大警备之。不然，惧贻陛下之深忧也。况灾异之作，未有无其应者，惟陛下特留圣意。"这实际是借灾异之名，向仁宗大敲特敲警钟。

在北宋年间，当时官员都知道，转运使是一个肥差，正是由于这样，有的转运使使用种种手法，巧立名目，压榨百姓，在规定的赋税之外，向皇帝进贡"羡余"。所谓的"羡余"，其实都是横征暴敛，很多时候，一次达到几十万、上百万贯。他们还捏造事实欺骗皇帝，把一般

铁面无私

包拯

年景夸张为特大丰收。他们惯于粉饰现状，歪曲真相，从不替痛苦的老百姓说一句公道话。这样的转运使，是巧取豪夺的罪魁祸首。包拯当转运使期间，比较正视现实，比较正视老百姓的痛苦，他考虑问题首先能从老百姓的现状出发，力求减轻老百姓的痛苦和负担。经过对百姓疾苦的深入了解，他更加深刻地认识到朝廷任命官员的缺漏和不当之处。在这期间，他经常上疏给仁宗，呼吁皇帝要安民，安天下，不横赋，不暴役，让老百姓能够活下去，让国家得到巩固。这些都是包拯忠于朝廷、心系百姓的鲜明写照，在当时，这种以民为本的思想是非常值得推崇的。

皇祐元年（1049）四月，朝廷命包拯同河北四路安抚使、转运司一起讨论减省冗官及淘汰不合格军士问题，并把情况上报。同年十月，朝廷还派遣包拯同陕西转运使商议盐法。当时范祥建议更改盐法，从禁榷变成通商，当时盐官和盐商大多数争言其不便，只有朝廷以为可用，委托范祥加以推行。后来侍御史知事何郯上奏，说盐法更改后，盐价上涨。商人获利很薄，少有请买，陕西一路，课利已亏损百余万贯，其他各路亦顿时减少卖盐现钱，对财政支用很有影响。陕西官盐价高，贩卖私盐增多，刑罚增加，官私都没有利益，不能经久实行。何郯认为："事有百利始可议变，变不如前，即宜仍归。"包拯在临行前上《言陕西盐法》疏。他说，自己过去当过陕西转运使，熟悉过去的盐法。庆历二年（1042），度支判官范宗杰为制置解盐使，实行禁榷，即官卖制度。差派兵士、车牛及各州衙前，搬运盐席前往诸州，官府自行置场出卖。由于运盐衙前负担沉重，兵士逃亡死损，公人破荡产业，比比皆是，其情况之惨苦不忍听闻。运盐衙前法规定，对百姓的财产进行估计，每值一贯者，就要管认搬盐两席。这样一来，很多人家中已经没有钱了，而运盐之数却还是没有完成。这样的措施，导致百姓怨嗟之声盈于道路。这种禁榷，累经前后臣僚言其不便，要求恢复通商旧法，以救关中民生凋敝的危机，然而有关部门坚持前议，不肯施行。前些日子范祥再请恢复通商之法，叶清臣曾知永兴军，见到禁榷的弊病太严重，亦请求依范祥的建议，仍行通商法，令商人于沿边入纳现钱，收籴军粮，避免虚抬价格，于榷货务统支官钱，还可取消各种差役的劳扰，于国有利，于民无害，道理很明显。然而，任何法制的变革都不可能是一帆风顺的，盐法的改革刚开始，就遭到了一些奸猾盐商的反对和抵抗。有些人认为岁入课利稍亏于前，就横加阻议。看到这种情形，包拯指出："法有先利而后害者，有先害而后利者。若复旧日禁榷之法，虽暴得数万缗，而民力日困，久而不胜其弊，未免随而更张，是先有小利而终为大害也。若许其通商，虽一二年间课额少亏，渐而行之，必复其旧，又免民力日困，则久而不胜其利，是先有小损而终成大利也。"他接着还强调："且国家富有天下，当以恤民为本。""不欲徇一时之小利，而致将来大患。"

包拯在进入陕西之后，沿路访闻。从前实行禁榷，差役人力搬运盐席，不堪其苦。他把朝辞之日所奉仁宗当前指示"所议盐法只要便民"加以传达，群情无不感悦。包拯在第二个奏疏中指出，全国每年的财政收入不少，然而近年财用窘乏起来，造成这样的现状，主要是同西夏发生战争后，河北、河东、陕西三路都依赖三司，逐年所入粮草，支出榷货务大量现钱和银绢香茶，是所入有限，而所出无限。当今边防无事，当以国家大计为先，若不坚决改图，恐怕问题日渐积累，为害不浅。如果遇到一些紧急情况，恐怕会难以应付。

不仅如此，根据当时的实际情况，包拯认为朝廷财政困难，是三路造成的。假使三路的经济各自充足，财库不患不实。朝廷若以解盐之利付与陕西，命令购置粮草，两年内，可以全减榷货务每年现钱银绢等五千七百万贯。河北、河东虽无僻盐，但出产丝蚕、米麦最多，各种得利收入也不少。将来遇有丰年，逐路稍减冗官冗兵，并采取其他措施，三五年后经费也能宽裕。不过三五年，东南财用尽聚京师，财库一定有丰盈之望。他希望仁宗不要轻信横议，不究本末，图目前之小利，忽经久之大计。盐法对于北宋的财政，人民的负担，商人的利益，都有极为密切的关系。通过盐法，反映出封建国家内部各阶级、阶层在经济问题上的利害冲突，也突出地反映出封建中央集权制同地方的关系。这是一个十分复杂的财政经济问题、民生问题，不独同广大人民的日常生活、差役负担有关，而且同广大士兵的负担、同商人的利益、同中央和地方财政收入都有千丝万缕不可分割的关系。这样一个复杂的问题，需要有政治眼光兼经济头脑的结合，要全面分析，正确对待，才可以得到比较妥善的处理。

在这整个过程中，包拯都积极支持范祥通商之法。他认为取消禁榷，一切通商，于国有利，于民无害。包拯对于盐法的改革，在思想见解上比较全面，而又比较成熟。他能从利弊两方面进行全面衡量，指出"先利后害，先害后利"的关系，又指出"久而不胜其利，先有小损而终成大利"的关系。他正确对待小损，而重视经久之大计，能正确处理

包公庙

本末关系、中央同地方的关系。包拯在盐法方面的指导思想，依然还是"恤民"思想。他关怀关中生灵，希望他们摆脱"逃亡死损""破荡家业"的痛苦，在境况方面有所改善。包拯希望通过改革，使地方财政和中央财政都能充盈起来。在盐法方面充分体现出包拯是一位改革家，富有改革精神和政治远见。他排斥豪商猾吏的利益，坚持百姓的利益、普通商人的利益，也十分关怀国家的长远利益和根本利益。包拯的建议，体现出他在当时是一个精明能干的财政问题专家，是一个处理复杂经济问题、政治问题的能手。

居庙堂之高，则忧其民；处江湖之远，则忧其君。包拯正是用自己的实际行动践行着一位忠于国家和心系百姓的官员的职责。包拯直言敢谏，不畏权势，同时在朝廷法度上也能够做到锐意改革，造福百姓，大宋有这样的忠良之臣，实是大宋之幸，百姓之福。

上疏《七事》，进言君上

庆历八年（1048）五月初二，包拯调转为河北转运使，未及上任，又提升为三司户部副使。户部是管理全国户籍和赋税的财务机关，副使（无正使）属于朝廷重要理财官之一，现在，包拯的任务就是为朝廷善理财政，增加收入。然而，包拯心里想的还是如何减轻百姓的负担，这样一来，好像就与他的职责有冲突了，但是，后来的政绩证明，包拯不仅善于进言，而且也善于管理财政。

包拯上任后，就立即上疏给仁宗，请求仁宗宽免陕西凤翔府（今陕西凤翔）斜谷务每年造船所需摊派的木材物料、桩橛以及采砍竹竿等任务。斜谷务每年造船六百只，它所需上等木材，只有秦州（今甘肃天水）出产，进行采伐，需要深入少数民族地区，十分艰难。凡是摊派到采木任务的，都要担当衙前差役，而每轮到一次衙前，每户照例都要赔一二千贯，过去为此破荡家产的百姓大有人在。但陕西路的州、军，包括凤翔府在内，一年都有三五次的繁重科配，人民的生活苦不堪言。此外，当地人民还要负担肉羊兔、紫草、红花等的上供，这些更是让这个地方的百姓感到无以为生，一时间百姓怨声载道，不绝于野。包拯了解到这些情况后，就找来当地的一些关心百姓疾苦的官员进行商议。最后，包拯请求仁宗免除为造船采木等带来的大害。

当时的朝廷机构冗繁，官冗职滥十分严重，很多官吏都是尸位素餐。不仅如此，军兵的数额也从宋初的二十多万人增加到一百二十多万人。加上其他各项开支，国财耗费极大，正如包拯所说："食禄者日增，力田者日耗，则国计民力安得不窘伐哉！"朝廷为了摆脱困境，曾不断加重人民负担，压得人民喘不过气来。这种杀鸡取卵的做法，逼得百姓背井离乡，四处逃亡；或者结伙起义，与暴政作斗争。包拯从封建王朝的长治久安出发，提出了减冗杂、节用度的积极主张。他上疏仁宗说："臣以为冗吏耗于上，冗兵耗于下，欲救其弊，当治其源，在乎减冗杂而节用度。若冗杂不减，用度不节，虽善为计，亦不能救也。"这就是包拯对国事的认识和解决办法。它无疑对改善财政状况有很大的现实意义，既可缓解经济危急，又可减轻百姓负担，稳定局势。当时国内的形势非常严峻，而此时的仁宗对包拯也是非常信任，然而，由于朝中一些大臣的反对，包拯的这些利国利民的措施只有部分被采纳。即便如此，这些措施对缓解当时的形势、安定百姓也起到了一定的作用。

然而，后来的一系列自然灾害使得京城为之震动，朝廷上下一度陷入困境之中。皇祐元年（1049）正是多事之秋。正月，朝中政治空气突然紧张起来。由于河北去年水灾严重，朝廷下令开封府，罢京城上元（正月十五元宵节）放灯，节制浪费，赈济灾民。二月初四，天上出现了罕见的彗星，街谈巷议，认为是不祥之兆，人心惶惶。恰巧又传来西夏聚兵边境，议收西羌的警报；同时，契丹声称讨伐西夏，其实居心叵测。种种迹象汇在一起，朝野震恐，大为不安，仁宗急忙在天章阁召见群臣，询求治国安邦之策。包拯将仁宗天章阁策问的要求，结合自己的看法归纳起来写了《天章阁对策》，呈了上去。后来，他改任谏官，又条陈《七事》。包拯在这两个奏章里，对国内外形势阐明了自己的一系列观点和应急策略，比较全面地反映了包拯治国安邦的思想原则。在当时内忧外患的危急情形下，包拯能够做到镇静沉着，不慌不乱，寻求对策，这也体现出了他不畏生死的品格。在《天章阁对策》中，包拯重申了加强战备、精选将帅的意见。他认为，西夏、契丹野心勃勃，贪婪成性，稍不如意就制造事端，横加挑衅，劝仁宗切不可"信其虚声，弛其实备"。战备的当务之急是建设军队，提高战斗力，而军队建设的首要一条就是选择边将。他分析说，目前"主兵者非纨绔少年，即罢职老校，训练有名无实，闻者可为寒心"，应当"精选其有实才者，擢而任之，其庸懦者，黜而去之"。

在财力贫乏方面，包拯说"近年黄河泛滥，灾荒不断，饥殍过半，公私窘迫"，库存粮款有支数月，这都是二司理财不当之过。他说自己曾三次上疏请拨内库钱帛往籴粮草，以备凶荒，都未被施行，现在请皇帝决断。他还建议让犯人出钱谷赎罪，作为集资的权宜之计。同时，又建议取消山东郓州和陕西同州的牧马监，将所占数千顷良田归还农民耕种，马匹归转运使兼管。这样，可以"马无所损，民得其利"，实为公私两便，使得当前的局面得以缓解。最后，包拯从全面着眼，指出："今之切务者，在择大臣敢当天下之责，独立不惧而以安危为己任者，委以经制四方，庶几可弥向者之患，而舒陛下之忧矣。"他把国家衰弱的原因直接归咎于执政大臣庸碌无能和不负责任，要求仁宗选用敢于对国家负责和有雄才大略的人主持朝政。

　　包拯针对朝中以及全国的局势，然后根据自己对这种局势以及造成这种形势的原因的分析，言辞恳切地向仁宗上疏，在这个奏疏里面，包拯主要谈了七件事，也叫《七事》，大概的内容如下：

1. 任用贤才，摈除奸佞

　　包拯说："顷岁大臣颛（意同专）政，颇恶才能之士。"凡有所建明，就讥讽为"近名"，"或云沽激，欲求进达"。就是说，人家只要努力奋斗，有所作为，政绩明显，权幸大臣马上就打击排斥，进行中伤，到处散布流言蜚语，讽刺人家是为了个人名利，是过激出风头，是想升官向上爬，等等，弄得志士仁人寒心，不敢效力，结果造成了"群下虽众，有志于国家急者甚少"的可悲局面。包拯沉痛地指责道："这都是顷岁大臣之罪。"他提醒仁宗，只看"勿以近名沽激求进为念"，不要相信守旧大臣的奸言，大胆信用人才，那么天下才能之士自然就会尽心尽力，为国家贡献力量了。

2. 广开言路，不信"朋党"

　　针对这点，包拯说，当朝常有人诋毁正人为"朋党"，而进行排斥。他气愤地指出："圣明在上，安有朋党？"并且指出"朋党之蔽，起于衰闻（指昏暗）"，而现在"陛下用心图治，功同尧舜"，哪里会有什么"朋党"呢？他还举出古代例证说："孔子与颜渊，子贡更相称誉，不为朋党；禹稷与皋陶转相汲引，不为比周。何则？忠于为国，无邪心也。"他认为汉代刘向说得很对："贤人在上位，则引其类而聚之于朝；在下位，则思与其类俱进。"这是贤良才士为国尽力的美事，根本说不上什么朋党。包拯说自己是学习刘向的人，不忍心圣朝有朋党之说泛滥为患，那样会"亏损至德，蔽塞大明"，臣痛伤不已啊！他劝仁宗要开诚布公，实事求是地看待周围的人和事。

3. 严肃法纪，辨别忠奸

包拯认为仁宗"天纵宽仁"，"不以是非，皆能容受"，致使邪恶势力嚣张，千方百计打击正直有为之士。他说："奸邪敢肆骄亡，持难明不然之事，使人无由自辩，而默受排斥之祸。"他主张立即煞住这股恶风。如果心术不正的人敢于搞阴谋，背后陷害好人，可以"付有司责其明辩"，并且允许受诬人当面辩白，双方对质，"使真伪不杂，是非较然，则忠奸自分"，这样，邪的阴谋就不容易得逞了，天下也就会合于正义公理，这样才能使国家的法制更加有效地执行。

4. 广求贤才，掌控危局

包拯分析形势说，当今诸路饥馑，百姓流离，官有数倍之滥，廪无二年之蓄，兵卒骄惰，夷狄强横，若再遇到凶年，发生祸乱，谁能为朝廷支撑大局呢？他说自己日夜忧虑，"思进苦言"，请陛下千万留心考虑。他请仁宗密令执政访察，若有敢救天下之弊，敢当天下之责者，坚决委任之；对于苟且偷安、妨贤嫉能、固位无耻的官僚政客，"宜速罢免"，不要使他们"久塞要路"。真正这样做了，就会转危为安，易如反掌。包拯告诫仁宗，绝不可失时而不为，应当尽快去做，否则，"祸变一发"，想做也来不及了，将悔之晚矣。

5. 去"先入之患"，治"奸佞之人"

包拯向仁宗指出："陛下颇主先入之说"，因而"奸佞之人逞其敏捷，或巧中人，或阴图事，惟恐居其后矣，得不惑乱于耳目哉"！就是说，由于仁宗有"先入为主"的偏见，一些坏人就要小聪明，争先恐后地在皇帝面前说长道短，伤害正人。迷惑其耳目，以售其奸。皇上受了蒙蔽，耳不聪目不明，就把是非颠倒了，往往坏人得逞，好人受害。他劝仁宗说，帝王行事主要是顾及事理如何，不能以谁先说谁后陈来评断是非。皇帝如果能重事实，明道理，善于识别好人坏人，裁处得当，那么"先入之患"自然就止息了。

铁面无私

包拯

6. 推信臣下，用人不疑

包拯说："臣伏见近日以来，科禁多有疑下之意。"像任命御史，必须先推荐二人，由陛下亲自择定一人，并有在京与外任之别；中书省、枢密院只准旬假见客，不许百官巡厅；台谏官有得私谒见等等。这都不是帝王推诚待下的美政，希望陛下解除这些禁令，推大信于臣下。

7. "使功不如使过"，起用贬逐之臣

包拯说，近年来，"多有窜逐之臣，或以无罪，或因小过，或过阴邪排陷，或由权要憎嫉"，大伤清议，人情舆论很不畅快。他要仁宗对这些无罪或有小过失而具才能者，大胆起用，"或加宠擢"，以遏制住"排陷憎嫉"之风。他竭力提醒仁宗说："使功不如使过。"凡是含怨遭贬的人，心中不平，常常自暴自弃，不复进取；而"一旦为明主弃瑕录用，则其自奋图报，倍万常人"，即能发挥更大的积极作用。

这七件事既是包拯经过多年的为官经验的总结，也是他对全国局势准确把握的结果。在这个奏疏中，包拯鞭辟入里的分析以及对国家治理的策略的采用都有着深刻长远的见解。特别值得一说的是，在这个奏疏中，包拯对仁宗进行了尖锐深刻而又诚挚中肯的批评和劝诫，不仅如此，还针对这些具体的情况提出了自己的应对之策，这些建议可以说让仁宗有了一个更加明晰的思路。奏疏中也体现出了一个有改革思想的官员的光辉形象。不难看出，包拯受范仲淹吏治改革的影响很大，阐述问题总是以澄清吏治为主旨，将"进贤退不肖"视为治国安邦的根本大计。这个奏疏也是包拯自己的施政以及为官观点的最全面的一次体现。在《天章阁对策》中，包拯纵论天下形势，目光远大，才气横溢，且忠心可嘉，仁宗非常满意，皇祐元年（1049）三月，特诏命包拯赴河北提举制置军粮，表达了仁宗的信赖和重用。

在仁宗年间，虽然包拯的官职并不是最高的，但是不管他在哪里任

职，不管所任何职，他都是将自己的爱民思想和忠君思想紧密地联系在一起，在自己的任上都会向皇上提出一些利国利民的建议。虽然很多好的建议没有被采用，但他的功绩却是不可磨灭的。

反贪苦战，弹劾宠臣

包拯在二十四年任职期间，最被时人和后人称道的功绩就是反贪官、除恶霸，并且还有很多这方面的传说。在包拯任职期间，因为他的弹劾而被降职、罢官、法办的大臣，不下三十人。这个数字是惊人的，而且也是前所未有的。包拯在弹劾官员的过程中，很多时候，为了一个人、一个案件，他往往奏上三本、五本、七本，不达目的誓不罢休。其实包拯敢这样做一是他的性格使然，二是由于北宋年间皇上不杀谏官。

包拯在任期间，不仅严于律己，而且对各级官吏的贪残暴行，甚至对皇妃、国戚、相帅的不法行为，也都执法如山。不仅如此，包拯还有一套完整的法治思想，在从政过程中以法治国，维护法律的尊严。

包拯认为法律的制定与修改必须慎重，以保持其稳定性。他在《论诏令数改易》中强调指出："法存画一，国有常格。""法存画一"就是要严格执法，一以贯之地示信于民。在执法中要特别注意经久、利民、示信，亦即处理好立法、执法诸环节，这关系到"国家治乱安危"，是实现国家稳定的大事。而要确保"法存画一，国有常格"，包拯认为关键在皇帝，为此，他在给仁宗上疏时写道："乞今后朝廷凡处置事宜，申明制度，不可不慎重。或臣僚上言利害，并请先下两制集议，如可为经久之制，方许颁行。于后或小有异同，非蠹政害民，不可数有更易。"

在具体执法上，包拯主张令行禁止，赏罚公平："赏德罚罪，在乎不滥。"对此，包拯指出朝廷在这方面存在的三种弊端：一是内降，二是覃恩，三是疏决。"内降"是指通过不正当途径而获得的荣宠，仅在朝廷内宣布。包拯在《请绝内降》疏中指出"内降"之危害，并请仁宗"特降指挥止绝"。仁宗很快采纳了包拯的这个意见。包拯的法治思想，还强调防患未然，杜绝萌渐。包拯在《论内臣事》中，以真宗对内臣管制严格为典范，规劝仁宗："以陛下英明神断，有罪必罚，此辈或不敢为大过。然在制之于渐，庶免贻患于后。"对仁宗私昵后宫、重用外戚张尧佐，包拯上疏请仁宗"思已前之失，为杜渐之制"。对仁宗幸臣郭承佑，包拯恳请仁宗尽快"重行降黜"。包拯还几次借天象异常、地表灾害谏言仁宗："近自宫禁，远及边陲，杜渐防微，中外协济。"

同时，包拯认为朝廷在执法方面对贪官污吏之恶行制裁并不严厉，因而他主张对他们从严惩处。他在《乞不用赃吏》疏中讲道："臣闻廉洁，民之表也；贪者，民之贼也。今天下郡县至广，官吏至众，而赃污插发，无日为之。"包拯又列举两汉及宋太宗时严惩赃吏的故事，请求仁宗"今后应臣僚犯赃抵罪，不从轻贷，并依条施行，纵遇大赦，更不录用，或所犯若轻者，只得授副使上佐。如此，则廉吏知所劝，贪夫知所惧矣"。

包拯一生弹劾过很多的官员，而这些官员多数是在"庆历新政"失败以后、保守派执掌朝政大权的时候在任，这更加说明包拯的胆识和勇气。这些被弹劾者，都是有权有势又有后台的人，其中有些人比包拯的官职还要高，权能通天，雄踞一人之下、万人之上。包拯敢于据理力争，不畏权势，这种大无畏的精神，是许多人望尘莫及的。在这个过程中，七次弹劾张尧佐，多次弹劾宰相宋庠，七次弹劾王逵，都是震动全国的大案，其中特别是弹劾张尧佐，是一场反对贪污腐败的苦战，而最终以包拯的胜出结局，这些让朝臣对包拯更加忌惮。

说到包拯弹劾皇亲国戚张尧佐，还得从张美人，也就是后来的张贵妃说起。张尧佐的弟弟张尧封在中举后，授石州（今山西离石）推官之职，但还未赴官，就在京师病死。张尧封一共留下三个女儿，张尧封妻子的母家钱氏，是当时的大贵族，同真宗的章献明肃刘皇后有姻亲关系，张尧封的妻子就想办法把三个女儿送入宫中。其中第二个女儿，在保庆宫侍候章惠太后（原先是真宗的杨淑妃，仁宗幼时的护养人），逐渐长大后，人既漂亮，又极聪明伶俐，很得仁宗的宠爱。她本来是服侍杨太后的宫女，宋仁宗又是杨太后抚养长大的，从童年时代起，她就有机会接近仁宗，并讨得仁宗的喜欢。仁宗即位以后，便把她由一个普通的宫女，一步一步提升为才人、秀媛、美人、贵妃。在她刚当上了秀媛的时候，害了一场病，她向仁宗皇帝说："我资薄崇厚，承受不了这样的福气，所以遭了灾，害了这场病，我愿意贬为才人。"她的这些举动，很讨仁宗的喜欢。庆历八年（1048）正月的一天晚上，崇政殿亲从官颜秀等人阴谋搞宫廷政变，他们杀军校，劫兵仗，一直攻到仁宗的寝所，但很快被镇压下去。事平以后，张美人第一个赶到仁宗的寝处，仁宗认为她有护驾的功劳，借此机会封她为贵妃。这位张贵妃父亲早逝，无依无靠，只有扶养她长大的伯父张尧佐。张贵妃出身微贱，迫切希望仁宗皇帝能够提拔张尧佐，来提高自己的身份，满足她那争强好胜的虚荣心。仁宗皇帝一向贪恋美色，四十多岁又没有儿子，为了讨张贵妃的欢心，便有求必应。

张贵妃巧慧多智，善承迎，深得仁宗喜爱，她也觉得自己了不起，势动中外，衣食住行处处比照曹皇后，给朝廷和皇上带来不少麻烦。有一回出游，她非要借用皇后的罗盖，仁宗耐不住苦缠，让她找皇后要。曹皇后倒是痛痛快快地答应了，张贵妃喜滋滋地回来告诉仁宗。仁宗一听，脸色沉了下来，说："国家文物仪章，上下有秩，你打着皇后的罗

铁面无私

包拯

盖出游，朝廷众臣能答应吗？"在仁宗皇帝的观念中，得宠的贵妃尽管每日侍奉在侧，毕竟不是皇后，朝廷礼法俱在，岂可违背？所以每当他发现张贵妃有逾礼之事，总要尽力劝阻。但娇纵惯了的张氏总也改不了喜好张扬的毛病。庆历年间，一批被官府没收的广东番商的珍珠运进宫里，仁宗带着皇后、嫔妃前去观看，只见珍珠晶莹光润，甚是耀目。张氏就缠着仁宗，非要给她一些，那时张氏还是二十如许的少妇，动不动就撒娇，仁宗经不住缠闹，就赏赐给了她。不久，街市上珍珠的价格猛涨，仁宗也知道了。一天在内殿赏牡丹，张氏最后一个到，头上戴着嵌满珍珠的首饰，满脸得意。仁宗远远望见，就用袖子遮住了脸，说了一句："满头白纷纷，也没些忌讳！"张氏羞惭得脸涨得通红，连忙命人换了饰物，仁宗这才高兴起来，令每人簪牡丹一朵。自此之后，大内再也找不到戴珍珠首饰的人，市场上珍珠价格随之跌了下来。张贵妃喜欢奇巧物品，朝中一些善走门路的大臣投其所好，常常弄些珍奇的东西入宫，以博贵妃一乐。张贵妃收了人家的东西，自然会在仁宗耳旁讲好话。这种事层出不穷，却又查无凭据，因为张贵妃在宫中寂寞，常有些宗室、大臣的家属前来问候聊天；仁宗退朝后返回宫中，嫔妃嘘寒问暖，免不了扯起刚才谁说了些什么，外面又有些什么新鲜事，说得多了，哪个臣僚如何，仁宗有时也会评论几句，宫嫔们附和几声，这也是常事，所以防不胜防。一次，文彦博的夫人进宫，给张贵妃带来一幅名贵的灯笼锦，贵妃甚是喜爱，平时舍不得穿，上元节那一天，随皇上登端门观灯，为了应景，才穿在身上。仁宗见到灯笼锦，很是奇怪，问她从哪得来的，贵妃答说："文彦博以陛下眷妾，故有此献。"仁宗听了，皱起眉头，观灯过程中一直闷闷不乐。又有一回，仁宗到张贵妃的殿阁，见摆着一些定州出产的红瓷器，便追问从哪里弄来的，张贵妃百般遮掩不住，只得告诉皇上是王拱辰送来的。仁宗怒说："我一再告诫不得收受臣僚的赠送物品，你为什么就是不听？"说罢，仁宗用手中所持柱斧向红瓷器砸去，全都给击成了碎瓷片。张贵妃又羞愧又惋惜，只得低下头向皇上谢罪。过了好一会儿，仁宗气色方缓和下来。

张尧佐是张贵妃的伯父，原来在基层任推官、知县、知州等小官。后来，张尧佐凭借侄女的力量，进入京城，很快就当上了三司户部判官、户部副使。不久擢升为天章阁待制，又晋升为兵部郎中、权知开封府，刚加龙图阁直学士的职衔，又晋升为给事中、端明殿学士，正式担任三司使（掌管全国经济大权）。

面对这样的歪风邪气，有些人不敢讲话；有些人打顺风旗、拍马屁。在张美人被册封为张贵妃的时候，谏官王贽就积极为她歌功颂德，一再叫好。张贵妃曾经得意地说"王贽是我家的谏官"，并暗中给了他不少好处。然而，此时的包拯看到这样的事情，非常气愤，于是立即上疏弹劾张尧佐，指出正当国家财政困难的时候，用这样的庸人理财，上违天意，下背民心，酿成危机，实在使人痛心。包拯要求把张尧佐免职，选用有才干的人当三司使。这些话，仁宗皇帝当然是听不进去的，张贵妃也没有放弃培植娘家势力的打算，而张尧佐的欲望也有增无减。

包拯很早就认识张尧佐。庆历五年（1045），他以贺正旦使赴契丹时，张尧佐担任正旦馆伴并生辰馆伴与生辰国信使，曾经是合作过的伙伴，相处得还不错。几年以后，包拯当户部副使，张尧佐当三司使，正好是包拯的顶头上司。有过这样的共事关系，包拯当然对张尧佐比较了解。包拯认识到三司是一个极为重要的机构，关系到全国的财政经济大权，而张尧佐并不胜任，一定会贻误大事。更重要的是，通过张尧佐，反映出了张贵妃擅权、重用外戚的倾向，这是政治上一个极端严重的问题。

包拯是在六月份送上第一份奏折的。六月至九月，四个月当中，包拯两次弹劾张尧佐，又上《请绝内降》疏。这多次活动，有的是直

铁面无私

包拯

接，也有的是间接地提醒仁宗皇帝，要解决张尧佐的问题。在《请选内外计臣》的两次奏折中，包拯又直接提到张尧佐。因为这一年的九月，是三年一次的南郊祭天地的大典，张尧佐掌握财政大权，慷国家之慨，乱发赏钱，争取公众对他的好感。包拯提出国家的财政危机已经相当严重了："臣窃见天下财用，积年窘乏，近自明堂礼毕赏赉才罢，又行特给，支费浩瀚，币藏虚竭。"开销太大，国库空虚，依靠谁来解决难题？包拯进一步指出："且朝廷所仰给者，江淮、两浙，逐路旱涝相继兼又茶法熏坏，商算不行，东南州军，钱币粮解自不足用，则四方岁入之数，所得几何？"富裕的江淮、两浙，又遭受旱涝灾害，国库空虚、茶法毁坏，商旅不通，钱粮不足于自给。三司使应该好好算算账，把近几年的收入支出结算一下，让大家心里有数。国家的财政收支，是一条生命线，一定要管好。国家的经济状况，内靠三司使，外靠转运使，要选择有才能的人担此重任。如果用人不当，大家又都保持沉默，让事态继续发展下去，"必恐日甚一日，有不可救之患矣"。

这份奏折送上去没有几天，包拯感到这件事不会很快解决，有些话没有讲完，没隔几天又上了第二道奏疏。在这份奏折里，他重申了上述意见，特别回顾了宋代提拔三司使一向很重视的历史事实，用老祖宗的行动来感化仁宗皇帝，"臣伏见国朝自祖宗以来，常币禀丰盈，用度充足之际，尚乃精选计臣如陈恕、魏羽等辈用之，其余亦尽一时之选"。宋太祖选用陈恕，陈恕掌握财政大权八年，精打细算，管理得很好。陈恕卸任，是寇准、魏羽接替。魏羽出任三司使八年，钱粮业务也管理得井井有条。后来的三司大臣，虽然不如陈、魏，也都是优秀人才。而张尧佐才能平庸，不可委以重任。然而，让包拯感到非常意外的是，过了一段时间，张尧佐不但没有被免职，还升迁到比三司使还要高的职位——宣徽南院使，另外还担任淮康军节度使、景灵宫使、同群牧制置使，身兼四任。当包拯正在犯愁的时候，仁宗皇帝又与执政大臣精心研

究，把敢于直言的御史中丞郭劝调离，把态度温和的王举正调来接任。为了堵塞包拯等人的嘴，还宣布："今后后妃之家亲属，不得进入二府，担任国家的军政要职。"这些措施，使张贵妃很高兴，却使包拯感到震惊。仁宗已经表明了态度，是不准备接受意见了。

包拯再次上奏章，怒责张尧佐是朝廷的污秽，白天的鬼蜮，指斥执政大臣只知道阿谀奉承，谏官陈旭、吴奎等人也和包拯一起对张尧佐提出弹劾，展开抨击。过了几天，未见动静，包拯又趁热打铁，再次提出弹劾，指出张尧佐一日而授四使，"陛下欲务保全，乃曲假宠荣，并领要职，求之前代则无例，访以人情则不安，臣实忧危，罔知所措"。包拯的话已经说得很严厉了，比之过去，史无前例，访之今口，人心不安，这不仅仅是糊涂事，它破坏了制度，损害了皇上的威信，也损害了国家社稷的利益，是万万使不得的。仁宗皇帝仍然听不进这些意见。这时不仅唐介、张择行、吴奎群起参加弹劾，连平时很和气的御史中丞王举正也挺身而出，批评张尧佐恩宠过甚，使忠臣齿冷、义士心寒。如不采纳，请罢御史中丞之职，台谏已经发展到大臣要掼乌纱帽了。由于张贵妃从中说情、不断地吹耳边风，仁宗皇帝仍然下不了决心。王举正不得已亮出最后一张王牌，要求廷辩，也就是与仁宗当面诤谏，这是希望改革吏风的仁宗皇帝给予谏官和大臣的最高权力。由于这是皇帝亲自给予的权力，不好马上反口，只好让廷辩照常进行。

在这次廷辩当中，包拯作了长篇发言。群臣上朝有严格的规章制度，皇帝与大臣是要有一定的距离的。由于包拯措辞激烈，情绪激动，不断地移动脚步，渐渐地缩短了中间的距离。正在恳切陈词的时候，一时不慎，唾沫星溅到了仁宗的脸上。仁宗不得不用袍袖拂面，一怒罢朝回宫。满朝文武大臣大惊失色，不知要发生什么祸事来。后宫里的张贵妃知道大臣在弹劾张尧佐，每次仁宗上朝，她都要送到门口，叮嘱说："别忘记了宣徽使。"在这个时候，仁宗对张贵妃的要求，几乎是百依百顺，不愿违反她的意愿。这次仁宗皇帝回到宫中，张贵妃慌忙上前询问："怎么样了？"仁宗长长地叹了口气："你总是要我祖护你那位伯父，可是你就不想想，朝廷上站着一位包拯呀！"仁宗在朝臣面前受了委屈，但是他没有一怒杀忠臣，泄私愤，他心里仍然明白，要为国家、为社稷着想，包拯的忠言直谏，是为了国家社稷，不是为他个人的私利，是有道理的。对张尧佐的破格提升，自己也感到有些过分了，是有毛病的。但是，他太宠爱张贵妃了，仁宗是一个立志改革的皇帝，也是一个贪图享乐的皇帝，这就是矛盾所在。

聪明多智的张贵妃一看皇帝受了这么大的委屈，慌忙跪下请求恕罪。她又从中疏通，张尧佐自动请辞，免去了一些职务，这个矛盾暂时缓解了。可是，只过了几个月，仁宗皇帝使了一个缓兵之计，又把宣徽使的重任委给了张尧佐。包拯又继续与吴奎联名上章，指出张尧佐贪欲过盛，不能逞其私欲，熏灼天下。四天不见回音，包拯又连续上章。他首先肯定仁宗的优点，说些使皇帝舒心的话："臣伏以陛下凡事克己，鲜有过举，止于尧佐厚甚，不无众口交非。"然后，话锋一转，单刀直入提醒仁宗，"今来重申前命，所以不即论列乞行追夺者，盖为朝廷曲全事体耳。其如大恩不可频假，群心不可固违；假之频则损威，违之固则兆乱。"

包拯对明堂礼毕大加恩赏持反对态度，当然并非完全是为了张尧佐一个人。他一听说要对百官加恩，就有所论列，希望仁宗召对，但未蒙许可。他接着上《论明堂覃恩》疏，对仁宗说：爵禄是天下的公器，邦屋的大柄，只有士大夫有了功劳和道德，才应得到。没有这两个因素，不可滥给。当人君的，对爵禄应该慎重珍惜，假如随便轻用，就败坏公器失却大柄，大纲紊乱，百目就此毁坏，即使最能治理的人，也都没有办法。当前官吏日益众多，财用愈加枯竭，如为国家考虑，应该淘汰冗杂人员，以节省经费，岂可不看一个人是否贤能，就随便晋升官爵？如果真是这样，赋租再多也不够用，秩禄再多也不能满足欲望，纪律一经松弛，弊端就不可挽救。今后对内降恩泽，或减免罪犯，都通知中书和枢密院并有关衙门根据有关诏令坚决上奏，不能随便施行，这是励精革弊、迫切求治的表现。只有明堂覃恩，是特别严重的蠹政。希望陛下遵照祖宗的教训，考虑社稷的利益，对这次百官迁转恩泽，做出裁处，以免千古之下，还连累你的圣德。

当时还有一个知常州的屯田员外郎彭思永，刚从外任回京，担任侍御史，除了也论内降之弊，也对百官迁转提出反对意见，认为不宜滥恩。当时张尧佐正在等待参知政事的任命，另一个宦官王守忠正在求得节度的职位。彭思永得知之后，想要同其他侍御史一起进谏。有人说："应该等诏命出来之后再说。"彭思永说："宁可在事先得罪。诏命一出，就不能挽救，那就成为朝廷的大失策了。"于是他单独向仁宗上奏说："陛下这次普加恩典，哪里是为孤寒之辈，无非单独为了张尧佐和王守忠两人的缘故，取悦于众人。外戚秉政，宦官掌权，都不是宗社之福。"他的奏章一经送入，仁宗勃然大怒，下诏责问彭思永："你从哪里得此消息？"当时谏官吴奎说："当御史的人，许可根据风闻（意即道听途说）上奏。如果事情并不确实，朝廷应该加以涵容；如果不能涵容，可以加罪，何必进行穷追！"当御史中丞的郭劝也说，对彭思永这样的劝谏，不宜加以深罪。有了这些人的劝谏，仁宗总算觉悟过来，不再对彭思永进行追究查问。但是，彭思永到底还是受到报复，马上被罢去侍御史的职务。作为一个侍御史，彭思永以失败而告终。然而，日夜觊觎高官厚禄的张尧佐和王守忠，他俩的任命也就此告吹。张尧佐尽管在明堂覃恩没有得逞，但并不说明他再也没有侥幸成功的机会。作为一个皇亲，有张贵妃这样的后台，张尧佐晋升一次官爵，简直像捡一粒芝麻那么容易。万事俱备，只欠东风，只要仁宗发一句话就行。

仁宗在台谏官们强大舆论的压力之下，不得不做出一定的让步。他对包拯等人下了一个诏，说："近来，台谏官们累次上奏，要求罢免张尧佐三司使官职，又言他亲近后宫，不可用为执政之官。至于在官爵富贵方面给予优待，于事体也无妨碍，因此除淮康军节度使，充宣徽使。我也已指示中书：今后后妃之家亲戚不得进入二府任职。现在台谏官却又投进章疏，还一起请求召对，坚称张尧佐不当授此官职，要求罢免，你们这样议论前后反复无常。还有，大家在进对之时，吵闹喧哗，没有礼节，若按常法，当遭到谪降。我没有这样做，是因为还要照顾大局。朝廷特示宽容，可要戒谕大家知悉。"

仁宗皇帝抓住了台谏官们的一条小小的尾巴，指责他们在议论上前后反复矛盾、出尔反尔，也并非没有道理。他不让张尧佐当执政官，是一个极大的让步。作为一国之君，仁宗毕竟还要维护自己的尊严，他说要进行戒谕，是对敢于生事的台谏官们来一个下马威。

这样一来，事情陷入了僵局。一方面仁宗抓住了台谏官的把柄，且怒气未消；另一方面，台谏官虽表面上不敢再说话，但心里都不服气。这时，枢密副使梁适单独进奏说："台谏官他们有进谏的责任，他们说话虽然过头，但只在陛下你考察体谅。然而，宠张尧佐太厚，恐怕也不是保全他的办法。"张尧佐看到自己遭到如此强烈的反对，虽然有皇帝给他撑腰，但也不愿意树敌太多、结怨太重，只好自动辞去宣徽使和景灵使两个职务。由于皇帝、执行官、张尧佐、台谏官都做了一些让步，这样一场弹劾张尧佐的闹剧才算得到暂时的平息。

包拯等谏官同皇亲国戚张尧佐的较量，在时隔九个月后，也就是第二年八月，又重新展开，这次较量的导火索又是仁宗的一道任命。皇祐三年（1051），包拯继续担任谏官。八月，张尧佐被任命为宣徽南院使、判河阳（今河南孟州）。仁宗这个举动，照样受台谏官的论列。御史中丞王举正还是坚持过去的态度，认为"此授非当，有损圣德"，仁宗没有答复。不久，王举正进一步表态说："陛下胡乱赏赐张尧佐，臣乞求皇上罢黜臣吧。"他企图用一己的力量进行抵制，但仁宗依然没有回答他，既不罢黜张尧佐，也不罢黜王举正。

包拯同陈旭、吴奎等也相继进行弹劾，但这次很讲策略，只是在承认张尧佐当宣徽南院使的基础上，提出一些附带的要求。仁宗也降低调门，下了一个答诏，从此，张尧佐不再升迁。包拯直接弹劾张尧佐六次，间接一次，前后共七次。皇祐六年（1054）张贵妃病死，包拯所担心的外戚擅权的严重局面才算解除了危机。

在这几次的弹劾中，包拯面对皇帝要袒护的人，也宁愿冒触动龙颜的风险，公开提出弹劾。这种不畏权势的魄力和谏官的铮铮铁骨，实在让人敬佩，而包拯的声名更是千古流传。

匡扶社稷，弹劾宋庠

在以包拯为首的谏官们弹劾张尧佐事件以后，朝廷似乎暂时平静下来。然而，不管是对一个国家而言，还是对官场而言，这样的政治斗争都不会结束，而只有张弛之说。在中国古代的历史上，北宋的台谏官是非常有名的。这些台谏官绝不会长期沉默，这固然由他们本身的职责所致，但也与朝廷允许台谏官风闻言事有关。同时，北宋皇帝还有个秘密家法，就是不得杀上疏言事大臣。无疑，这一切都促进了台谏官的活跃。在历代专制皇帝中，仁宗尽管说不上从谏如流，但也算得上比较富于民主色彩的一位。凡是大事，他都拿到朝会上廷议，允许臣僚各抒己见，尽情发表意见，也接受过不少忠言劝告。而包拯正是在这样的一种制度下，全面展现了自己的才能，并且为朝政更加清明做出了巨大的贡献。

在弹劾了王逵、张尧佐之后，包拯的又一个目标就是当时的宰相宋庠。宋庠执政八年，政绩平平，但是没有触犯法律。包拯下决心弹劾这位宰相，不让他"胶固其位"。自古以来，官场就是很微妙的，充满着很多不确定因素的地方。包拯虽然是谏官，但是要动摇这样的执政大臣，也是要担当很大风险的。这次的弹劾虽然没有像弹劾王逵和张尧佐那样艰难，但在当时也是引起了不小的震动。

和其他朝代有所不同的是，在宋朝，宰相往往并非一人，很多时候可能会同时有一至三人，甚至还有四人并列相位的，当时的宰相是文彦博和宋庠。宋庠与其弟宋祁同时考取进士，宋庠得了头名状元。兄弟两人同时入仕，一时传为佳话。宋仁宗宝元二年（1039），宋庠进入二府，任参知政事，后曾经两次调到地方任职。到了庆历五年（1045）"庆历新政"失败，他再次进入二府，先任参知政事，很快又任枢密使，皇祐元年（1049）八月拜为宰相。

宋庠虽然贵为宰相，但是不思进取，因循守旧，在任上没有什么政绩，然而也没有什么大的过错。通常，这种人在一般人的心目中说不上有太大的问题，所以弹劾他不太容易措辞。可是，正是在弹劾宋庠的问题上，显露了包拯敏锐和远大的政治眼光。包拯上疏弹劾宰相宋庠，说他当政七年，阴拱持禄，窃位素餐，安处洋洋，以为得策，说他固位无耻，又说："执政大臣与国同体，不能民心竭节，卓然树立，是谓之时，宜乎当黜。非如群有司小官之类，必有犯状挂于刑书，乃为过也。"在这里，包拯认为，宰相是国家的栋梁之臣，如果不能竭力尽责，树立卓然有效的大政方略，开创新局面，振兴国家，而一味地得过且过，无所作为，这本身就是大过，应当罢官。并且宰相不能像小官吏那样，必须有贪赃枉法的恶迹才算有罪过。他的这个观点从大处着眼，确有独到之处。

不仅如此，包拯也看到，当时的官场冗滥腐败非常严重，"四海之广，涌容滥官；天下物力，不能供俸禄"。"居其官不知其职者，十常八九"，苟且成风。他们"但行文书，不责事实；但求免罪，不问成功；前后相推，上下相蔽"；只会搞公文递转，敷衍塞责，根本办不成什么事情；即使做点官样文章，也是"听断十事，差失者五六"，往往导致冤案错案的产生。这些庸官俗吏"莅官之日短，而闲居之日长"，热衷于贪财好利，蝇营狗苟。他们奔竞成风，通关节，走门径，"上下相与为市"，"非为国也，而为家也"。造成这样的局势，宰相宋庠更是难辞其咎。

其实，早在弹劾张尧佐的时候，包拯等人就多次指责执政大臣阿谀逢迎，促使君主产生了私昵后宫的过错，没有管理好国家的大事。宋庠是宰相，当然要负主要责任，实际上矛头的指向虽然是张尧佐，也已经包括了宋庠。在张尧佐的问题告一段落以后，包拯等人便感到宋庠的问题如不解决，将来要误国家大事。包拯等人指责宋庠的过错，首先就近从张彦方这个案件说起。

皇祐三年（1051），在开封府发生一件伪造告敕的造假案件，更是让满朝文武心中惶惶不安。伪造的这种告敕，就是皇帝所发的补官文凭。有了这个文凭，就可以补官入仕。皇帝的告敕，竟然有人伪造，并且这件事的主犯就是张彦方。这个张彦方的后台可以直通后宫，当时仁宗皇帝最宠爱的是张贵妃，这位贵妃的母亲就是越国夫人。越国夫人门下养着一个门客，就是张彦方。这个事件暴露以后，张彦方被捕入狱。在审问的过程中，张彦方的供词牵扯到越国夫人。越国夫人的背后，还有张贵妃、仁宗皇帝。此案引起轰动是可想而知的，京城要员都等着看如何处理。这个案件的主审官，应该是开封府尹刘沆。然而，这个刘沆，是一个攀权附势、看风使舵的人。在这件案子当中，他既要装出认真判案的样子，又想讨权贵们的欢心，于是也颇费了一番脑筋。后来，由于这些后台的权贵从中操作，并且给了他很多好处，最后他把张彦方

铁面无私

包拯

判了死罪，把张彦方身后的越国夫人一概掩饰过去，不做任何追究。当时的宰相文彦博和宋庠等人，由于害怕得罪权贵，也睁一只眼闭一只眼，不加追问，使得这件大案就这样草率地了结了。

然而，这件事并没有真正结束。开封府断案之后，按照惯例，中枢省还派遣兵部员外郎杜枢准备进行复查询问。在以往的时间里，这种复查只是一个形式，往往只需走一下过场就完了。但是，让他们没有想到的是，派来复查询问的杜枢，却是个办事认真的人。他公开表明态度，要彻底查清问题，有错误就要纠正，这真是半路上杀出一个程咬金，是一个很大的威胁。那些与张贵妃关系密切的大臣便乘机讨好，出谋献策，想把杜枢赶下台，可是一时又找不到把柄。有人便想出一件事来：以前弹劾张尧佐的时候，杜枢是一个积极的参加者。在决定留下一些人参加廷辩的时候，杜枢提问："辩论什么事？"御史中丞王举正说明情况。杜枢当即提出要求，既然是弹劾张尧佐，我就应该留班参加。就是这样一件事，已经过去好几个月了，掌权者为了掩盖矛盾，又把它拉回来，捏一个莫须有的罪名，很快就把杜枢赶下台，贬为监衡州，换一位谏官陈旭来担当这个任务。

天网恢恢，这些人所做的事情都被其他大臣看得非常清楚。然而，这些朝臣也是畏惧张贵妃等的势力，一时不敢进言。就在这样的僵局下，一位新进青年、只担任左正言的贾黯却挺身而出，他认为，杜枢是无罪的，仁宗皇帝贬黜杜枢的圣旨也是不当的，如果让这样的圣旨发出宫，恐怕从此以后，那些喜欢进谗言、毁谤忠良之臣的坏风气就很难控制了。不仅如此，他还认为，由于仁宗皇帝提倡台谏，有些谏官在朝廷上合班上殿言事，往往过分激动，忘记了应该遵守的礼仪，而受到警告和查究，这本没有什么。但是，如果因为这就下"凡欲合班上殿者，皆禀中书俟旨"这样的诏命的话，那么，如果出现不符合宰相心意的奏折就会被扣押，这样一来，势必会使陛下言路闭塞。而且谏官也是形同虚设，长此以往，陛下就有可能听不到外面的舆论了，所以，请陛下解除这个诏命。在朝的大臣大多认为贾黯的意见很有道理。他虽然年轻位卑，却是一个有见地、敢直言的青年官员。在不久以前，仁宗皇帝罢免范仲淹、富弼、韩琦等改革派大臣的时候，他就勇敢地提出，这样的大臣应该重用，轻易罢免是国家和社会的损失。宰相宋庠等人只求安稳不求进取，对贾黯这样一位有头脑的人就很不喜欢。这一次，他提出的这些很好的建议，也就没有被采纳。这件事的产生，反映出在"庆历新政"失败以后保守派掌握了执政大权，不求进取，吏政已经非常腐败了，几乎是听不进革新的谏言了。

包拯在弹劾宋庠的时候又发生了这样的事情，身为宰相的宋庠自然有着不可推卸的责任。当他看到有这么多人弹劾他的时候，也知道自己大势已去，于是立即主动请求离职。按照常规，宰相这样的大臣既然写了辞呈，就应该蹲在家里，听候皇帝的安排。可是，宋庠并不蹲在家里，却又走进中书省去视察。宋庠舍不得宰相的位置，恋权的心态昭然若揭。他同时又向仁宗表示，包拯等人的意见与他自己的意见，并没有多大的区别，是相同的，是一样的，希望把这件事模模糊糊混过去。但是，包拯的性格，向来是一不做，二不休，他果断地又上了第二本奏疏："臣等于二月二十二日，具札子论列宋庠。他自从当执政官，前后七年，毫无建树。"而只是高拱受禄，窃据高位吃白食。他洋洋安处，以为得策；在求退之际，陛下降诏还没有写完，他却又从容地视察去了。这一点足以说明他的辞退是假，贪权固位是真。不仅如此，他一面送上了辞呈，一面又为自己辩解，说什么他的见解和我们的看法实际上是相同的。如果大家都这样无根据地随便胡说，臣等也说宋庠的本意与天下的议论相暗合，这岂不是自欺欺人？这样的人，还怎么配当当朝的宰相、百官的典范？

但是，宰相毕竟是宰相，当时还有一些官员为宋庠辩驳，说宋庠

铁面无私

包拯

身为宰相，并没有大的过错，罢官有所不妥。针对这一点，包拯回顾历史，从前代到本朝，罢免执政大臣，每一次都是因为长期没有建树，群臣提出意见，就决定罢免的。执政大臣，是一国的表率，与国家同体，这不是养尊处优的享乐之地，应该为国为民办大事。他不能尽心竭力，做出显著的成绩，这就是过失，这就是误国误民，就应该罢免。他不是一般的下层官员，一定要犯了刑律、触犯了法律才算过失。唐宪宗时，权德舆任宰相，不能有所建树，当时人们讥笑他，宪宗很快就以"循默"的名义，罢免了他的宰相职务。宪宗是个聪明仁爱之主，权德舆是位有文学、有德行的大臣。只是由于"循默"，便这样处理，并没有列出什么罪过。本朝几代祖宗，罢免范质、宋琪、李方、张齐贤等人，也不过以不称职、均劳逸为名，没有明确说明他们有什么刑律之罪。最近几年，如果搜集宋庠的一些小毛病，当成罪名，宣扬出去，这是不识大体，并不是对待大臣的好方法。宋庠并不是没有小过，臣等不讲这些，还是为陛下设想，便于妥善处理。如果陛下认为这些意见有道理，那就希望及时罢免宋庠；如果陛下认为这些意见不正确，损害了宰相，过分地狂妄，那就请求陛下给我们以处罚，重重地给予降职或罢黜。

包拯等人，有理有据，引经据典，希望仁宗皇帝能够像前代贤明的皇帝那样处理此事。仁宗皇帝终于罢免了宰相宋庠的职务，宋庠出知河南府（今河南洛阳）。

当时包拯的职务是天章阁待制，官衔是兵部员外郎、知谏院。而宋庠这位执政大臣的过错，也仅仅是政绩平平。包拯和吴奎等人能够把这样一位比自己职位高好几级的无所作为的宰相拉下马，这是很不容易、很了不起的一件事。

然而，包拯虽然在这次的弹劾中又取得了胜利，但是由于此时的朝政已经是积重难返了，尽管包拯做出了很大的努力，却也是杯水车薪。此时的朝廷正如一个久病的老翁，百病缠身，绝不是一剂药奏效，就能完全恢复健康的。尤其是冗官冗费的问题，是多年的顽症，虽有名医，恐怕也难药到病除。北宋通过科举、恩荫、特恩，使得官吏的数额不断增加，而且七八十岁的老官僚贪权固位，千方百计为子孙谋官职求厚利，不肯按规定年龄致仕（退休），使本来就官吏冗滥的情况更加严重，甚至到了十个老百姓，要派九个官吏去管理的程度。

为了解决这个问题，皇祐三年（1051）四月，包拯与吴奎一起上疏，坚决要求朝廷严格执行官吏七十致仕的制度，以便新老更替，为朝廷增添新的人才。然而，包拯这次的上疏犹如石沉大海，没有回音。随后，包拯又呈上了《论百官致仕》疏："伏以个臣之义，七十致仕，著在《礼经》，卓为明训，所以优假老成，遂其安逸。既不违达尊之教，且开知足之端。历代所钦，治宜敬切。本朝典故，尤所重之。凡日引年，莫非延世，推之半禄，待以优恩。其于悖劝之方，可谓至乎其至也。然而近年寝成敝风，缙绅之间，贪冒相尚，但顾子孙之计，殊愆羞恶之心，驰末景于桑榆，负厚颜于钟漏，不知其过，自以为得。诚非朝廷所以待士大夫之意，又非士大夫所以遵礼义之常也。臣思及此，悚然汗下。伏望特降指挥御史台，将文武班簿检会，应臣僚年及七十，并令台牒讽其致仕；如牒举后三两日内，未见抗章祈请，乞朝廷降令致仕，所贵稍遏趋营之弊，颇悖廉耻之见。年过七十而以居位，譬犹钟鸣漏尽，而夜行不休，是罪人也。"

这份奏疏言辞恳切，切中时弊，然而，此时的仁宗在经历了这么多的事情之后，也少了当年的进取之心。虽然包拯一再上疏恳求仁宗，但是始终没有得到批准落实，这或许是包拯一生中比较遗憾的一件事了。但是不管怎样，我们都能够从他的一言一行中感受到一股力量、一腔报国的热情。

忠心为国，反遭弹劾

嘉祐三年（1058）六月，包拯迁官右谏议大夫、权御史中丞兼理检使。这个时候，他已经六十岁了。御史中丞是御史台的最高长官，俗称"台长"，位高权重，是皇帝的心腹大臣，他的主要职责是"掌纠察官邪，肃正纲纪，大事则廷辩，小事则奏弹"；"凡祭祀、朝会，则率其属官之班序"；还负责"御史台狱"，究治不法大臣之罪，对于这种监察百官的首脑人物，满朝文武大臣都非常敬畏。当时，在朝廷要员中有四人最有威望，即宰相富弼、翰林学士欧阳修、御史中丞包拯和天章阁侍讲兼管太学的胡瑗，人称"皆极天下之望"，被誉为"嘉祐四真"。意思是说，这四个人德才兼备，所任职务也是最合适的。

嘉祐四年（1059）正月，京城大雪，天寒地冻。大批的难民流入京城，由于没有及时赈灾，当时的京城饿殍遍地，尸横街道。当时的开封府尹欧阳修要求停止一年一度的上元（元宵节）放灯游乐，节约钱财，赈济饥民。包拯非常赞成，呼吁解民倒悬，派医施药，为饥民疗病治伤。仁宗恩准，下诏罢灯，遣官抚恤。这年春天，任三司使的张方平，利用职权贱价收买他人的房地产。担任监察御史的包拯，对他提出了严厉的弹劾，指出他失去廉耻，不宜身居高位。当时的三司使张方平，字安道，曾被人称为"天下奇才"，历任翰林学士、权知开封府、御史中丞，直至两任三司使，是个举足轻重的大臣，史称"较然有过人者"。实际上，张方平是个政绩和罪过都比较明显的人物。包拯弹劾张方平的具体细节是这样的：当时，京师有个酒坊老板，叫刘保衡，积欠官府大

批小麦等物品，折合现款达一百多万贯。由于国家财政紧张，三司派人威逼迫讨，刘保衡一时偿还不起，只好廉价变卖家产抵债，张方平趁机购买了他的房舍。谁知这件事出了个小岔子，刘保衡的姑姑不知底细，对财产起了疑心，向御史台告了一状，说侄儿非刘氏亲生，有意败坏刘氏家业，是个大逆不孝的家伙，中间自然也涉及张方平买房的过节。包拯了解情况后，立即上章弹劾张方平，指责他"身举大计，而乘势贱买所监临富民邸舍，无廉耻，不可处大位"。

由于张平方在朝中位高权重，并且有着很高的威望，所以，当仁宗刚接到包拯的奏疏的时候，心中还是非常犹豫，于是就召来包拯，并说："张平方恃权敛财，固然不当，但他也是一个对朝廷有功、办事精明强干的人，财产退回来就是了，何必罢他的官呢？"包拯不同意，他坚持说："越是这样的人越不能纵容，他的精明才干一旦用在邪道上，危害更大。皇上重用这样的人，后果不堪设想。我这是为社稷，也是为皇上着想。至于张平方以前的功绩，那是他为官的职责，是他应该做的，不能用来抵消他的罪责。"在包拯的一再坚持下，仁宗只好罢免了张方平三司使的职务，将他贬为知陈州。

然而，三司使的位置非常重要，不可一日无首，于是，仁宗经过考虑拟任命宋祁为三司使。宋祁，字子京，开封雍丘（今杞县）人，是宋庠的弟弟。兄弟二人是天圣二年的同榜进士，都以文才负盛名，宋祁更在其兄之上，人称"大小宋"。宋祁曾任翰林学士、工部尚书，以诗词名世。他填过一首《玉楼春》词，传诵京师。其中一句"红杏枝头春意闹"十分著名，人送绰号"红杏尚书"。宋祁还有个大功劳，就是与欧阳修共同撰修《新唐书》，对史学做出了贡献。仁宗任命他为三司使时，他正以端明殿学士、知成都府。包拯弹劾他主要是两条：一是"在蜀燕饮过度"；二是宋庠任枢密使，兄弟同在政府不便，不宜任三司使，可另授别职，并未指出重大过错。由此可见，包拯对官吏要求是多么严格，尤其是对主管全国财政工作的三司使，要求更严。宋祁还未及到任，就被他弹劾掉了，改知郑州。

包拯刚刚弹劾掉张方平、宋祁两个三司使，仁宗便下了一道出人意料的圣旨：任命包拯为枢密直学士、权三司使。一时，"外议喧然"。包拯一连弹劾掉两位三司使，轰动朝廷。当时的张方平、宋祁，都是有声望的大臣，包拯在弹劾这两位大臣时，已经得罪了一些人。当时，宋朝的统治者，提倡名节、谦让，避免形迹。这次对包拯的任命，虽然是宋仁宗提出的，并且包拯曾经担任过户部判官、户部副使，又长期担任过州郡长官和转运使，在管理财政方面是有经验、有政绩的，但是这种做法难免有争权之嫌。然而，包拯并没有考虑太多，而是当仁不让，接到任命之后就准备赴任，这样一来，包拯就陷入了一场风波之中。

刚开始的时候，很多大臣还对包拯的言行非常敬佩，但是这次包拯的做法却引来了很多非议。当时，在朝中有着很高威望的欧阳修也表明了自己的态度。欧阳修博学多才，既是散文家、诗人、词人，又是史学家、经学家、金石学家，后人称他是"宋学"的开创者之一。他还是一位思想家，论文也写得很好，"修论事切直，人视之如仇，帝独奖其敢言"。仁宗曾经说过："如欧阳修者，何处得来？"就是这位欧阳修于嘉祐四年（1059）三月向仁宗送上了《论包拯除三司使》的奏章。欧阳修在这篇有名的奏章里，主要说了三个问题。

首先，他很严厉地提出了包拯的不妥之处，他认为：包拯"逐二臣，自居其位"，"中外喧然"，"蹊田夺牛，岂得无过？而整冠纳履，当避可疑"。他说："包拯正是《左传》中所说的，'有人牵牛踩了别人的地，那地的主人不仅责罚了那人，还把人家的牛也抢夺过来'。包拯奏请皇上罢了张方平的官，对他们来说，这惩罚已经够重了。而包拯此时又贪恋三司使的肥缺，未免太过分了！"这次，生性耿直的包拯听了，并未前去找欧阳修分辩，而是采取了回避的态度，待在家里过了很长时间才出来。

包拯的这一做法和他以往的做事风格有所不同，对于这些，朝中议论纷纷，褒贬不一。褒奖者认为包拯这是顾全大局，非议者认为这是包拯做贼心虚。但是不管怎么样，从包拯的为人、地位和他做官的辛苦看，该是不会贪恋这官职的。后来，欧阳修对包拯做了一个比较公正的评价。欧阳修认为，包拯天姿峭直，少有世故，不大考虑朝廷事体，似乎情有可原，但是，像这种"蹊田夺牛""整冠纳履"极显然的嫌疑之迹，连常人都知道退避，包拯岂能毫不虑及？不避嫌就是过错。无论如何，嫌疑是应当躲避的。欧阳修还全面评论包拯和此事说，包拯"少有孝行，闻于乡里；晚有直节，著在朝廷"，"如拯才能资望，虽别加进用，人岂为嫌？其不可为者，唯三司使耳"。

从这里不难看出，欧阳修对包拯的品德和才能都很看重，认为若是别加进用，无论提拔到何等显职高位，人们都不会有意见，就是不便任三司使，这里强调的仍然是"避嫌"。他还进一步说了自己的担心，今后若是"言事之臣，倾人以观得，相习而成风，此之为患，岂谓小哉"！意思是，如果台谏官员有些用心不良的，垂涎别人的高位，妄加倾陷，以达到自己上去的目的，相互仿照成风，造成祸患，事情就大了。在中国历史上，不管哪个朝代都有踩着别人肩膀向上爬的奸邪小人，不可不防。不过，包拯不是这种人，欧阳修十分肯定。他说，包拯所以不避嫌疑，欣然受命，完全是持着自己"本无心耳"。然而，欧阳修认为，尽管如此，仍然不行，他分析说："夫心者藏于中，而人所不见，迹者示于外，而天下所瞻。今拯欲自信其不见之心，而外掩天下之迹，是犹手探其物，口云不欲，虽欲自信，人谁信之。"最后他的结论就是："嫌疑之不可不避也。"

面对这样的僵局，仁宗又看到欧阳修对包拯有着这样的评价，于是，经过考虑后，仁宗还是决定由包拯任枢密直学士、权三司使。仁宗

再一次这样任命，很多大臣都感到非常意外。然而，从当时的人才条件来看，从包拯当过户部判官、转运使、户部副使、都转运使，并比较熟悉经济工作等情况来看，包拯是一个比较合适的人选，仁宗的选择并非没有理由。但是，接连两次弹劾别人不胜任当三司使，结果恰巧又是自己来接替三司使，事情就是这样的巧合。

然而，在这种情况下，一时间还没有人站出来为这个任命说话，而作为对包拯有所了解的欧阳修，却站出来说话，他立即上《论包拯除三司使》疏，对这一问题进行论列。欧阳修是一位著名文学家，也是当时的著名政治家，他的奏章以善于议论著称。欧阳修的看法，代表了当时的舆论，也代表了当时人们对包拯的评价。欧阳修指出：纳谏这种善行，从古以来是难事情。自从陛下即位以来，纳谏实是盛德之事，对于朝廷起到补助之效，不为无功。现今中外已养成习惯，上下已经相信，小有奸邪之人，凡有举动，都害怕言事之臣，时政不管大小，亦唯言事官的意见是听。回想早先开发言路，能达到今天的成效，哪是容易得来的啊，哪能不加珍惜啊！

其实，早在四年前（1055），包拯在出知池州的时候，欧阳修就曾经给仁宗皇帝写过一个奏折，其内容有这样一段："伏见龙图阁直学士知池州包拯，清节美行，著自贫贱，谠言正论，闻于朝廷，自列侍从，良多补益。方今天灾人事，非贤罔乂之时，拯以小故，弃之遐远，此议者之所惜也。伏乞更广采询，亟加进擢，置之左右，必有补益。"包拯是因为保举官员不当受降职降级的处分，出知池州，欧阳修主动向皇帝提建议，称赞包拯的政绩和人格，请求把包拯调到京城来，给予重用。很明显，四年后，欧阳修虽然对包拯提出批评，还是包含着善良的爱护、惋惜之情，是没有恶意攻击之意的。仍然是这位欧阳修，做了两件截然不同的事。在包拯失意的时候，欧阳修推荐他、表扬他；在包拯得意的时候，又实事求是地批评他、规劝他。欧阳修是以理来衡量是非，没有帮派，没有恶意，光明磊落，胸怀坦荡。大臣与大臣之间志同道合者有时也会有矛盾，英雄与英雄之间有时也会有误解，只要不怀恶意，把意见谈出来，就化解了。

不仅如此，欧阳修对宋朝数十年来关于增设谏院、鼓励朝臣批评朝政这一重要措施，做了很精彩的总结："国家自数十年来，士君子务以恭谨静慎为贤；及其弊也，循默苟且，颓惰宽弛，习成风气，不以为非。"也就是说由于过分提倡服从、纪律、集中、听话，有些朝臣便产生了看风使舵、不讲真话、干劲不足、纪律松弛等毛病，后来发展到"财务空虚，公私困弊，盗贼并起，天下骚然，陛下奋然感悟，思革其弊"，"始增置谏官之员，以宠用言事之臣"。于是，"久弊之俗，骤见而骇骇"。当批评的风气形成了，又有人不习惯、不满意，指责谏官"或以谓好评阴私，或以谓公相倾陷，或以谓沽激名誉，或以谓自图进取。群言百端，几惑上听"。这种矛盾现象，幸亏仁宗皇帝能够"至圣至明"，察见诸人，"非为己利"，"谗间不入"，才使这种批评之风保全下来。欧阳修这段描述，应该说是一个很全面、很有概括力的总结。欧阳修的这篇文章，其实是仁宗时期谏官史的回顾，这种回顾是很有必要的。在仁宗时期的政治生活中，重视谏官，接受忠谏，从而对奸佞之人和权幸之辈有所打击排斥，扶植朝廷的正气，确实起过一定的作用。包拯的一生，实际是谏官的一生。从包拯所弹劾的重要对象中，可以看到那些滥用权势、胡作非为的人，不论是皇亲国戚，还是显贵大臣，都因弹劾而在一定范围内、一定程度上受到限制和压抑，谏官是发挥了作用的，赢得了威信的，欧阳修对谏官作用的评价是正确的。

坦言直谏，追求真"理"，实事求是。实事求是最重要，也最费力，有许多人想做到而又很难做到。欧阳修对包拯的批评，虽然有些过于严厉，也有人认为，有点追求"形式"，但是有其合理的部分，并没有否定包拯。欧阳修在批评的同时，却又明明白白地肯定包拯的一

些优点和长处："拯性好刚，天姿峭直，然素少学问，朝廷事体或不思。""况如拯者，少有孝行，闻于乡里，晚有直节，著在朝廷，但其学问不深，思虑不熟，而处之乖当，其人亦可惜也。" 欧阳修在批评包拯的时候，并不否定包拯，这是很不容易的。如果把眼光放远点，我们就会发现从总体上说来欧阳修仍然是肯定包拯的。

面对这样的批评和议论，性格刚直的包拯，未作任何争辩，冷静地采取了回避的态度，回家休息了一些时候，等待皇帝的安排。包拯的这种做法，实际上是接受了这一批评。仁宗皇帝经过一番认真的考虑，仍然坚持要包拯上任。这时，包拯才泰然出山。这场轩然大波，就这样解决了。

包拯担任三司使以后，做出了许多政绩。他不单单想方设法增加国库的收入，而且还关心人民疾苦，减轻不合理的负担，提高人民生产的积极性。如后宫宠妃太多，加薪太滥，加封一个才人，赐银五千两，金五百两；月俸每月从二万七千贯提到二十万贯，将近八倍；得宠的妃子多达十人，开支相当庞大。包拯领导的三司中重新提出，要按仁宗即位时的标准核算，超过的一律取消。其他方面的开支，也进行了相应的整顿，国家的财政收入转亏为盈，有了显著的改观。包拯在州郡工作期间，发现有些地方官利用折变加重对农民的剥削，他就改变由政府直接向市场购买的办法，从而减轻了农民的负担。他把这些行之有效的办法，推广到全国，受到了普遍欢迎。开封西面的唐州、邓州，由于长期干旱，连年歉收，土地荒芜，人烟稀少，因而有人提议把这两个州改为县。唐州知府赵尚宽则认为，这里潜在的地力很大，应该开垦，人烟稀少应该招募，不能在困难面前退却。包拯赞成他的意见。赵尚宽调动军队，修整了三大陂堰，开挖了一条大干渠。又发动农民开挖了许多支渠，形成了一个灌溉网，从此旱涝保收。周围好几个省的农民都奔到那里去，赵尚宽就给他们分配土地，购买耕牛，只用了三年时间，荒瘠之

地变成了丰产之田，人口激增三万多户。包拯大力表彰赵尚宽，并在他任期将满时，向朝廷保举他继续留任，进一步安定民心、促进生产。

包拯在三司机关里裁减冗官，选贤任能，重用了一批有才能的人，其中就有王安石、司马光等，这些人才在稍后一个时期，都发挥了很重要的作用。包拯在整顿税收、发展养马、减轻负担、裁减冗员、选贤任能、发展生产等方面，做了大量的工作。宋仁宗赞扬他"强志尽瘁，夙夜匪懈，任重权专，不可以非理挠；使吏谨其职，下安其业，民不加赋而国有余财，以成朝廷大礼"。

在仁宗年间，欧阳修一直是有着非常大的影响力的，并且对于朝廷的施政有着非常公正客观的评价。"庆历新政"失败、范仲淹和杜衍被贬谪的时候，包拯当时是比较沉默的，没有正面站出来为新政辩护；欧阳修却不同，他在当年正月，给仁宗送上了《论杜衍范仲淹等罢政事状》，公开提出不同意见，为改革派辩护。当高若讷诋毁范仲淹时，他又写了一封《与高司谏书》，愤怒地指出高若讷"默默无一语，待其自败，然后随而非之"，"是足下不复知人间有羞耻事尔"！欧阳修这种疾恶如仇的性格和勇气，几乎是不顾一切的。

后来，欧阳修因为这些事被贬到滁州。然而，面对这样的处境，欧阳修却仍然我行我素，生活得很潇洒。他在滁州建立了醉翁亭，并写下了《醉翁亭记》那篇绝妙的好文章。开篇是"环滁皆山也"，然后浩然喷出："其西南诸峰林壑尤美，望之蔚然而深秀者，琅琊也。"步步推移，渐入佳境，最后落脚在"醉翁之意不在酒，在乎山水之间也"。欧阳修能够写出这样的千古名句，既表现了他那深厚的文学功底，也反映了他那豁达的思想境界。在苦难中，他仍然保持着一定的幽默和豁达，这也许就是天才的欧阳修与众不同的地方。欧阳修在四十年仕途生涯中，曾经三次被贬谪，王安石曾经为之惊叹："呜呼！自公仕宦四十年，上下往复，感世路之崎岖。……既压复起，遂显于世，果敢之气，刚正之节，至晚而不衰！"

包拯不仅以刚直出名，做事更是非常的谨慎和小心。在正面斗争时，他保持沉默，没有及时地公开表明态度。但是，包拯的沉默，不是"苟随"，也不是顺从。他的言论和实践证明，他是一直支持新政的。他在认真分析形势，寻找斗争的方法。当时的宰相和御史中丞都是保守派，他在御史中丞王拱宸的手下任职。保守派的力量已经相当庞大，他自己的力量太小。公开站出来斗争，没有取胜的可能，必然像欧阳修一样要受到贬谪。他是一个讲究实际的人，在他看来，那也许是不明智的，是得不到效果的。他暂时保持沉默，避免发生正面冲突。但是，这绝不是屈服，不是顺从。他认识到，仁宗皇帝害怕动乱，想求稳定，但也还是想改革吏政的，只是对推行新政的方法不够满意。至于对反对贪污腐败，仁宗还是坚持的。包拯一向行事谨慎，讲究实际，主张多做少说。当时的斗争是如此尖锐复杂，包拯暂时保持沉默，保存实力，然后采用他自己特有的方法，脚踏实地向贪官污吏发动一个又一个震动朝野的弹劾。包拯的这种斗争，仍然是顽强的、坚定的。包拯是刚直的、信念坚定的。他的应变方式与欧阳修有异，但目的是相同的。所谓的包拯"官运不败"，从其中可以看出一些眉目。

从欧阳修对包拯的批评，我们还可以看到早在七年以前，宋仁宗就大力提倡对权力的监督而成立了谏院，并且赐给他们独立行使监督的大权（在皇帝的直接领导下），除了皇帝本人以外不受任何大臣的制约。这种监督体制是独立的，权力是相当大的。这种监督经常是在集体的、公开的场合下进行的，不是暗箱操作，允许当面辩护。因此，批评监督之风盛行，连包拯这样的清官也要接受别人的监督和批评。

古往今来，批评和监督是一件难事。有些掌权者认为：搞不好会惹出一些麻烦来，所以就喜欢依靠少数亲信，依靠个人的聪明才智。事实证明，只要有决心，只要品行端正，批评和监督是可以办好的，益处是很大的。志同道合的人，有时也会有矛盾、误解，只要光明磊落，也是能够化解的。怕批评监督会惹乱子、找麻烦，这种顾虑是站不住脚的。凡是昏庸的君王，一旦取消了批评和监督，往往会惹出更大的乱子来。这种教训历史上很多，当今的社会也并不鲜见。从包拯的一生来讲，他作为台谏官，曾经上百次地弹劾过别人，而现在仅仅这一次遭到别人的弹劾。这是不足为奇的，这是事物的辩证法。任何一个人，有自己的正面，也有自己的反面；有自己的结合面，也有自己的对立面。包拯把别人当作对立面，别人也把包拯当作对立面。当然，各对立面之间的是非标准不一样，需要仔细进行辨别，但对立面是逃避不了的。世界上的各种事物，就是在这种复杂状态中生存的。

包拯一生忠心为国，并且在国家大任或者危难面前往往当仁不让、挺身而出，虽然有的时候会招致其他朝臣的猜疑，但是他依然坚持自我。在这次的弹劾中，包拯更加坚定了自己的进谏之道。他的这种直言敢谏、不畏权贵的作为，堪比魏徵，可昭日月。

铁面无私

包拯

第 五 章

宦海多变　君臣失信危机伏

官场上自古以来就是钩心斗角、尔虞我诈。包拯虽然一心为国为民，独善其身，但在政治斗争中，他也摆脱不了这个旋涡。宋仁宗后期，由于朝政日益混乱，朝臣之间更是互相倾轧，在这样的复杂局势下，包拯也未能幸免。更为严重的是，仁宗对他的猜忌，使得包拯非常痛苦，并且逐渐对仁宗失去信心。这对整个朝廷来说，是一个很大的损失。

独善其身，远离党争

自古以来，宦海中总是浮浮沉沉，瞬息万变。在封建社会里，不仅有官官之间的尔虞我诈、钩心斗角，还有君臣之间的微妙变化。不管朝臣怎么变化，制度怎么变化，皇权永远是凌驾于国法之上的。包拯虽然是一位刚正不阿、敢于直犯龙颜的人，但在复杂的官场中，也会有身不由己的时候。然而，从包拯一生的仕途来看，在当时算是非常得意的。

庆历三年（1043），包拯在端州任职期满，由于他在端州政绩卓著，并且由御史中丞王拱宸推荐，担任新增设的监察御史里行，从此以后，包拯才正式进入了国家中枢机构。不仅如此，包拯此后的仕途更加顺利，可以说是平步青云。不管他身居何种职位，都是以国家为重，以天下百姓为重。当他居庙堂之高的时候，更是利用自己的职权做了很多利国利民的大事。虽然他的影响力不及其他的大臣，但是，他一生秉持的忠孝廉的信念确实是当朝以及后世官员的典范。

包拯进入中枢机构，正值北宋政治生活也进入一个重要阶段，即著名的"庆历新政"时期。虽然包拯已到中年，但在朝中的资历尚浅，所以只担任监察御史里行。北宋设有御史台，掌纠察官吏，肃正纲纪，主要的责任是揭发弹劾违法乱纪的官吏，向皇帝上奏，加以处理。这个监察机构下属三院：一是台院，侍御史隶属于此；二是殿院，殿中侍御史隶属于此；三是察院，监察御史隶属于此。御史台设御史中丞一人作为台长，设侍御史一人，作为副属；又设殿中侍御史二人，以纠掌百官上朝时失仪者；又设监察御史二人，以弹劾大小百官的种种错误、违法乱

铁面无私

包拯

纪行为。凡是资历较浅职位较低而任监察御史者，叫作"里行"，所以监察御史里行也就是副监察御史的意思。

包拯生性刚直，办事讲究务实，再加上他敢于直言，不畏权贵，而且此时又是"庆历新政"时期，所以包拯的这些特点使得他在这个位置上充分发挥了自己的才能。包拯一生虽然被忠君思想所束缚，但在朝廷中，他也是一位富有改革精神的官员，尽管他的这个特点没有非常明显地表露出来。庆历二年（1042）冬天，对于宰相吕夷简来说，是个最寒冷的冬天。这位把持朝政十几年的政治家渐渐感到自己精力和体力的衰竭，多年的从政使他树敌甚众，每当他走上朝殿，都隐约感到四周射来的冰冷的目光。自从对西夏用兵以来，包括昔日被贬的范仲淹、欧阳修在内，一大批新进后生骤得重用，纷纷登堂入殿，成为左右朝廷的一股不容忽视的政治力量。仁宗虽然很多时候拘泥于先祖之法，但也是一位富有革新思想的君王。这些新进的年轻官员在朝政中得以发挥巨大作用，正是仁宗革新精神的一种体现。

在仁宗眼中，这些新进的官员不仅博学多才，而且富于进取，在处理边境冲突中功绩卓著。一系列迹象表明，他们正行进在通往京师政事堂的路上，几乎没有谁能说服皇上再将他们逐出京师。思虑及此，吕夷简更觉寒气袭人，自己的政治生涯仿佛就像一片飘零的落叶，快要走到头了。可怕的先兆出现在这年冬至的大朝会上，平日朝会，吕夷简出入进止皆有长处，这也是多年来班领群臣的习惯所致，可不知什么缘故，这次押班叩拜，居然忘了一拜就起身了。礼仪上的错误是原则上的错误，大家不会原谅老宰相年龄大了，难免有些丢三落四，却一致认为他在朝时间太久，是应该好好休息了。一位来开封参加制举的应试考生这样评论："吕公为相久，非不详审者，今大朝会而失仪，是天夺之魄，殆将亡矣！"果然没过几天，吕夷简中风，右臂抬不起来，只好告假。仁宗皇帝倒是十分体谅，派人到其府上问诊送药，又亲下手诏，拜为司

空、平章军国重事，让他安心养病，三五日一入中书即可。然而，皇上的关心越发让他觉得自己的垂暮和不中用。仁宗庆历二年（1042）十二月二十六日，他终于上疏仁宗，请罢政事。随着老宰相吕夷简的健康状况每况愈下，对他的攻击也日渐猛烈。新任知谏院蔡襄对吕夷简发起了新的攻击，他一口咬定老宰相应对陕西的丧师、国家的积贫、政府的涣散承担全部责任。这位范仲淹的挚友愤然指出，国家弄成今天这个样子，全因为吕夷简"谋身忘公""但为私计"，自执政以来，凡是进言的人，如范仲淹、余靖、欧阳修等，或谪千里，或抑数年，搞得二十多年来，人人不肯尚廉隅，厉名节；凡是溜须拍马、阿谀奉承之辈，全被吕宰相提拔重用，"使奸邪不败，浸寝成此风，天下习以成俗"。在朝臣们的一直攻击下，仁宗也看清了这种形势，知道自己不能再保持沉默了。

其实，吕夷简到底是什么样的人，仁宗心里也是有数的，然而，众怒难犯。尽管在过去的岁月里，吕夷简三入中书，确实干了不少好事，如力主厚葬李宸妃（仁宗亲母），辅佐自己亲政，但时至今日，纲堕政弛，危机不断，也不能说没有过错。在这样的形势下，如果不是及时选用范仲淹、韩琦等新人，西北战局的后果将会更加严重。虽然，吕夷简曾为朝廷效力，但是作为君王，很多时候还是要顺势而为。此后，他一面抚慰老宰相，破例让他乘御马到延和殿入见，特许坐殿上，一面又派人前往陕西宣谕范仲淹、韩琦，叫他们推举可代替抚边的大臣，以便随时进京执政。

随着这一系列的变化，仁宗感觉时机已到。于是，在庆历三年（1043）三月下旬，宋仁宗对内阁进行了第一次改组。吕夷简罢相，仍监修国史，参议军国大事。晏殊被正式任命为宰相（原为枢密使兼同平章事），夏竦为枢密使，贾昌朝为参知政事，富弼为枢密副使。但夏、富二人并未上任，夏竦因遭台谏奏劾，改判亳州；富弼则坚辞不拜，他对仁宗说："我因促成宋辽再次结盟而受赏，朝廷不要因为有了和约就忽视防御，一旦契丹背盟，天下人该怎样说我呢？陛下收回任命，中外人士必会认为朝廷不敢疏忽防备。"仁宗听从了他的意见，改命为资政殿学士兼翰林侍读学士。结果，仅权御史中丞贾昌朝一人进入政府。面对这样的结果，宋仁宗感觉远远不够。于是，同年四月，仁宗又进行了第二次改组。枢密副使杜衍升为枢密使，韩琦、范仲淹被任命为枢密副使。四月二十七日，吕夷简在新任谏官欧阳修、蔡襄的要求下，被罢参与军国大事。同年七月至九月，仁宗对政府进行了第三次改组。吕夷简授太尉致仕，章得像升为首相，在谏官欧阳修、余靖、蔡襄的联合攻击下，担任参知政事三年的王举正因"懦弱不任职"被罢，出知许州，范仲淹升任参知政事，富弼任枢密副使。不久，韩琦以枢密副使的身份出任陕西宣抚使，到了这个时候，朝廷机构重组才算告一段落。宋仁宗对这样的一种格局还比较满意，不仅如此，仁宗对负有言事之责的谏院和御史台也进行了人事调整，王拱辰接替贾昌朝任御史中丞。

　　北宋朝是在五代十国的大分裂之后才逐步建立起来的，宋太祖赵匡胤建立政权之后，为了避免国家再次出现这样的分裂局面，于是就采取了加强中央集权制的措施，把政治、军事、财政大权都集中于中央，并进一步集中于皇帝一人。不仅如此，鉴于唐五代藩镇割据的教训，北宋对于地方割据有所防备，又鉴于历代宦官擅权的教训，北宋对宦官也有所压制。北宋还加强了科举制，使地主阶级各阶层参与政治的机会大大增加，许多普通地主家庭出身的知识分子，通过科举登上政治舞台，担任重要职务。和以往的朝代相比，北宋政治有进步的方面。但是，北宋政治的主要弱点，是统治阶级缺乏远见，只求苟安，不从根本上力图振作。随着时间的推移，地主阶级统治集团的腐败现象滋长，内部矛盾也随之加剧起来。特别是在真宗晚年，丁谓、王钦若一派人物，宣扬"天书"，大搞迷信活动，严重粉饰太平，而寇准等比较正派的人物，遭到严重打击。仁宗即位时仅是一个十三岁的少年，实际政权由皇太后刘氏把持。

明道二年（1033），皇太后逝世，仁宗亲政，那时他二十四岁，政权长期被以吕夷简为首的一批保守分子左右。他们在政治上的主要表现是因循保守，无所作为，并竭力压抑具有改革要求的人。范仲淹、杜衍、韩琦、富弼、欧阳修等人，对吕夷简集团进行了一定的斗争，但这个集团是个庞然大物，他们盘根错节，互相勾结，所以改革派很不容易抬头，受到很大阻力。吕夷简、夏竦等人，还惯于制造舆论，诬蔑范仲淹、杜衍、欧阳修等人为朋党，所以朝廷上刚刚提出一两个改革措施，还未得到推行，却先已出现了朋党之争。当时的监察御史王拱宸，字君贶，开封咸平人。他十九岁举进士第一，是名状元。他曾当过知制诰，权知开封府，后来担任御史中丞，他弹劾过一些坏事，但也打击过好人，政治倾向基本是保守的，属于吕夷简一派。这样一个特点，对于作为下属的包拯来说，是很不利的。包拯在这样的形势下担任监察工作，在政治上具有一定的难度。由于王拱宸是包拯的推荐人，可以说他是了解包拯为人、为事的，最起码包拯的政治倾向同他是不能完全相悖的，这样人们自然而然地把包拯归结为王拱宸的人，好在由于包拯这时刚入中央政府，没有发表太多的言论，所以在王拱宸和改革派之间都没有对他形成大的想法。而此时的包拯在主张改革的人中，是主张小改、渐改或局部改的人。

包拯先是担任监察御史里行，随即在庆历四年（1044）任为监察御史。他的视野所及，都注意到当前迫切需要解决而且牵涉国计民生和国防大事的一些问题。从国防上，包拯最关心的是契丹和西夏问题。在庆历二年，契丹主战派遣南院宣徽使萧特默、翰林学士刘六符来到北宋，索取晋阳及瓦桥以南十县地，这是乘北宋惨败于西夏之机的一种敲诈勒索。契丹主还颁发了所谓"南征赏罚之令"，对北宋进行威胁。四月，

铁面无私

包拯

北宋派遣富弼使契丹，拒绝了请地的要求。七月初八，富弼再使于契丹，达成岁增金帛之议。但契丹还进一步要求在誓书中写明"献"字或"纳"字，以挫北宋的威信。结果，北宋内部通过争议，采取晏殊的意见，许以"纳"字。这种形势，使"澶渊之盟"近四十年的平衡局势遭到破坏，从此以后，北宋在外交上处于软弱被动的地位，而且随着时间的推移，这种形势越来越严重。面对这样的不利形势，包拯向仁宗提出了《论契丹事宜》疏。他指出，自从结盟以来，边境安定无事，但最近因西夏赵元昊背叛，契丹借机邀求。从契丹内部看，官吏俸给较低，人民生活困苦，滋生了向南扩张的野心。但受到各种条件的牵制，还不能"无衅而动"。包拯提醒仁宗，有的议论认为"四夷乃支体之疾"，不如"心腹之患"严重，这种观点是错误的。从关系上讲，"四夷"确是支体，但"支体之疾亦根于心腹，支体未宁，则心腹安得无患"？包拯这个见解，比当时一般人"患在心腹"的论调高明得多，全面得多。包拯还提醒仁宗，不要单凭什么"盟誓"，产生麻痹轻敌思想。包拯还特别提出武将是国家安危所系，要特别慎重选择。审将之道，不当限以名位，主要看他有无才能。对于有实才的人，要"擢而用之，专而委之，必有成功"。包拯在《请留禁军不差出招置士兵》疏所发表的思想，实际就是对当时的军队进行改革的思想，是在北宋军队连连失败、弄得焦头烂额下寻找出路的思想。随后，包拯还上《请令提刑亲按罪人》疏，呼吁明察冤滥。又上《论内降周景札子》，呼吁仁宗个人不要任意宽赦罪犯，他认为刑罚一滥，狡吏得以为奸，就无所畏惧。所谓"内降"，是皇帝不通过朝廷正式机构，个人从宫内发出宽赦令。"内降"的滥用，会使法律成为一纸空文。包拯在这里所坚持的是执法思想，只有执法，才能使罪犯得到应得惩处，而无所侥幸。

在庆历四年（1044）十一月，当时朝廷发生一起重要案件，就是监进奏院的刘巽和苏舜钦，都因盗卖公物罪名遭到除名勒停的处分。这起因于进奏院举办的一次祠神会，苏舜钦按照惯例，把衙门卖掉废纸所得的公钱，加上自己拿出一些钱，邀请宾客，举行了一次宴会，会上招来歌伎作乐。事实上，这种情况以往都有，可以说是一种惯例了。然而，官场总是尔虞我诈，谁也不能预料下一刻要发生什么事情。

当时，在这次宴会上，有一个人想要参与这次宴会，但遭到苏舜钦的拒绝。这人怀恨在心，就制造流言蜚语，向当时的监察人员汇报，说苏舜钦不但盗用公款，在宴会上还有人作《傲歌》，大骂周公和孔子，这是大不敬的犯上行为。御史中丞王拱宸掌握了这些情况，就暗示他的下属进行弹劾。在报告仁宗之后，就连夜在京城逮捕所有参与宴会的人员，闹得满城风雨。王拱宸等人的目的，并不仅仅在于打击陷害苏舜钦，而是直接动摇积极支持苏舜钦的范仲淹和杜衍等人，是一个巨大的政治阴谋。苏舜钦当时是一个少年新进，颇有文名，敢于发表议论，在政治见解上是同改革派站在一起的，他的某些言论侵犯了权贵的利益。他出任监进奏院官职，是由范仲淹所推荐，而杜衍是他的老丈人。当时范仲淹、杜衍等人推行新政，有所改革，但吕夷简、夏竦、王拱宸等人极为不满，他们千方百计要把范仲淹等人赶下台。实际上，范仲淹的所谓"新政"，仅仅修改荫补法、限职田等，其他所谓明黜陟、抑侥幸、精贡举、择官长、均公田、厚农桑、修武备、减徭役、覃恩信、重命令等十项，仅仅是方案。由于仁宗没有决心，加上吕夷简等人的阻力，所谓的"新政"，其实只是隔靴搔痒，根本就没有得到落实，这样的情景似乎也预示着这场改革最终会以失败而告终。

果然，庆历四年（1044）六月，范仲淹就从参知政事的位置上被排挤下来。九月份，杜衍任宰相兼枢密使，但他也是保守派的眼中钉。正当吕夷简等人要把改革派赶下台而不得其计的时候，出现了苏舜钦主持的进奏院祠神会。保守派以此为引火线，用迅雷不及掩耳之势，把苏舜钦诬以重罪，开除官职，一拳打翻在地，而矛头所指，就是在范仲淹

铁面无私

包拯

被赶下台之后，再把杜衍赶下台。苏舜钦的案件，牵涉到当时著名的一批文人，这些人一例贬官外任。事后不久，杜衍就在次年正月罢相，被赶下了台。这场所谓"庆历新政"昙花一现，几乎是刚刚开始就被扼杀了，这是北宋政治改革史上的一出闹剧。对"庆历新政"加以扼杀的当然是吕夷简等人，但公开充当镇压改革派打手的人，就是掌握弹劾大权的御史中丞王拱宸。他在苏舜钦等人受到处分之后，扬扬得意地说："吾一举网尽之矣！"王拱宸在这出闹剧里指使的人，就是他的下属们。包拯由王拱宸推荐，在御史台又是上司和下属的关系，关系较为密切，但是，在这场闹剧中，包拯却是始终保持着中立态度的。从这件事也能看出，包拯为人处世非常谨慎，在这样的政治旋涡中，他能够独善其身，理智看待，也是一种很明智的做法，也为后来的改革保存了实力。

在宋朝，虽然御史的地位不算高，却掌握言路，钳制舆情，有着非常重要的作用。《包拯集》中收录了不少这一时期的奏议，从中可见，包拯不满现实的局面，热衷于改革事业，对宋廷起用新政派人士、实行改革庶政的措施多有肯定；不过在某些方面，如对贡举条制中诸州发解更不封弥誊录、令诸路转运使兼接察使纠举所部官吏的作用估价等则持不同见解，与改革派的代表人物欧阳修等也发生了一些冲突。伴随"庆历新政"的推行，统治阶级内部的党争呈现出复杂的状态，不同人物、不同派别对新政的态度，不可能用全盘否定或全盘肯定来概括。荐包拯入朝的王拱宸，原曾参与新政的制定，后转为反新政的重要人物。包拯对新政采取了具体分析的客观态度，是则是，非则非，旗帜鲜明地发表见解；尤其是在新政基本失败后，他仍对所认为其中正确的抑侥幸、即考试奏荫子弟等措施予以维护，表现了一个正直官员的应有品质。

包拯任御史期间，首要关心的是吏治问题，这也是"庆历新政"中的热点问题。他结合自己长期生活于民间及任州县地方官的经验，先后奏上《论取士》《论县令轻授》《请选广南知州》等澄清吏治、选任贤才、安抚百姓的论奏，指出现在取士用人多不实，挟权势之人耻为县官，"不由为县，便作通判、知州，洎为长吏，昧于民情"。在当今边防未宁、民力困竭情势之下，"全藉廉干官吏多方绥抚"。他猛烈抨击贪残百姓的淮南转运使魏兼、按察使张可久诸人，使朝廷重罚贪赃枉法的官吏，使"廉吏知所劝，贪夫知所惧"。对遭严重旱灾的江淮地区、受"大雨雪"袭击的河南陈州地区，包拯一再呼吁朝廷尽快派官安抚，免除灾民赋税方面"折变"（即钱物相折，增加税额）的负担，避免民户流亡，"强壮者尽为盗赋，老弱者转死沟壑"。虽然包拯很多的奏疏都没有得到有效的实施，但在新政之后，包拯已经成了新一批改革官员中的代表。

由于宋王朝的保守势力盘根错节，而富有进取改革精神的官员往往得不到有效的支持，并且由于仁宗的优柔寡断、意志不坚，使得这场革新运动很快夭折。这也说明了任何朝代，要想真正地做到改革政治，都不是一件容易的事情，而往往是复杂曲折的。包拯作为一位谏官，在这样复杂的形势下，能够避其锋芒，后来全力改革，确实很高明。

朝臣倾轧，人人自危

"庆历新政"的夭折，对朝廷来说是一个不小的损失。这次改革失败后，朝廷中的一些富有进取精神的官员往往得不到重用。面对这样的情况，包拯孤掌难鸣，更感觉到知音难觅。虽然随后几年包拯的仕途很顺利，并且也深得仁宗倚重，但是由于当时的朝政已经很混乱，随后发生的事情，更是让包拯感到抱负难以实现，不仅如此，此时朝中也是互

铁面无私

包拯

相倾轧，弄得人人自危，此时的包拯已经少了很多的锋芒，转而开始妥协。

皇祐三年（1051）冬，吴奎因遭到御史唐介弹劾，出知密州。包拯闻知，奏上《请留吴奎依旧供职》，不见仁宗采纳。面对这样的局势，包拯感到非常失望，由此也开始有了远离朝政的念头。

其实，早在张尧佐当上了宣徽使的时候，以包拯为首的谏官们已经妥协。当时很多官员都以为这场风波已经平息了，然而，世事总是难以预料。就在这场风波过后没多久，也就是同年十月，在朝廷上发生了殿中侍御史唐介弹劾宰相文彦博进而弹劾谏官吴奎事件。唐介，字子方，江陵（今湖北荆州市江陵县）人。中举后，曾任牙陵尉、平江令、任丘县令，后入京任监察御史里行，转殿中侍御史。去年张尧佐除四使时，唐介同包拯、吴奎等人一起进谏，又请中丞王举正留百官班廷论，最后夺掉张尧佐二使。唐介在这次极谏过程中，十分敢言，特加六品官服。这次张尧佐正式除为宣徽使、知河阳，唐介对台谏官同事说："这是要真给宣徽使，假借河阳为名。我辈不能就此罢手。"但有人说："补外任官，不足争。"大家再也不想出头，实际连包拯也已不敢公开廷争。就在这种情况下，唐介单独一人，公开站出来弹劾张尧佐任宣徽使不当，进行力争。

然而，此时的仁宗已经没有了当初励精图治的雄心了。面对唐介的举动，仁宗感到很突然，也很意外。虽然他允许谏官直言，但这也是有一定的忍耐程度的，要是超出了他的底线，挑战了他的权力，他也会龙颜大怒，而这样的结果往往不堪设想。当时，听到唐介的弹劾，宋仁宗只是推托解释，并对唐介说："任命决定，出于中书。"仁宗以为唐介会就此止步，但唐介当即非常痛快地回答："这样，我就弹劾执政大臣！"唐介退殿后，请求全御史台官员上殿，仁宗没有批准。随后，唐介自己请求贬官，也没有答复。于是，他单枪匹马弹劾宰相文彦博。唐介面对仁宗上奏说："文彦博知益州时，专门织造一种灯笼锦，通过宦官带入宫中，送给张贵妃。文彦博获得了张贵妃的欢心，所以被提拔为执政官。等到恩州平定王则之乱，文彦博依靠明镐的功劳，当上了宰相。昨天张尧佐除宣徽使，臣几次论奏，陛下亲自发话，说这是中书进拟的任命，以此知道不是陛下你的本意，主要是文彦博奸谋迎合，显抬张尧佐阴结张贵妃。外使陛下陷入偏私后宫之名，内实自为谋身之计，为他一己之私！"唐介又上奏说："文彦博过去要求外任，谏官吴奎与文彦博相为表里，制造舆论，说文彦博有才，国家依赖，不可罢去。臣见文彦博当了宰相，独专大权，几所除授官职，多非公议，恩赏之出，都有私人关系。目前，三司、开封、谏官、法寺、两制、三馆、诸司各种要职，统统出自文彦博之手。这些人互相援引勾结，借助声势，妄想威福一出于己，不让别人有所议论。臣请求罢去文彦博，以富弼代替他。臣与富弼素昧平生，不敢同他有什么私情。"

仁宗听后怒道："像你这个样子，一定要加以贬窜！"唐介并不理会，他慢慢地读完奏章，又坚决地说："臣忠义愤激，虽加鼎镬，在所不避，何敢辞贬窜！"看到这种情形，仁宗急忙于龙座上发话，召来二府大臣，把唐介的奏章给他们看，并说："唐介讲别的事情可以，至于说文彦博因贵妃得执政，这算什么话！至于进用宰相，这样的大事，谁人可以乱干预，而唐介居然推荐富弼！"当时文彦博站在仁宗面前，唐介一不做，二不休，当面对他说："文彦博应该自问反省，假如有这种事，不应该隐瞒！"文彦博到底比较冷静老练，他一句话也没有说，只是连连作揖，拜谢不止。当时枢密副使梁适看到这种僵局，大喝唐介下殿。仁宗下令，把唐介送御史台治罪。当时文彦博作为宰相，又是一个被告，他要表示自己的风度，向仁宗再拜说："台官言事，是他的本职，希望不要加罪。"仁宗还是没有批准。这样反复，让仁宗非常恼怒。看到仁宗龙颜大怒，朝堂之上，百官大惊失色，谁也不敢出来劝

铁面无私

包拯

谏，只有右正言蔡襄，单独进言说："唐介实在狂直，然而，让臣子把话说尽，能够容受，这是帝王的盛德。"御史中丞王举正也上疏说，责罚唐介任春州（今广东阳春）别驾太重。仁宗也慢慢冷静下来，还有一点后悔。他下告谕，改责唐介英州（今广东英德）别驾。

张尧佐曾是文彦博父亲的门客，文彦博知益州，是张贵妃出的力。张贵妃确实曾让文彦博织造灯笼锦，张贵妃把灯笼锦缝成衣服穿在身上后，仁宗看到了很惊讶，问她从何而得。张贵妃一本正经地说："是文彦博所织，彦博与妾父有旧。然妾何能使令文彦博，还不是托陛下之福吗？"这一番话，说得仁宗打心眼里高兴，从此对文彦博有了好印象。后来文彦博当上了参知政事，王则叛乱，仁宗派明镐去讨伐，没有大进展，仁宗很担忧，曾对张贵妃发过牢骚："满朝大臣，没有一个能处理好国家大事的，日日上殿，有何用处！"张贵妃就秘密派人给文彦博传话。第二天，文彦博入宫，请求亲自去讨伐王则，仁宗大喜。后来明镐的讨伐也有了进展，王则之乱平定，文彦博就地在军中拜相。唐介以进谏时失礼的罪名被贬，文彦博受到弹劾，当然要自动请求罢相，这是大家预料得到的官样文章。一般讲，如果没有什么问题，即使遭到别人诬奏，仁宗也是会加以挽留的。但仁宗这次对于文彦博的请求，并未加以挽留，而是比较痛快地加以批准。文彦博带了吏部尚书、观文殿大学士的职衔，出知许州。文彦博罢相，在名义上当然不会提起灯笼锦等问题，但宫廷政治中的奥秘，恐怕只有仁宗、张贵妃和文彦博三个人知道。随着文彦博罢相，谏官吴奎也受到降黜，出知密州（今山东诸城）。仁宗的这种处理方法，似乎叫人感到比较公平。他的办法就是，把弹劾者、被弹劾者双方都加以处理，他做给臣下们看，似乎没有偏袒任何一方。

一个殿中侍御史，敢于诤谏，一下子把堂堂宰相拉下马来，在全天下传为美谈，大家都表示赞赏钦佩。唐介演独角戏，是孤立无援的，当时的台谏官们，谁也没有敢同他站在一起。包拯在这场风波中保持冷静，没有卷进来。但等到吴奎出知密州时，包拯才有所动静。吴奎同包拯、陈旭一起，同为谏院的谏官，平时关系极为密切。他们在政治上的观点基本上是一致的，在很多问题上进行合作，很多弹劾奏章，他们都是一同署名的，他们很自然地团结成一个整体。吴奎出知密州，谏院中少了一个伙伴，其实是少了一份力量，这个整体遭到了破坏。包拯在面见仁宗时，仁宗告诉他吴奎被贬的原因，主要是受了文彦博的牵累。

随后，包拯极自然地上章请求挽留吴奎，他专门上了《请留吴奎依旧供职》疏。包拯对于唐介，显然没有同情的态度，相反，还有一定的意见。奏疏说："臣伏闻敕差起居合人吴奎知密州。臣近因上殿，亲奉德音宣谕，以唐介弹奏大臣，事及吴奎，臣亦粗陈本末。缘吴奎荷陛下不次擢用，孜孜言事，不避权幸，以是忌疾者众，非陛下英明博照，无保全之理。况唐介轻妄之词，诬罔无听，固对鉴悉以辨明矣。臣以无状，待罪谏列，不能补报，从负天下之责；岂可见朝廷事有过举，循默不言，而令谏官横被恶名哉！虽吴奎补郡，私愿甚便，然公议痛惜之，伏望圣慈且令依旧供职。臣区区之心，非为吴奎，所惜者朝廷事体，盖不欲使奸邪者得计，则臣之责塞矣。惟圣度曲赐裁察，则天下幸甚。"

其实，在这里，包拯的做法是很容易被理解的。包拯是在替吴奎辩护，同时也是在为自己辩护，更是为自己所在的谏官整体辩护。通过这次唐介弹劾文彦博，台谏官们在弹劾的对象方面有所转移，大家把张尧佐放过去了。而以唐介为代表的御史，把弹劾的火力转移到文彦博的身上，但恰恰因为这样一个转移，碰到了当时统治集团内部派别关系的痛处。唐介并非弹劾文彦博一个人，而是弹劾整个文彦博集团。由于派别关系不同，利害关系也就不同，御史和谏官分道扬镳，开始分裂了。唐介在弹劾文彦博时严厉抨击吴奎，说吴奎同文彦博密切勾结，互为表里，就是台谏官分裂的最好证明，而现在包拯的这份辩护书，也是台谏

铁面无私

包拯

官分裂的一个最好证明。仁宗看了包拯的这份奏章，他发表了这样一个评论："唐介昨儿说吴奎和包拯，都阴结文彦博。现在看了包拯的这个奏章，则知道唐介的话并不是诬说。"这个评论，说明唐介弹劾文彦博是正确的，而包拯替吴奎进行辩护，正好在仁宗面前进行了一次派别关系的自我暴露。要知道，不管在哪个朝代，君王最忌讳的都是朝中大臣结党营私，这个时候包拯的行为实在不明智，而且他以往那种独善其身的一切努力都白费了。

然而，包拯对于自己的这些做法并没有感到后悔。包拯与文彦博是同窗学友，又是同年进士，仕宦之后彼此关照。包拯病故之后文彦博对其儿女给予特别关照，并上《举包绶》疏，为其争得少府监丞官职。此外，文彦博还将自己的小女儿嫁与包绶，这足以说明包拯与文彦博的特殊关系。唐介在弹劾文彦博时，对朝廷内部的各种势力，特别是文彦博集团进行了揭发。唐介指出三司、开封、谏官、馆阁等重要职位，都是文彦博的帮派势力。张尧佐当三司使，他同文彦博的关系十分特殊，自不用说。曾经是包拯的推荐者，后来当三司使的王拱宸，这个人也是投靠张贵妃的。这个情况，等到后来王安石变法，是由王安石向宋神宗挑明的。再说开封府尹刘沆也明显是投靠张贵妃的。唐介把包拯、吴奎等谏官，也明确指为文彦博集团，现在由仁宗并包拯自身加以证实。我们清楚地看到，文彦博投靠了张贵妃，爬上了宰相的宝座，张贵妃是文彦博的后台。而作为谏官的包拯，他作为文彦博集团中的一员，张贵妃也是他的间接后台。官场似乎就是一张网，谁都摆脱不了这张网，包拯也不例外。

文彦博下台，挽留吴奎又失败，这给包拯造成很大的思想负担。从包拯自身来讲，在朝廷之上，他没有关系比较密切的支持者。唯一比较了解自己的，可能就是仁宗。但仁宗在目前情况下，对自己并不很支持，或者暂时没有支持的热情。这样，经过再三考虑，包拯向仁宗提

出，请求外任。然而，仁宗一直没有批准。随后，包拯连上了七个奏章，请求外任。但是，仁宗并没有接受包拯的要求，而是指示包拯依旧在谏院供职。这样，包拯逐渐渡过了自己政治上的一次危机。

然而，这件事过后，包拯知道仁宗已经开始不信任他了。也正是这件事之后，包拯开始对仁宗失去了信心。此后的时间里，包拯的谏言越来越少。在这个朝臣倾轧、人人自危的局势下，同时又得不到仁宗支持的时候，包拯的内心非常痛苦。这就是政治斗争的残酷，同时这也是朝廷的一个损失。

君臣失信，包拯意退

铁面无私

包拯

包拯一生政治上的主要表现是积极要求改革，在他的思想上充满了改革的色彩，而他进行净谏，是他要求改革的一种积极手段。包公看到政治机体中的肿瘤，要求加以摘除，希望看到新的健全的机体。由于希望看到光明的东西，所以痛恨黑暗的东西；由于希望挺身为国的人能够上台，所以对昏庸老朽之辈大加抨击。包拯上章弹劾宰相宋庠，说他"当政七年，阴拱持禄，窃位素餐，安处洋洋，以为得策"，说他"固位无耻"，这样的话使后来的读者流汗。包拯痛恨窃位误国，而迫切希望大有作为。包拯并不为净谏而净谏，而是按照自己的政治理想进行净谏。包拯在政治上是有一个蓝图的，他希望仁宗"判忠佞，抑侥幸，察左右爱憎之说，延中外谠直之议，慎重名器，振举纲目，使教悖于上，民悦于下，召天地之和气，致邦国于永宁"，希望有一个比较安定的政治局面出现。他针对当时的政治现实，提出"薄赋敛、宽力役、救荒馑"的纲领性意见，以为实行这三者，然后"幼有所养，老有所终，无天阙之伤，无庸词之苦"。他时时发出救济饥民、贫民，让这些人稍获苏息的呼声。他积极主张放免天下的欠负，主张罢免天下的科率，主张罢免折变，呼吁不要横征暴敛。同其他改革派人士比较，包拯明显地具有同情贫苦百姓的色彩。

开封包公祠

　　包拯一生为安民、救民做出了一定的努力，这是他作为改革派的最大特点。包拯一生还为加强国防、改进军队提出了大量的建议，也为解决军需问题做了大量的工作。他晚年主持三司工作，针对弊病，对全国的财政工作进行相当重大的改革，更加表现出他是一个有远见有魄力的改革派。从仁宗时期的政治来说，改革之声到处充溢，然而只有口号，没有实践。范仲淹这样有志向的人，也受到条件的限制，没有能够把改革工作正式铺开。仁宗时期有很多人不愧是有改革精神的人，范仲淹、杜衍、韩琦、富弼、欧阳修、张方平等人都为改革提出了很多见解，但像包拯这样能够在三司工作方面脚踏实地地进行改革的还不多见。

在仁宗时期，真正在改革方面做出了一些实际工作的，包拯是一个代表人物。但包拯作为改革派，有他自身的特点，就是讲求实际。包拯是有理想有理论的，但他不多在这方面张扬，他不喜欢发洋洋大论，他注重的是务实，把理想和理论融合在实际工作之中。在作风上，他同范仲淹和欧阳修等人是不同的。包拯在仁宗时期所做的改革工作，较之其他同代人是比较突出的。

包拯第一次感到了抱负不得实现，举措得不到仁宗支持的无奈。似乎感到自己对官场的理解是那样的肤浅，一场场无休无止的斗争，胜利者都是有条件的和暂时的，在绝大多数情况下，总是奸邪占上风，群魔乱舞，这就是几千年封建社会的历史事实。少数壮志凌云的进步改革家，只能在自己的理想中大做美梦，也只有在理想的王国里，才能得到安慰和满足，而在残酷的现实中，他们所拥有的只是斗争、孤独、悲愤和蹉跎，理想境界是万难降临的。

包拯是以身许国的人，在为官任上，他奋斗不息，从未想到过退步。然而，两年的谏官生涯使他感慨万端。虽不能说毫无作为，但是总有着大志难伸的感觉，同时也和自己的志向相差甚远。朝廷的陈腐空气照例弥漫不息，权幸大臣照例醉生梦死，忠直贤良得不到重用，才能之士照例被贬斥在外，看透了这些，包拯深深地感到前途的渺茫。然而，在这段时间里，庆幸的是仁宗信任，未遭斥逐。但是，从他上疏暴露自己的立场之后，仁宗就开始猜忌他了，而自己对仁宗也渐渐失去了信心。这是一件很可怕的事情，包拯深知，得不到仁宗的信任，就很难再施展自己的抱负，忧虑之情溢于言表，而请求外任也就是情理之中的事情了。

然而，仁宗也是一个举棋不定的人，他知道，朝中很难再有像包拯这样的直臣。尽管包拯在第一次上疏求外任时，就曾沉痛地说："臣以极陋至庸之质，过叼甄擢，猥参近侍，仍预谏职，才微责重，何以云补！伏惟陛下以英睿之德，兼夷旷之度，询求谠议，容纳愚直，此诚臣百千载之一遇也。然以位疏言贱，罕或施行，上则负陛下求治之心，下则忤执政用才之意。且忠良介特之士在下既不能进，奸猾苛暴之人居职又不能退，公议日迫，无以逃责，久兹忝冒，实不遑宁。伏望陛下悯以无他，矜乎不逮，宽其罪戾，赐以保全，俾出领于单麾，庶少图于薄效。臣欲乞江浙一次知州任使，臣无任恳愿激切之至。"但是，仁宗还是很难下决定。在这份奏疏中，包拯表达了怨恨而求退的真心话，同时也表现出了无可奈何的惆怅，要求去小郡薄效微力。包拯也知道，只有躲过这场政治危机才能再有斗争的机会，韬光养晦不只是躲避，更重要的是积蓄力量、寻找机会。后来仁宗劝慰他"依旧供职"，才暂留京师。现在又供职几个月了，而且离开朝廷的思想又加深了一层，他接二连三地求去，几乎是破釜沉舟，义无反顾。

包拯一再求去，仁宗一再挽留。一个说"才无所长，愚有不逮，理宜知退"；一个说在谏院"未及二年，依旧供职"，其实都是借口。包拯第四次上疏求外任，像下决绝书似的说："臣当坚辞所职，退避能贤，思之甚详，志方不夺。"然而，仁宗仍未允许，包拯的拗劲上来是无法回转的，他一鼓作气又连上三疏，反复其言，大动感情。最后一次求外任说："臣前后六次具状并札子陈乞外任差遣，近又准中书札子，奉圣旨以臣到院未及二年，依天禧元年新降诏书，令依旧供职者。臣迹孤望轻，才短责重，上不能广圣主之德，下不及救当时之弊，著乃愧不屋漏，罔恤人言，虽苟逭于邦刑，恐难逭于阴谴。伏望皇帝陛下察其审分，鉴此由衷，特推从欲之恩，免罗非据之咎。冒渎宸听，臣无任激切屏营之至。"话已说得不可再说了。包拯任河北都转运使仅仅四个月的时间，当年七月改任高阳关路安抚使、知瀛洲（今河北河间），第一次当了镇守边关的统帅，管辖瀛洲、雄州、冀州、沧州、莫州、保定军、信安军等十个州军。在整军安边的过程中，他发现了一位人才，名叫张田。后来，张田虽然未居显职，但在包拯的关系史上占有某种特殊地位，这里需要介绍一番。张田，字公载，澶渊人，任信安军通判，是包拯的下属。他著有《边说》七篇，对边境情况的记载和分析十分精当，包拯大为赏识，认为他是贤良才上。包拯写了一篇《进张田边说状》，将张田及《边说》推荐给仁宗。他称道张田"性质端劲，文艺该博，周知河溯之事"；又赞扬《边说》是"词理切直，深究时病"，请仁宗与执政大臣"参议可否"，实际上是在推荐张田的才能。仁宗览奏，知道包拯虽赴外任，意志并未消沉，仍然尽职尽责，关心国事和人才，心里非常高兴，立即给张田下了一道嘉奖令。

包拯辨识人才是有眼力的，后来，张田历任知州，"临政以清，治有善绩"。欧阳修曾荐举他有才能，苏轼称他是"廉吏"，后因指拂奸邪夏竦而遭到过贬谪。他任湖南提点刑狱时，对不法官吏惩治较重，被唐介和司马光称为"倾险"，改知湖州和庐州。张田崇敬包拯，又有知遇之恩，所以他一直称自己是包拯的门生，努力像包拯那样做人和行事。宋英宗治平元年（1064），张田知庐州，到了包拯的故乡。这时，包拯已去世三年了，他在包家阅览了包拯一生的谏章草稿和御赐书简，感慨良深，选编为十卷，分为三十门，共一百七十一篇，刻印成书，名曰《孝肃包公奏议集》。

包拯这次外任，从思想和情绪来说，都是包拯低落的一种表现，同时还有他壮志难酬的凄凉。包拯离开谏院的时候，就很明显地表露出仁宗对他的态度已经冷淡下来了。这种冷淡的态度，在包拯思想上的反映是对现实政治的建议大大减少。在封建社会，这种君臣失信的事情，很多时候都是一种损失，而包拯此时的心境恐怕只有他自己才能真正了解。

铁面无私

包拯

第六章

鞠躬尽瘁　断案之外有奇功

　　包拯为官二十余载，功绩卓著。或许流传最突出的是他在断案方面的才能，事实上，除了这点，包拯在政治、经济、军事、外事等方面都做出了巨大的贡献。他一心革新政治，重振法度，增加财政，整饬军备，出使他国，为宋朝的稳定和百姓的安定立下了汗马功劳。虽然他的很多建议到最后并没有得到大力实施，但是，他为国为民的精神境界永远闪耀着光芒！

革除弊政，清明政治

　　包拯一生功绩卓著，对大宋朝有着多方面的贡献。父母在世时，包拯全心行孝，而将对国家的忠暂时搁置；当父母去世后，包拯就开始以天下为己任，效忠朝廷，为国为民，鞠躬尽瘁，死而后已。虽然在大多数人的眼中，包拯是以断案传世，事实上，除了断案，包拯在法制、吏治、经济等方面都有着突出的贡献，这些功绩也都是他一生的写照。

　　在政治上，包拯是一个坚定的改革者，虽然"庆历新政"失败了，但是在后来的为官中，他始终坚持改革，以图朝廷政治清明，百姓安居乐业。不管身处哪里，他始终坚持向仁宗进言献策，尽管后来遭受猜忌，但是对国家的忠诚始终没有改变。虽然由于当时的朝政积重难返，他的很多政治主张没有被采纳，但他在改革政治上的地位是不容忽视的。

　　当时，为了避免藩镇割据的局面再次出现，宋朝一改过去的制度，将权力都集中在皇帝一个人手中。然而，由于没有意识到改革中容易出现的问题，因而凭空增设了很多冗滥的机构和人员，极大地削弱了各级机构的办事能力。官员增多的来源是荫补与科举。荫补是朝廷赐给的官爵，即使小孩也能当官，枉食朝廷俸禄。科举是先考诗赋后考策论，使很多不知治国安邦之策的文人骚客当上进士，加之考场腐败，真正的人才难以录用。荫补和腐败的科举使吏风日益颓坏。

　　在对这样的现状进行深入的调查研究之后，包拯又仔细研究了历代的政权机构和官员状况，综合这些，包拯上疏仁宗，提出了一系列革除

铁面无私

包拯

弊政等建议，这些建议主要包括严肃纲纪、采纳谏言、选贤任能以及赏罚分明等方面。这些建议都是包拯在仔细了解了朝廷在这些方面的弊端之后提出的，对于清明政治、振兴朝纲有着很好的作用。然而由于这些弊端由来已久，尽管包拯一再坚持，但是效果并不明显。

在改革科举中的一些弊端方面，包拯向仁宗上疏了《论取士》，在这个奏疏中，包拯提出了自己的观点。包拯说："故治乱之源，在求贤取士得其人而已。""以贤知贤，以能知能，知而用之之谓也。"为了达到这个效果，就要严格科举制度。然而，当时在科考场上，贪污受贿的现象非常严重，针对这个问题，包拯又给仁宗上疏《请依旧封弥誊录考核举人》，要求各地试官、监试官秉公办事，严格采用"封弥""誊录"的方法，这样一来，阅卷人员就无法认出这是谁的卷子，就可以在很大程度上消除作弊的现象，这样也就能够减少贪污受贿的现象了。不仅如此，在提出改革科举中一些措施的同时，包拯提出了一系列选拔官吏的建议，主要就是对荫补人员要经过严格的考试，杜塞冗滥；运用乡学、州学的保荐制度提拔人才；迅速以新官代替奸佞来革新政弊。这些建议，对于改革朝政、澄清吏治有很大的作用。

第二，在选择人才方面，包拯提出严格考核官员的才能，任人唯贤，为此，包拯向仁宗上疏《七事》。包拯认为，对于"能尽心敢救天下之弊，敢当天下之责者"要委以重任，让他们发挥出自己的才能效忠朝廷。而对那些"阴拱循默，持禄取容，嫉贤妒能，以一己为计"之人，"宜速罢免"。包拯的这个建议不仅是说一些普通官员，而是包括宰相在内的所有官员。不仅如此，包拯还特别强调了对宰相的要求，这样也就有了后来弹劾宋庠等人的事情。包拯并没有专门针对谁，而是从大局出发。他身为谏官，对身居高位的谏议大夫也很重视，这些人能规谏君主、评议朝政，影响皇上的决策。可是朝廷对谏议大夫的委派，只凭资历叙迁，不讲才德，以致有些居心不良之徒，借此重任，浸毁朝

政，诽谤忠臣，危害极大。为此，包拯在《请选谏大夫》中，向仁宗建议："臣欲乞今后应少卿、少监等，该磨勘改官，如曾经职司，委是素有才望，为众所推者，方得转谏议大夫，其余不得徇入，止绥以大卿监，所贵官无滥进，流品益清。"谏官主要就是向皇上建言献策的，如果任用不当，很可能就会误国误民，因此，包拯对谏官的要求也是决不姑息的。

包拯在《论台官言事》中，希望皇上在充分发挥谏官的政治权力时，必须严惩徇私，防止舞弊，他说："今后御史等凡有弹奏，事或过当，更不令分析及取戒励，若乃阿意徇私，即乞重行责降。如此，则上彰陛下好谏之德，下免朝廷过举之失。"包拯还以同样的要求，约束内臣。他认为，内臣为宫廷之侍从，朝夕伴君，关系密切，最容易恃恩骄暴、飞扬跋扈，甚至挟持皇帝、欺压群僚。包拯在《论内臣事》中，转引宋真宗的话来告诫仁宗。真宗说："前代内臣恃恩姿横蠹政害物，朕常深以为戒。至于班秩赐与，不使过分，有过未尝矜贷，此辈常以畏惧。"其意是真宗对内臣的专横害政深以为戒，对内臣的荣誉地位从不过赏，对于犯有过失的内臣也不轻饶。为此，包拯提出对内臣的过失"制之于渐"，把祸患消灭于萌芽状态，不使滋生蔓延，以至于不可收拾。对于其他官吏的任用升迁，包拯也反对论资排辈、叙年迁官。包拯还严厉地提出，在举荐提点刑狱时，如果举主所荐之人不合格，不但举主要受谴责，还要另派他人来代替所举之人的官职。

为了使这项奏疏更加有效，包拯还对审官院提出了一些批评。包拯在《请令审官院以黜陟状定差遣先后》的奏议中指出："臣窃见审官院差京朝官并循旧例，以到院先后为限，未尝较辨贤否。论次殿最，清浊一涸，流品不分，但以名次补阙而已，甚非委重近臣审择之意。"为此，包拯提出具体的改进方法：凡京官、朝官，从初仕之日起，应一律加以考查。所有官吏应该分成上、中、下三等。凡是在职期间，有五人

铁面无私

包拯

包公湖

推举升官，而本人又无罪行的，可列为上等；凡是在职期间，有一二人推举升官，或者虽无人推举却并无罪行者，可列为中等；凡是在职期间，有过罪行并又经过处分的则列为下等。对于这上、中、下三等官吏，必须按照具体情况分别予以升黜，"如此，则进者知劝，退者知惧。旌别淑慝，无大于此"。

第三，广开言路，开诚布公，不偏信一人之言。包拯发现有些奸臣常常利用宋仁宗能够在某种情况下听取一些意见的特点，借机用花言巧语来兜售错误意见，甚至施奸计诬陷贤臣。包拯不仅揭露那些巧伪者的惯用伎俩，还提出采纳群议的方法。他希望仁宗听到群臣的议论时，要先考虑这种议论的动机和效果，特别是这种议论是否符合实际；遇到难以分辨的问题时，可交给有关官员处理，让他们帮助核实真伪、明辨是非。为了确保朝政大事的审慎决策，包拯在《请复封驳》的奏议中，希望仁宗恢复并加强封驳制度。所谓封驳，就是皇帝的诏书如有欠妥之处，一律由左曹给事中封存起来，等待奏请皇上修改完毕之后，再行宣旨，这对修明政事、选择官吏都有一定的意义。包拯还写《论诏令数更易》上疏仁宗，希望大事审慎，国有常规。当时，朝廷命令有时朝令夕改，国无常规。包拯在上疏中说："民知命令之不足信，则赏罚何以沮劝乎？臣欲乞今后朝廷凡处置事宜，申明制度，不可不慎重。或臣僚上言利害，并请先下两制集议，如可为经久之制，方许颁行。于后或小有异同，非蠹政害民者，不可数有更易。如此，则法存画一，国有常格，伏望少留圣意，天下幸甚。"

包拯在朝为官，做事谨慎认真，实事求是，为改革当时的一些弊政做出很大的努力，遗憾的是，很多的措施都没有得到有力的执行。

开源节流，增加财政

仁宗庆历后期，国库空虚，财用十分紧张。每逢皇上郊祭的年头，还要支付巨款，以供赏赐群臣之用。宋朝以来，每年国库税收多来自江浙一带。然而，后来由于旱涝连年，商业萧条，上贡财物大大减少，其他州郡上贡的财物更是大减。在这样的形势下，由于仁宗过于挥霍，使得国家的经济日益衰败，国势江河日下。

面对这样严峻的形势，包拯更是忧虑万分，后来，他在《请选内外计臣》中，建议仁宗精选三司使、转运使等计臣，来整理财务，渡过难关。他说："今之总邦计者，内则三司使，外则转运使，当此财用窘乏之际，居职者尤宜金求才杰之士，俾之兴利除害，庶几可济。若乃上下循默，恬然以为无事，不务更张措置，必恐日甚一日，有不可救之患矣。"包拯对滥赏官职、滥赐官禄的做法也提出意见。仁宗时期还有一种歪风，即营造宫殿寺观的使臣，为了报功求赏，往往小题大做，谎报工程项目。为了减少一切不必要的开支，杜绝奸佞之徒冒功悻进，包拯在《应修造使臣乞依宣命不得乞转官》中建议："除营房仓库等合修葺外，应系寺观园苑不急之处，且乞一切权罢。"包拯提出，凡监修官员及主要工匠，有显著劳绩的只能按功行赏，而不准晋升职位。那些修缮使臣当然就难擢升了。

自古以来，为君者当知，民者，国之本也。要想让国家长治久安，繁荣昌盛，百姓安居乐业，就要懂得休养生息，减轻百姓的负担。然而，当时朝中支出非常大，而且很多地方连年灾害，使得百姓无以为生，同时也导致国库日渐空虚。针对这种日益严重的形势，包拯从整个北宋王朝的长治久安、巩固发展出发，主张保民而王、发展经济。为了发展经济，他强调一方面要努力增加生产，一方面要尽量节省开支。包拯担任知谏院时，还奏请仁宗诏令三司，要他们上报全国欠税户的花名册，要求详载其姓名、年龄、籍贯、拖欠的款物、时间和原因，然后由皇上视其具体情况酌量处理，实在困难的予以减免。在增加生产方面，他不是就生产抓生产，而是从这一生产力中最活跃的因素着手，努力提高人的生产积极性。

包拯任三司使时掌管着国家财政，当时淮南、江浙和荆湖等地"数年以来，例皆薄熟，去秋亢旱尤甚，可熟三二分"，小麦等农作物受到严重威胁，又遇铺天盖地的蝗虫，农民的惨状可以想见。就在这时，中书省宣称要将庆历三年（1043）上供粮额里的一百万石小麦、十五万石大豆折钱缴纳，并规定小麦每石折钱九十四文，大豆每石折钱十八文，这样，规定的价格就比市价高出了两倍以上。包拯坚决反对这一决定，他要求通令各路，夏税麦、豆如果折交现金的，一律按照各处市价缴纳，如农民不愿折现金，也可以按照原征收实物数字缴纳小麦、大豆。但那批贪婪成性的州郡官吏，根本不遵行三司的通令，依然强迫农民按中书省规定的价格交款，一律不准缴纳实物。看到这样的情况，包拯非常气愤，并写奏折《请免江淮两浙折变》，严厉地谴责发运司："但务税计充盈，不虑民力困竭。上下相蒙，无所诉苦，为国敛怨，莫甚于此。"同时，包拯还了解到，河北路沿地区的州郡，土地瘠薄，地多人

少，常遭水灾，产量很低，加上地处边陲，经常要为抵御外敌出钱出力。针对这种情况，包拯写了《请免沿边人户折变》上疏仁宗："欲乞特降指挥，委转运司勘会，应沿边州军见系塘泊接连之处人户，二税今后只令纳本色，更不得一例折变及支移，使知朝廷患养之意，则援急可用。"

然而，只做到这样，还是很难减轻全国百姓的负担。后来，包拯经过深入而又仔细的调查，然后根据当朝的实际情况，上疏仁宗，提出了一系列增加国库收入、减轻百姓负担的措施，这些措施对缓解当时的严峻局势起到了巨大的作用。包拯的这些措施，概括地说就是开源节流，发展生产，具体措施有薄赋敛、宽力役、救荒馑、保耕地、兴水利、重工商、减冗杂、节用度、禁金饰、挽奢风等。

北宋时常出现灾情，包拯对灾区特别关心，经常上疏提请皇上重视，赈济灾民。江浙、荆湖等路天久不雨，田禾枯旱，出现赤地千里的严重旱情，一时米价腾贵，民不聊生。当时包拯任监察御史，立即上疏仁宗《请支义仓米赈给百姓》，要求各地迅速开仓放粮。

江淮六路发生旱灾，百姓无米下锅，但州县之官仍然日日催促卖米。任监察御史的包拯，给仁宗上疏《请救济江淮饥民》："民储已竭，配者未已，纵有米价，率无可籴。父子皇皇，相顾不救，老弱者死于沟洫，少壮者聚为盗贼。不幸奸雄乘间而起，则不可则矣。"

民以食为天，而土地又是百姓吃饱肚子的根本，包拯非常重视保护农民的耕地，确保他们能很好地发展农业生产。但是由于当时占用民田的现象非常严重，于是，包拯在《请将邢、洛州牧马地给与人户依旧耕地》的奏折中建议仁宗下诏，不要随便收回耕地，任意牧马。包拯还进一步指出，由于河北地居南北要冲，又是宋廷抗御契丹的前哨阵地，如果随意夺农民衣食就会严重影响农民的感情，一旦遇到灾荒或外敌侵扰，就会产生严重后果。仁宗果然采纳了包拯的建议，两年之后，这里

的百姓安居乐业，而且人口也比以往增加了很多，这一措施可以说是非常得民心的。

北宋仁宗年间，由于黄河经常泛滥，每年要抽调大量民夫修治。由于只顾一味修塞商胡口，而不知抓关键疏通横陇故道，致使黄河不但无法根治，而且动用的劳役越来越多，严重影响生产的发展。当仁宗令包拯修塞商胡口时，他在《论修商胡口》一文中写道："若河水汇注，未得通快，则商胡固难预修，修之则溃溢之害立可待也。况顷岁之决，只以改说横垅壅阏，水势不快，遂改溃溢。今若不先议开理水说，使之浚流，便欲修塞商胡，不惟必有后患，乃是重起八年科率之弊，虚困六路凋残之民耳！"

同时，包拯还在奏折中说："伏望圣慈特出宸断，以河朔久罹水患，须议疏塞，即乞且拨那内芷见钱百万贯，令三司专功收管，积薪聚粮，豫为具备，其余即令中等以上人户敷配。"

北宋时，随着农业生产的发展，工商也活跃起来。包拯很重视工业和商业，对生产的发展提出了很多好的建议。为了发展冶铁生产，包拯对生产的全过程进行了认真研究，并到各地具体调查。通过调查，包拯了解到那里的冶铁人户，到了家境贫困无力冶铁时，也要向官府缴纳生铁，所以弄得难以为生，甚至倾家荡产。这种情形，使得有些富户也不敢申请冶铁，生铁的产量也就自然下降了。包拯还建议朝廷派员调查，对那些真正无力起冶的人家准予免交生铁；若是州县官吏与冶户联合舞弊者，予以惩处；对那些告发有功者，则应予以适当的奖励。包拯的这些意见，能使贫困冶户不至破产，于是富裕人家就积极申请炼铁。这不仅有利于冶铁事业的发展，还不至使赃官从中投机，因而得到皇帝的赞许。

不仅如此，包拯还从朝廷自身的情况出发，建议节省开支，减少浪费。针对这点，包拯从朝廷官员冗杂着手，向仁宗上疏，他说："臣以为冗吏耗于上，冗兵耗于下，欲救其弊，当治其源，在乎减冗杂而节用途。……伏望上体祖宗之成宪，下恤生灵之重困……则宜艰难选举，澄汰冗杂。"同时，他还针对宫中奢华之风，向仁宗上疏《请断销金等事》，他引用先帝真宗的话来规劝。真宗说："除大礼法物外，上从中禁，下暨庶邦，但系衣服装着之类，土木玩用之物，并不得以金为饰；如违，并科违制之罪；其元业匠人，辄更造作，犯者当行处斩。"

包拯

192

针对迎送外使的过程中存在的挥霍等情况，包拯向仁宗上疏，提出了具体建议：三番吏员只准在使臣出发的前一天离开汴京。使臣人员在沿途驿站停留时，只供一顿酒饭。如果使臣在沿途驿站不停，三番吏员不准无故向百姓搜取财物，并坚决反对三番吏员对使臣、伴送人员的任何请客送礼。三番吏员应在使臣过界的前一天启程返京。仁宗看到包拯的建议，非常赞同，决定不派三番吏员迎送契丹、西夏的国使。仁宗的诏书颁发后，得到很多官员，特别是雄州等地臣民的赞许。但事隔不久，又诏令三番吏员迎送契丹使臣。为此，包拯又写了《请免接送北使三番》上疏仁宗："今闻内降指挥复置，臣未测缘由，徒用惊骇。且三番为河北之患，积有岁年，日甚一日，诛求骚扰，公私不胜其害……今乃无故复置，窃为陛下痛惜之。惟陛下特留圣意，且依前降指挥寝罢，则天下幸甚。"然而，由于仁宗的朝令夕改，这些措施都没有发挥出作用。

包拯不管身在哪里，心里总是想着朝廷和天下的百姓。虽然他善于断案，但是为了更好地发展经济，增强国家的经济实力，他也开始寻找并最终找到让国家繁荣富强、百姓安居乐业之道，他在增加国家财政方面依然功不可没。

整饬军备，保国安民

北宋王朝是在五代十国割据混战的基础上，通过发动兵变建立的，其社会腐败势力没有通过农民大起义而彻底扫荡，加之北方新崛起的辽与西夏给宋朝造成很大威胁，使国力不能得到很大的发展。相对而言，北宋诸帝中，宋仁宗时期还是统治局面最为繁荣的，被史家称为北宋王朝"至平极盛之世"，这与宋仁宗崇尚改革、推行较为正确的国内外政策有关。包拯不仅在内政上，而且在外事上，为宋仁宗出谋策划、奋力工作。包拯有胆有略，辛劳奔波，力图整饬军备，保国安民，为宋王朝的兴盛立了很大功劳。

包拯生活的年代，内忧外患，战火不息，而朝廷却对外敌入侵采取忍辱求和的政策。在严重的外患面前，包拯屡次上书，积极主张固边备战，以御外侮。包拯一直很关心国家安危，时刻关注着契丹和西夏侵犯，并且向仁宗提出了《论契丹事宜》。包拯驳斥那种"屈己安民""屈意与和"的观点，指出所谓"四夷乃支体之疾"而不是"心腹之患"的观点是错误的。包拯说："四夷"确是"支体"，但是"支体之疾亦根于心腹，支体未宁，则心腹安得无患"？他提醒仁宗，不要相信什么"盟誓"，那是靠不住的。他引征《孙子兵法》说："无恃其不来，恃吾有以待之也；无恃其不攻，恃吾之不可攻也。"

包拯提到，先朝在与辽国订立盟约之后，曾有四十多年没有打仗。后来，对方进一步提出和亲、割地的要求，并提出要增加"岁币"，而朝廷怕为此而惹起战事，总是予以满足。这样表面上是一派升平景象，实质上却使朝野吏民产生了和平麻痹思想。皇祐元年（1049）正月，契丹与西夏的矛盾尖锐起来，暂时停止对北宋派遣贺正旦使，并正式派来使者通知伐夏之事。对于契丹的这个举动，包拯认为不能轻易听信，但也不能毫无准备。契丹很可能声东击西，以讨伐西夏为名，而对北宋进行突然袭击。包拯进一步指出，在战况如此严峻之际，河北路前哨的守军却是兵骄将懦，根本难以抵御顽敌。边境军粮马秣异常缺乏，士兵武器十分陈旧，训练可说是有名无实。再加上黄河年年泛滥成灾，农田大面积荒芜，致使河北人口死亡过半，社会上一片动荡不安。再加上代州至云州之间地形平坦，无险可据，更让人焦心。随后，仁宗下诏，让近侍之臣条对御边之策。

包拯在向仁宗提出的对策中，对西北的形势、山川屏障和重要防守地带，以及事先训练军队、储备粮草等问题，提出了详细意见。包拯尤其重视河北，它是边防重地，驻扎相当数量的重兵。但河北的形势相当困难，最主要的是，河北在供应军粮方面出现问题。庆历八年夏秋之间，黄河又于澶州（今河南濮阳附近）商胡埽决口；八月，河北路、京东路、京西路广大地区发生严重水灾。当年九月，仁宗曾下诏指示三司，以当年长江、淮河一带所运入京之米二百万斛调转给河北州军。在这样的形势下，朝廷于三月派遣包拯前往河北，着手解决军食调度问题。

为了减少边疆人民的负担，包拯又提出调移驻军往外地就食的主张。他建议驻扎在河北边境的军队，除少量必须留守者外，一律移驻河南。河南的收成较好，有力量养活一些士兵，一旦发生战争，调动军队比较容易。不仅如此，包拯在赴任时上殿朝见仁宗，递交了一个札子，

铁面无私

包拯

陈述关于筹置军粮的意见，他说："河北驻扎重兵，凡受灾害地方，严重缺乏军粮。朝廷虽然多方筹措，但还是支多收少，眼看夏秋二熟的收成也无希望。若不采取另外措施，将来必然严重缺少粮食。可是兵士一旦缺乏粮食，军中必然会发生兵乱。对于缺粮州军，不论官兵、士兵，可以根据情况调移到河东或近南粮食充足地区。一旦发生紧急情况，必不误事。等候情况好转，储备充足之时，可以逐渐调回原地。"包拯的建议，牵涉到军事方面的部署，这是摆脱军需方面严重困难的一个大胆行动，它具有战略意义。包拯在枢密院同意下，同河北四路安抚使并都转运司一起密切商量，把缺食州军的军队挪移到有粮草州军就食。河北四路，在庆历七年析置，指大名、真定、定州、瀛洲四路，除了行政长官，还各置都部署主持军事工作。包拯同四路安抚使、转运使仔细协商，最终这个方案得到仁宗的批准，当时下诏说："徙河北缺粮处士兵及戍兵近南州军，候经置边储有备，复令还屯。"

包拯还提出要重视边防驻军严守机密的问题。他在《请选雄州官吏》中说，河北路雄州距离契丹的边界只有三十多里，地形也很平坦，无险关可守。包拯不仅注重本朝的保密工作，还提出要努力搜集对方的情报，他在《请择探候人》中说，若不加强情报工作，只靠"大路消息"决策，"恐一日贼及境而不知也"。为此，他提出建立谍报工作的有关制度。他说谍报工作应由各州知州、通判亲自掌握；要确定刺探的项目和付酬的标准，以利调动谍报人员的积极性。包拯的这些举措都有着非常长远的战略眼光。

包拯还力主仁宗亲御便殿，召集宰辅勋臣、领兵将帅，统一思想，固边备战，而当务之急是选将练兵，修筑工事。由于多年不修边防，以致河北州军城池有些已经倾塌，塘泊也因多年不修，简直可以徒步走过。许多前线守军的武器，也坏损得很厉害。包拯在《乞河北添籴粮草》中恳求仁宗宣"日御便殿，召执政大臣与总兵戎帅，丁宁训谕，俾谋议划策，讲求将帅，练习兵旅，缮完城垒，以先警备之"。

在"讲求将帅"方面，包拯在《天章阁对策》中指出："臣闻将者，人之司命，而邦国安危所系。"他特别以杨家将的业绩作对比："先朝以骁将杨业守代州，创作城垒，于今赖之。"现在的情况是："右臣以懦庸之质，荷边帅之任，才轻责重，不能称职，进退隙越，罔知所措。"而选将不力的结果必然是"将领之选，未甚得人；卒伍之辈，复多骄情"，"一旦缓急用之，以庸谬之将，总骄情之卒，必先事而败，虽有犀甲利器，焉施哉！"对此包拯在《论兵将》的奏议中弹劾了边将郭承佑，希求皇上将他召回，另行安排。对于其他那些畏懦胆怯、老迈无能者，也要大刀阔斧地罢黜："沿边守将畏懦不胜任者，亦乞速赐移易。若不预为之具，缓急图之，则无及矣。"

在"练习兵旅"方面，包拯强调整顿军纪，增强战斗力。北宋的主要作战部队之一，称为宣毅军，都是用优厚的待遇招募而来的禁军，成分复杂。有些混进来的流氓无赖，与地方歹徒相互勾结，骄悍狂悖，无恶不作。包拯在《论宣毅军》中提出："互换屯驻，所贵散其凶党，免贻后悔。乃乞特降宣命，严赐约束，应有罪犯，并行决配。"包拯这一经常调换防地的建议，既能强化禁军，又能防止士兵起义，宋仁宗对此非常赏识。包拯还提出"惟有民兵可用"的主张，以减少养兵的费用，增强军队的作战能力。他在《请留禁军不差出诏置士兵》中提出："取其中稍富实者，令差出谷帛钱货，以给籍丁之贫家。"具体地说，像唐代李抱真那样，根据每户的田地多少、丁力多少，组建民兵，要让那些富裕户多出些钱财，来补助出丁的贫困人家。这样能使军队的数量大大增加，贫困人家又得到一些补助，富裕户也得到了安宁，既不花费国库的粮食白银，又会受到人民群众的拥护和欢迎。包拯有关民兵制的奏章，受到仁宗的重视。自仁宗采纳民兵制后，一直延续到北宋末年。大批的民兵，曾经在抗击金兵的无数战斗中，为巩固北宋王朝的边防，立

铁面无私

包拯

下赫赫战功。

包拯以身许国，他不仅做好了自己职责内的事情，而且还研究能增强国家各方面实力的内容，在经济、军事、政治上都有很多的建树，为北宋朝的稳定和发展做出了重大的贡献，不愧是大宋的一代名臣。

远赴契丹，有胆有略

辽国，原名契丹国，为北方契丹族于五代后梁贞明二年（916）建立，定都上京临潢府（今内蒙古自治区巴林左旗林东镇）。仁宗庆历二年（1042），辽兴宗耶律宗真见宋、夏连年征战不已，有机可乘，便在边界集结重兵，并派人向宋廷要求归还雄州以南的十县土地，双边关系又变得十分紧张。经过反复激烈的交涉，宋廷增加"岁赐"银十万两、绢十万匹，辽国放弃了索地的要求，关系方才恢复正常。

面对这样的形势，包拯忧心忡忡。于是，他根据自己对国家边防的了解和认识，写下《论契丹事宜》，向仁宗坦陈己见。包拯认为，辽国要求无厌，情伪可见。辽国官吏俸禄很低，人民衣食困难，有称兵南下、侵略中原的意图。他们的天性是贪财好利、残忍好杀，强则骄傲、弱则卑顺，历来都是中原的大患，对他们只有来则痛击、去则防守。现在必须加强对辽的防卫，可是沿边诸将称职的不多。他们不讲求方略，不训练士兵，没有带兵的本领，指挥部队劳逸不均，以致边防薄弱、仓库空虚，一旦发生情况，必然不战而败。为此，恳请仁宗选求将帅，精练士卒，广蓄粮草，做好打大仗的准备。

事实上，在经历了五代十国的分裂之后，宋朝统一全国，但是，这个时候的宋朝也是时刻面临着外患，从宋初到仁宗时期，甚至到北宋灭

亡，这些外患就一直存在。北宋的外事任务繁重而复杂，但是外事工作一直没有很好规范，有待于整顿、加强。包拯参与外事工作后，对这方面做了深入了解，在力所能及的范围内为规范外事工作尽心尽力，做出贡献。

庆历五年（1045）四月，辽国派遣使臣祝贺宋仁宗生辰乾元节，包拯作为送伴使陪送辽国使臣到国境线上的雄州。在这里，他发现宋廷在送往迎来中存在弊端与严重浪费现象，具体办理接待的人在迎送使臣动身前四五天就离开京城，向沿途驿站索取羊、面、鸡、鸭、鱼、兔之类，大摆筵席，招待两番使臣，铺张浪费。有的官员到了雄州，一住就是十几天，当地每天供应各色人等酒食七十余份，其他索要的财物还不在内，老百姓的负担很重。还有，按照惯例，客人过境日期都由迎送使臣到达雄州后决定，迎送使臣在雄州一般都要逗留两三天，有充分的时间做好接待准备。包拯了解到这些情况后，提出有关办事人不必提前太早赶到雄州，在一般情况下，接客提前一天，送客提前两天即可。包拯还提出，严格禁止办事人员沿途妄取财物，用酒肉互相招待、互送礼物，还明确规定送伴使和副使在客人过界的前一天回京。包拯认为只有这样做，沿途州、县驿站才比较容易接待，还能节省费用，避免骚扰百姓。

在沿边地区，包拯发现这里百姓的生活用品都由南北两边供应，衙役与各种公务人员好多还由原来北朝人户充当。这里官员议事，北朝的辽国人等都密切注意，有的事先泄露，渐成大害。为此，包拯特别提出对知州、通判、镇守武官的选用，要严肃认真。对选用的人员要加强教育，要有严格的规章制度，特别是保密制度。包拯还提出高阳关的主兵帅臣，亦须早日委派，不能欠缺。

庆历五年（1045）八月，包拯被委派出使辽国，做庆贺正旦使，这是当时北宋与辽国之间相互进行礼节性交往的使节。包拯这次出使，以

铁面无私

包拯

郭琼为正旦馆伴兼生辰馆伴、生辰国信使，以张希一为信使，祝贺即将到来的契丹重熙十五年的元旦佳节。

包拯原来的官职是监察御史，郭琼原来的官职是黄门通事舍人，这两个人办事都铁面无私，是出名的刚强人物，所不同的是郭琼没有包拯细心罢了。老百姓听到了这个消息，当作一个喜讯，大家奔走相告。因为过去朝廷对契丹实在太忍让、太迁就了，老百姓盼望能有扬眉吐气的一天，如今看到朝廷派包拯、郭琼前去，认为这是对契丹采取强硬外交的开端，当然很欢迎。

包拯和郭琼倒没有考虑朝廷的外事策略会有什么改变，因为宋仁宗并没有交代什么话，别的大臣也没有找他们谈过什么。出发之前，包拯约郭琼谈了几次，对于随从人员的选择、日程的安排和礼物的采办等等问题，两人的意见都很统一。所不同的是包拯把出使这件事看得很郑重，考虑的问题很多，而郭琼则认为是例行公事，没有什么了不起。

当时朝廷里最有声望的大臣范仲淹，对契丹人有着很深刻的了解，包拯打算先去拜访一次范仲淹，以便了解一些契丹的情况。他约郭琼一起去，郭琼认为没有必要，于是包拯就一个人单独去见范仲淹。范仲淹虽说声望很高，但在朝廷里并不握有实权，力量比较单薄，政治态度也有些消极，因此常以吟诗、饮酒来打发日子。听到包拯为了出使契丹而来访，自然十分高兴，随后，范仲淹把自己所知道的一切有关契丹的情况，全都告诉了包拯。再三叮嘱包拯对契丹不要过于忍让、迁就，因为契丹君臣是贪得无厌的，愈忍让迁就，事情就愈不好办。如果契丹提出什么过分的要求，一定要坚决拒绝，并且让包拯一举一动都要留神，因为契丹君臣做事往往不择手段，如不加提防，可能会吃大亏。

谈了一会儿之后，包拯就要回去了。分别时，范仲淹还亲自把包拯送到大门口，很激动地对包拯说："出使契丹，免不了要冒风霜雨雪、奔波跋涉，所以有些怕吃苦的人不愿接这个差使，总是想办法推托。当然朝廷既赋予大权，契丹也把使臣以宋王朝的代表相待，正因为如此，有的人认为这是个不错的发财机会。而朝中像你这样廉洁奉公、严肃认真地对待这件事的人，真是凤毛麟角啊！"

从范仲淹府中出来，包拯的心里很激动。当时，从汴京到契丹的上京，路程有两千多里，这中间有不少险要的关隘和渡口，包拯、郭琮所带的随从人员，包括兵丁、民夫一共有三十多人，再加马匹、车辆和所载运的礼物，队伍相当庞大。途中，包拯把范仲淹介绍的情况和叮嘱的话统统告诉了郭琮。郭琮听了以后，思想也逐渐扭转过来了，觉得包拯对出使契丹这样重视，而自己却比较轻视，心中顿感惭愧。于是他向包拯表示，今后一定处处留神，凡事都仔细研究。到达边境上的雄州、瀛洲等地时，文武官员们都像往年一样，举办了丰盛的筵席为他们送行，包拯和郭琮恳切地谢绝了。进入契丹国境的前夕，包拯特别告诫随从人员如果有人来探听宋朝的情况，无关紧要的，不妨含糊地敷衍几句，有关政治、军事的，绝不能随口乱说，尽可能回说"不知道"。契丹官员私下里赠送礼物、银钱，一概不能收。这两件事，如有违反，要严加惩办。除此之外，他又对大家说，契丹多年来一直以胜利者自居，常常盛气凌人，小的事情，能忍受的就算了，大的事情，绝不能马虎，别让契丹把我们看成是软骨头。那些随从人员见识有限，听了包拯的话，觉得未免小题大做，有的人还暗中笑包拯的胆子太小。宋朝派包拯、郭琮出使契丹的消息传到上京，契丹的君主以为又是一次向宋朝勒索的机会来了，打算土地、银两、绢丝什么都要一点。主张与宋朝友好的楚王萧孝穆告诉辽兴宗，说包拯、郭琮是宋朝铁面无私的清官，劝兴宗谨慎一些，以免自讨没趣。兴宗起初接受了楚王的意见，可是翰林学士刘六符仍旧怂恿兴宗抓紧机会，向宋朝多勒索一些财物，至于包拯、郭琮这两个人不容易对付，那么各种手段都可以试试，总有办法收拾他们的。兴宗没有多少主见，又忘了楚王的劝告，就完全依从了刘六符。他宣召负

铁面无私

包拯

责接待包拯的张宥进宫，叫张宥按刘六符的指示办事。

包拯在将要到达上京那天，看见远处尘土飞扬，把整个天空染得黄沌沌的，太阳光也被遮蔽了。大家都觉得今天的风并不猛烈，不至于扬起这样大的风沙，不免有些奇怪。他们继续向前走了一程，就听到了呐喊声，看到了成千上万的契丹士兵，才发现契丹军队正在进行大规模的操练，马匹往来如飞，旗甲鲜明夺目，就像真的打仗一般。就在这时候，张宥等一批前来迎接的契丹官员也出现了，一个个都是趾高气扬的样子。原来这一次操练是兴宗特地安排的，目的是为了向宋朝的使节夸耀自己的武力，给来者一个下马威。包拯一行人看穿了契丹的诡计，因此大家不动声色，当作没有看见一般。张宥这些人本来以为宋朝的使节看到这样大规模的操练会惊慌失措的，谁知他们竟出乎意料地镇定，自己反倒惶惑了，脸上得意非凡的神色也逐渐消失了。包拯注意到了这一点，心里暗自嘲笑。进了上京的南门以后，张宥把包拯一行人安顿在神水馆里住宿。这神水馆是契丹朝廷的迎宾馆之一，相当古老，也相当偏僻，平时一直是关闭着的，因此门窗一打开，扑面就是一股说不出的古怪气味。等张宥走了之后，包拯交代郭琮和其他人员，要大家格外警惕，因为被安排住在这里，肯定不是什么友好的表示。郭琮找了看大门的两个背驼耳聋的老头子闲聊了一阵子，知道从前曾有六七十个人生瘟疫病，死在这里。这是上京一座出名的古屋，关于这座古屋，流传着一些可怕的传说，而宋朝来的使节，是从来不住在这里的，这样，就更证实了包拯的看法是完全正确的。

入夜以后，刮起了北风，天色黑得像墨一般，整个一座神水馆中，只有包拯他们住的五个房间中有人，此外就是些没人住的空屋了，显得十分冷清。包拯查看了门窗，对大家说：“长途跋涉了很多日子，如今到达了目的地，正该好好休息才是，放心安睡好了。”为了防止发生意外，他吩咐兵丁们和衣而睡，不要睡得太死，身边要放好刀枪，一有动静，立即起来。这一夜，包拯和郭琼虽然也睡了，可却时常醒来，三更以后，包拯听到屋顶上有些声响，就叫睡在门口的兵丁起来查看。屋顶上的人知道下面已有戒备，假装几声猫叫，溜走了。

天亮以后，包拯和郭琼谈起夜里发生的事情，两个人都很气愤。郭琼又去和大门口的老头子聊了一阵子，据老头子说，夜里张宥手下的两个小官员来过，不久就走了，究竟来干什么事，他也不知道。郭琼估计上屋顶的事与这两个契丹官员有关。吃早饭的时候，张宥来了，表面上很客气，问晚上睡得好不好，早饭可对口味，包拯也很客气地一一回答了。郭琼本来想责问张宥，为什么夜里叫人上屋顶，是何居心，但见包拯不提，也就没有说。

在张宥的陪同下，包拯、郭琼去见了兴宗，当时在兴宗身边的只有刘六符一个人。虽然张宥已经告诉了刘六符，说包拯他们在上京南门外看了大规模的操练以后没有什么反应，刘六符却主观异常，认为包拯不过是故作镇定，骨子里也许已吓得魂飞魄散，因此要求兴宗对包拯继续施加压力。他又让包拯一行人住在神水馆，并且夜里派人上屋窥察动静。张宥虽然感到这种做法欠妥，但只能根据命令办事。至于包拯、郭琼有没有害怕，上屋顶的人有没有看到什么、听到什么，张宥也不想过问，刘六符则心里纳闷得很。

听了刘六符的话，兴宗的态度傲慢到了极点，对包拯和郭琼，尽是一副爱理不理的冷淡表情。毫无见识的刘六符沉不住气了，先开了腔，问包拯来的时候在上京南门外看到了什么没有。

包拯明明知道是指那一次大规模的操练，却回答说什么都没有看见。兴宗最得意的事情就是夸耀自己的军队和武力，这一次根据刘六符献的计谋，集中了一万多人，用了新制的旗帜、盔甲，举行了这样大规模的操练，宋朝的使节竟然会没有看见，岂不是白白张罗了一番？他用疑惑不解的眼光看着刘六符。

刘六符很不礼貌地追问："真的什么都没有看见吗？"

包拯严肃地回答刘六符："我们奉皇命前来祝贺契丹，以修两国和好。既非观光风景的游客，更非刺探军情的奸细，刘大人苦苦追问在上京南门外看见了什么，实在让人不解。刘大人有失大臣的体统事小，伤了两国和气的话，事情就非同小可了！"

这回答完全出于兴宗和刘六符的意料之外，一时间，他们竟想不出对答的话来。张宥看见局面很僵，马上插进来打圆场了，对包拯说："包大人千万别误会，刘大人绝没有盘问你的意思。因为昨天南门外正好有士兵在操练，怕有人不留心冲撞了你们，很不放心，所以特地问一声。"

刘六符马上接下去说："是啊，我很不放心，所以问一声。"包拯决心乘这个机会，对他们加以揭露。包拯义正词严地说："像刘大人这样关心我们宋朝使臣，可真不容易啊！古人说：'智者千虑，必有一失。'我看刘大人这一次也有考虑欠周详的地方，既然知道我们宋朝使臣胆子小，容易受惊吓，那么何不把这一次的操练换换地方，或者换一个日子呢？"

刘六符给包拯说得哑口无言，心里一急，面孔涨得像猪肝的颜色那样难看。兴宗即位多年，第一次遇到这样干练、刚强的宋朝使臣，心里倒有了几分敬意。一方面懊悔不该听信刘六符的话，对待人家太不礼貌；另一方面也暗自惭愧，他想来想去，契丹朝廷里就没有像包拯这样的人才。刘六符所担心的并不是在宋朝使臣面前丢面子，而是担心从此失去了兴宗的信任，因此还妄想把上风争回来。既然被包拯问得无话可答，索性把话摆明说，他对包拯说："选择什么时间、什么地点操练军队，这是我们契丹的事情，不劳宋朝使臣操心，也不容宋朝使臣过问。再说，宋朝也未必有这样勇猛善战的军队，让包大人看看，也好增长些见识，回到汴京，多一些谈话的资料。"

这一番话是不打自招，刘六符简直完全承认了举行操练的目的是向宋朝使者示威。这时，包拯不再以刘六符为对象，而直接对兴宗说："打仗固然靠军队，但是也要看看为什么打仗，师出无名的话，勇猛善战的军队也许不堪一击。数十年来，宋朝对契丹，输银两输丝绢，从未有所短少，如今又派臣等参加祝贺元旦大典，不想反而遭到陛下左右的威胁，言之痛心，不知陛下作何感想？"

兴宗知道刘六符说漏了嘴，只好说刘六符今天喝醉了酒，说话有失体统，请包拯原谅。再三声明，愿和宋朝和好，并无二心。包拯又对兴宗说："契丹能和宋朝和好，当然是件好事。依使臣之见，契丹虽有数万雄师，不要说兴兵南下，就说守卫上京，也仍嫌单薄！这倒是我将来回汴京之后的谈话资料。"

兴宗听了这话，大吃一惊，站了起来，反问包拯："何以见得？"包拯不慌不忙回答："这事我有真凭实据，并非危言耸听。神水馆为贵国接待宾客之处，昨夜尚有盗贼出现，使臣等发觉之后，盗贼假装了几声猫叫，仓皇逃走，看来整个上京和契丹全国的治安很成问题。"兴宗不知道刘六符要张宥派人在夜里去探听包拯的动静，以为神水馆真出了盗贼，质问张宥："你们怎样接待宋朝使节的？为什么这样疏忽呢？我非严办不可。"说罢，重重地训斥了张宥一顿。

张宥想辩解又不敢，看着刘六符，希望他出来解释，哪知刘六符低头不响，当作没有看见张宥。兴宗向包拯表示了歉意以后，包拯、郭琮便告退了，仍由张宥陪同回到了神水馆。

后来兴宗知道了神水馆所出现的盗贼就是刘六符让张宥派去探听动静的，而且没有探听到什么动静，于是知道专听刘六符的话不行了，立刻召见楚王萧孝穆，重新研究有关接待宋朝使臣的事宜。萧孝穆一直不赞成对宋朝用兵，对于宋朝的使臣，主张按规定礼节，隆重接待，反对刘六符那一套做法。兴宗听了萧孝穆的话，决定隆重接待

包拯和郭琮。至于侵犯宋朝的野心，兴宗并没有丝毫动摇，此刻他只是觉得不按规定的礼节接待使臣，很可能招来一些非议。更主要的是他认为对宋朝的使臣招待得隆重一点，也许能起到麻痹宋朝的作用，萧孝穆和刘六符都没有料到平时相当粗鲁的兴宗竟会用此心机，所以对兴宗的决定都感到意外。

在萧孝穆、刘六符告辞出宫的同时，兴宗派太监通知张宥，将包拯、郭琮等从冷落荒僻的神水馆移住豪华富丽的嘉宾住所。郭琮认为已经替宋王朝争到了面子，兴高采烈起来，但包拯指出他高兴得还太早了一点，又告诫随从人员在契丹国境内停留一天，就要留神一天。

元旦到了，契丹朝廷举行了盛大的庆祝典礼，包拯、郭琮穿了最考究的宋朝官服，由张宥陪同，前往参加。到包拯、郭琮开始献礼的时候，兴宗和王公大臣们都把眼光集中到了包拯、郭琮的身上。

一箱箱的礼物，如珊瑚制成的如意、苏绣的瑞鹤图、唐代写本的《论语》和《孟子》等，都由宋朝的兵丁、民夫挑上，包拯、郭琮分别拿出来，一一向兴宗展示，然后再由契丹的太监挑进宫去。兴宗看得很满意，王公大臣们也都赞不绝口，有的人还流露出十分羡慕的神情。紧接着就是宴会，包拯、郭琮都坐在和兴宗靠近的席位上，萧孝穆夸奖包拯干练沉着，是宋朝出色的政治家。包拯觉得这话对自己虽然评价很高，但是相形之下对整个宋朝的评价却不大高，于是对萧孝穆声明："我包拯只是宋朝的一个普通官员，像我这样的人，朝廷里有的是，多得可以车载斗量，谈不上什么政治家。"本来兴宗和刘六符在威胁包拯未成之后，还想再设法收买他，现在见包拯这样识大体，就觉得没有这个必要了。

在举行了庆贺元旦仪式之后，辽国的生辰馆副使张宥等对包拯说："你们雄州（今河北省雄县）新开便门，大量接纳我们燕京（今北京西南）一带的奸细，向他们探询我们朝廷的情况，并给予钱物进行收

买。"包拯认为这是栽赃、是挑衅，便当即指出这种事情是不存在的。

第二天，包拯召问下属，曾经在雄州担任指挥职务的人说："雄州最近并未开门，凡所有门户，都是早先开置。"调查清楚后，他正式向辽国馆伴指出："你们所提的问题，不足为凭。假如我们雄州有意引诱接纳奸细，自有正门可以出入，何必另开一门？假若州、郡为了某些原因要开创门户，方便出入，这也是一般常事，对两朝之间的正常关系没有任何影响。假如你们北朝燕京及涿州等处开设城门，难说我们宋朝能够提出什么意见、发表议论吗？我们宋朝每次整饬沿边各地，不能随便生事，经常叮咛边臣，大家处事都不要随随便便。但相反来看，你们北朝的臣僚，近年来侵入我们南边，创城立寨。这样的情况，必定是你们北朝还未知道，知道之后一定不能容许。况且我们两朝之间，通过盟约誓书，结无穷之欢，最好大家遵守盟约，各保自己的疆界。"

包拯提出事实，进行说理，理直气壮，有理有节。辽国馆伴人员面有愧色，连说极是，他们的挑衅遂告失败。

包拯和郭琼起程南回的那一天，兴宗派萧孝穆、刘六符来送行，同时带来了回谢宋朝的礼物和给兵丁、民夫的犒赏。此外，又送了包拯、郭琼两人几件礼物。包拯和郭琼商量了一下，收下了给朝廷的礼物，给兵丁、民夫的犒赏当时就按人分了，送给他们两人的礼物则坚决没有收，萧孝穆、刘六符最后也没有勉强。

刘六符为了卖弄自己，谈了一两件最近边境上发生的小纠纷，说都是他劝兴宗以和好为重，所以没有追究。其实这些事情，包拯早就知道了，因为契丹方面没有提，他也就没提，如今刘六符既然提出，包拯就把这几件事的真相畅谈了一番，把刘六符驳得体无完肤。看在老成持重的萧孝穆的面子上，最后还是和送行的人客客气气地告别，然后登程而去。回到宋朝境内，包拯找边境上的文官武将到雄州聚会，告诉他们契丹南侵的野心仍旧没有变，数万行动迅速的马队随时可能发动进攻，希

铁面无私

包拯

望大家密切注意，在各方面多做准备。

由于出使辽国掌握了实情，包拯返回朝廷后，接连向仁宗递呈两个奏疏，一是《论边将》，一是《再论契丹》。着眼于巩固国防，包拯认为沿边领兵的将帅一定要精选。他指出，目前朝廷委派郭承佑担任代州副部署兼知代州，必然要败事。郭承佑的问题为朝野所共知，他不能再担任此职，对于其他畏懦不胜任者，也应尽速调离。

然而，宋仁宗听说他在契丹和人家争执得很厉害，在边境上又叫文官武将们防备契丹的进攻，认为包拯胸襟狭窄，过于多疑，甚至还认为他做了不少超越自己职权的事情，因此很不高兴，把包拯和郭琼都训斥了一顿。不久，契丹真的发动了进攻，宋仁宗才想到包拯确有远见，于是立即召见范仲淹和包拯，一同商量抵御契丹的办法。这时，包拯才有机会向宋仁宗详细奏明契丹的情况和他对边防的一些建议。

临出宫时，范仲淹对宋仁宗说："别的大臣出使契丹，回来时总要带些珍宝、熊掌和驼峰之类的东西，可是包拯回来时，小小的行李包却更瘪了。皇上听说过没有？"宋仁宗觉得很奇怪，对范仲淹说："居然有这样的事，我从来没有听说过。"

包拯说："臣所带司马迁的《史记》和白居易的《长庆集》，契丹君臣甚为珍视，臣就留在上京，送给张宥他们了，所以行李包比去的时候反而小了。"于是，宋仁宗又一次嘉奖包拯的清廉正直。

包拯这次的契丹之行，虽然面对的是气焰嚣张的辽人，但是他并没有被这种气势吓倒，而是冷静沉着地应对，处处表现出了作为宋朝子民的一种自豪感。这些都在很大的程度上消挫了辽国的锐气，维护了自己的尊严。包拯不愧是宋朝的刚直之人，不愧是著名的政治家。

第 七 章

精忠报国　一生传奇千古流

　　包拯生前以忠孝廉作为为官做人的准则，在晚年的时候，订立家训，仍然是以忠孝廉作为传家遗训。包拯去世后，谥号"孝肃"，仁宗下诏停止朝奏一天，百官吊唁。端州百姓闻知包拯去世，悲痛万分，纷纷建祠纪念，随后，在包拯任职过的地方也陆续建起了一些包公祠。不仅如此，后世还有很多的文人墨客写诗歌颂其功绩，民间也流传着很多包拯的传奇故事。我们相信，这些传奇故事将会千古流传。

忠孝清廉，订立家训

　　包拯一生经历北宋真宗、仁宗两朝，宦海沉浮二十四载。在为官期间，以天下为己任，不管身处何处，都力求造福于民。不仅如此，包拯更是用自己的行动践行了忠孝廉的高尚品质。自古以来，忠孝廉都是人们所赞颂的，而包拯正是这三者的化身，也是后世的楷模。

　　包拯一生最痛恨贪赃枉法者，在晚年的时候，他曾立下了这样一条"家训"：后世子孙仕宦有犯赃滥者，不得放归本家。亡殁之后，不得葬于大茔之中。不从吾志，非吾子孙。也就是说，做官的子孙，凡贪污受贿的，生前不许回到家乡，死后不许葬在家族的坟地里。包拯让石匠把这条"家训"刻在石碑上，竖在堂屋的东壁，要求后世子孙严格奉行。这件事深刻体现了包拯对贪污受贿的深恶痛绝，以及对子孙家人的严格要求。

　　包拯一生清廉俭朴，史书上说他后来做了大官，穿的衣服、用的器具、吃的东西，和他刚当官时没有两样。包拯不讲排场，庆历七年（1047）他被任命为陕西转运使，当时他在朝廷里的官职是工部员外郎，以工部员外郎出任转运使，按说应该更换"章服"，以示尊荣。可是宋仁宗却没有赐给他，他毫不介意，穿着原来的衣服就上任去了。没过几天，另一个升任转运使的人，却主动向仁宗提出更换"章服"的请求。两相比较，仁宗对包拯更为赞赏，特地派人骑一匹快马追赶包拯，一直追到华阴，赶上了包拯，把三品"章服"授给他。

　　包拯不通关节，既不向别人请托什么事情，也不答应亲友的请托。景祐三年（1036），包拯在东京等候朝廷委任官职，当朝宰相吕夷简

早就听说包拯是个孝子，又颇有才干，很想见见他。当时包拯恰巧住在相府附近，吕夷简认为这是包拯为了便于求见他，就一心等待包拯来拜见。没料到包拯得到了天长县知县的职务以后，就立即离京上任去了。在封建社会的官场里，像包拯这样不奉承巴结权贵的事是罕见的，吕夷简对此大为惊异。至和二年（1055），包拯任庐州知府。庐州是包拯的家乡，有他的许多亲戚朋友。有的亲友以为有包拯这个靠山，就可以为所欲为。他的一位舅舅横行乡里，结果触犯了法律，包拯一点情面也不讲，完全按法律办事，定了这位舅舅的罪，当堂行刑。这样一来，原来扰乱官府的亲友，也都老实了。现在合肥包公祠里还有一副对联："一水绕荒祠，此地真无关节到；停车肃遗像，几人得并姓名尊。"讲的是包拯不通关节的事。又有一副对联："照耀千秋，念当年铁面冰心，建谠言不希后福；闻风百世，至今日妇人孺子，颂清官只有先生。"讲的是包拯不谋私利的美德。应该说这并不是溢美之词，而是有事实根据的。

包拯晚年当过三司使。他在三司使任上，特意设立市场，向老百姓购买供朝廷用的物品。过去这类东西，都是由地方上进贡的，给老百姓增加了额外负担，包拯改变了这种做法，使老百姓不再为此而受到骚扰，后来包拯又升任枢密副使。

包拯不仅重视孝道，而且对家人也是严格要求的。在包拯的家族中，这种重孝道的家风和他的清廉之风一样被传承着。包拯的妻子董氏出身官宦人家，其曾祖父董希颜居地洛阳，曾随宋朝开国皇帝赵匡胤南征北伐，以军功累升至宁州刺史（是身份较高的武臣，并非实职）。其父董浩曾任鄂州武昌令。董氏比包拯小三岁，两人长期生活在一起，生有一男二女。所生儿子包繶娶年十九的淮阳崔氏女为妻。崔氏母亲吕氏是三度任宰相的吕蒙正之女，崔氏即为吕蒙正的外孙女，家族显赫。不幸的是崔氏结婚后第二年包繶病故，遗有一子包文辅，也在五岁时天

北宋开封府印

折。此时包拯已五十五岁，老年丧子，内心十分悲痛。

崔氏年少丧夫，心情同样是很悲痛的。包拯夫妇见崔氏年少，不忍其一辈子守寡，又担心她情绪不稳定，主动派人"询其意"，表示愿将她"还宗"，就是让她回到娘家便可另结良缘，婆家也希望她重组家庭、生活美满。作为朝廷重要命官的包拯，能尊重儿媳选择，同情她归过改嫁，反映出他的通情达理。据《崔氏墓志铭》记载，崔氏得知包拯夫妇的想法后，却"蓬垢涕泣出堂下"，面对包拯发誓说："翁，天下名公也。妇得齿贱获，执浣涤之事幸矣，况敢荶家乎！生为包妇，死为包鬼，誓无它也。"因她"以死自誓，遂尽志于孝养"。包拯有侍妾孙氏，包拯五十九岁时，让孙氏到娘家居住，包拯不知道，这时的孙氏已经怀孕，在娘家生下个男孩，这男孩就是包绶。包拯长媳崔氏知道此事之后，告诉孙氏好好抚养。后来董夫人和崔氏将孩子接回了包家。崔氏为包家血脉延续，"慈养之如己子"。

嘉祐七年（1062）五月的一天，包拯正在官衙里处理政事，突然得了急病，回家后没过几天就病故了。噩耗传开，许多廉洁正直的官吏痛哭流涕，东京城里的百姓也都很伤心，街道上一派叹息声。仁宗特意停止上朝一日，亲自到包府吊唁，对包拯的五岁遗孤，给予非常周到的照顾，还特地让他的女婿护丧回庐州，破例用石料建造墓室，由朝廷安葬。

包拯逝世时朝廷给他评定的谥号为孝肃，孝敬父母是包拯的优良品质之一。宋人张田说："包公一举甲科，拜八品京官，令大邑。当是

时，同中第者，虽下流庸人，犹数日月以望贵仕。公拂衣去养，十年亡宦，意其心亡他，止知孝于亲而为得也。"宋人盛赞包拯"少有孝行，闻于乡里"，即指此。包拯去世以后，有人为他的遗像写了一首赞词：

> 龙图包公，生平若何？
> 肺肝冰雪，胸次山河。
> 报国尽忠，临政无阿。
> 杲杲清名，万古不磨。

这篇赞词，简明扼要地概括了包拯一生的精神面貌，预见到包拯的清白名声会流传千古。包拯病故后，崔氏陪同董氏自开封护灵返庐州安葬，恰巧崔氏母吕氏自荆南到庐州看女。吕氏对女儿崔氏说："今荆州吾兄龙图之子，年三十，为信州幕（一种低级幕职官），其人足依也。吾已许以汝为妇，必往无疑。"崔氏这时也恰年三十，照顾包拯夫妇及子已十年，母亲硬性要求她改嫁。崔氏回答："母不谅乎！倘欲嫁者，不俟今也！"责难母亲不理解她。母亲又反驳她："夫死守子，子死何待？"崔氏坚持己见："舅（包拯）丧姑（董氏）老，有小郎（包绶），如儿子，其门户待我而立。"母亲顿时火起，逼她服从，并说："吾老，数千里而来，使我独归乎？"崔氏说："送母省舅，犹之可也。"但决不改嫁。包拯夫人董氏及乡里人担心崔氏随母到荆南不再回来，皆恋恋不舍。崔氏表示："苟不如志，即以尸还包氏。"到了荆南，见到舅父，说明情况，亲友们皆为她孝义行为所动，也不再相逼改嫁。崔氏果然如期返回庐州，董氏颇有感慨，将其事迹上报官府，朝廷授封崔氏为寿安县君，知庐州事张田还特意撰写了《崔节妇传》。

包拯病故后四五年，董氏也染上重病，卧床不起，崔氏和包拯小女儿（文效妻）一直陪床护理，"药食不亲调不敢进"。熙宁元年

（1068）董氏逝世，包氏家庭主要靠崔氏掌管。此时包绶才十一岁，崔氏寻求教师辅导他知识，待包绶成人，又为他选择夫人，还"艰关求访"，千方百计帮他找到了生母孙氏。宋神宗元丰年间加恩包拯后裔，包绶乞请加官同族人包永年，获朝廷批准。此时包永年已经崔氏努力过继到包绶名下，承传包拯长子血脉不断。崔氏对包拯夫妇"尽志于孝养"，对包拯子孙包绶、包永年也尽心抚养，为包氏家族的生息与发展做出了重大贡献。包拯子孙也颇重礼教，恪守孝道。《崔氏墓志》中记载"绶犹童孩，节妇迎师教导之，以致成人"；《包绶墓志》中记载："公（包绶）有寡嫂崔氏，素以节义闻，公以母礼事之。及其之也，不远千里，助成丧事。"

包绶五岁时丧父，仁宗据包拯"遗表"授他为将仕郎、守太常寺太祝。守丧期满，升承奉郎、转大理评事。包绶十一岁时丧母，"居丧尽孝，毕葬成礼，乡闻为之叹伏"。他累官至少府监丞时，生母孙氏病故，即便"归乡居丧，杜门诲子弟，家虽贫而无一毫有干于乡里，至有未尝识公之面目者"。包绶对抚养他长大的崔氏十分敬重，"以母礼事之"。在崔氏病故时，包绶又不远千里返回庐州，"助成丧事"。崔氏过继一子包永年与包绶共同生活，两人相处很好，"至于终无异意"。包绶享年四十八岁，曾两次结婚，先是包拯的门生、曾做过知庐州的张田之女，后是曾几度入相的文彦博之女，皆在包绶生前病故。有四个儿子：康年、耆年、彭年、景年。包康年与包彭年在包绶死后不久相继亡故。还有三个女儿，大女儿、小女儿皆在包绶生前病故。包绶寿命不永，又多次经历丧事：长辈或同辈者，从父亲、养母、生母、嫂嫂到两个夫人；子女七人，有两个女儿先卒，还有两个儿子后卒，可以说他的生活经历十分坎坷，家境比较艰难，而其敬孝之心，也令人"叹伏"。包拯的长孙包永年承继包绶名下，实由崔氏抚养。崔氏于哲宗绍圣元年（1094）去世，包永年杜门终丧，哀毁尽礼，乡称其孝。

铁面无私

包拯

　　宋徽宗大观三年（1109），包永年的生母萧氏病故。萧氏自包永年"幼稚出从人"，改嫁较早。至包永年成人，萧氏丈夫亦亡故。包永年"乃恳切请归，朝昏侍奉，益教子职"，接母回家，尽心照料，"逮萧氏去世，公居丧如礼"。敬孝如此，为常人所不及。包永年先后娶三妻。包永年作为包拯族孙，约年二十五岁出任开封府咸平县主簿。咸平是京城畿县之一，事务繁剧。包永年赴任，"廉勤自守，蔚有政声，吏民爱思"。建中靖国元年（1101），改任袁州分宜县尉，因与县令论事不和，"毅然解秩退休"，在家乡赋闲六年。大观二年（1108）起用他为试处州遂昌知县，在任仅一年，丁所生母萧氏忧，服满后改任金州司工曹事，主管工程制作之事。他办事能力很强，"同曹事有不决者，皆画谋于公"。离任之时，州人恋恋不舍，目送他的车子，感叹说："包公之后，信乎有是贤孙也。"政和八年（1118），包永年升迁宣教郎（正七品），知鄂州崇阳县事，翌年告病回乡，宣和二年（1120）在家乡病故，其丧事是由弟弟包耆年、包景年帮助操办的。《包公（永年）墓志铭》说："公之既亡，发所私，了无遗蓄。故丧葬之具，皆公二弟力营之。于是益知公生平刻苦，自筮仕以迄于终，曾无贪求苟得于下也如此。"

　　包拯生前官至给事中（四品），曾迁礼部侍郎（从三品），"辞不受"，死时赠礼部尚书（从二品），实际差遣（职事官）为枢密副使。包拯之子包绶生前官至朝奉郎（正六品），实际差遣为潭州通判。包拯之孙包永年生前官至宣教郎（正七品），实际差遣为知鄂州崇阳县事。

　　北宋前期官与差遣分离，包拯实际差遣的权力很大，是执掌全国军政的副手，但官品稍低。神宗元年改制以后，官与差遣级别（主要指地方官）大体一致。从实际执掌看，包绶与包永年远比包拯低，但从廉政作风看，祖孙三代一脉相承。包拯之子包绶墓志铭中说："孝肃以清白劲正光于青史，公（包绶）可谓能克家者。孝肃之风，至于公而益炽也。"包拯之孙包永年墓志铭中说："公天资谨畏，乐善好学。故凡厥莅官临事，廉清不扰，而孝肃公之遗风余烈犹在也。"

包拯一生以忠孝廉为立身之本，而且又以忠孝廉传家，他的这些思想对子孙的影响深远。不仅如此，他的这些高尚家风也将有着更加深远的意义。

清风亮节，诗文传颂

包拯一生为国为民，在官场上二十四载，时时不忘当初的抱负和志向，最后在任上去世。包拯的逝去不仅是大宋朝的损失，更是当时天下百姓的损失。包拯生前为国家和百姓做了很多好事，并且功绩卓著，可与日月争辉。包拯，作为一位朝廷官员，他是忠、孝、节、义的代表，并且他为官公正廉洁、刚直不阿，被正直的士大夫视为楷模，这些都赢得了当朝以及后世的敬仰。为了纪念包拯生前的高风亮节，有很多诗人以及有威望的人以诗文传颂，而在民间，百姓通过建造包公祠来怀念包拯。

包拯在端州任职的时候，对当地的经济、文化教育、农业等各个方面都做出了巨大的贡献，使得端州百姓摆脱了过去那种食不果腹的贫穷落后的状态，端州百姓为了感念包拯的功绩，最早在端州建起了包公祠。嘉祐七年（1062）五月，包拯去世的消息传来，端州人就以各种形式来悼念他。宝光寺（相传为包拯筑西江堤时所建，遗址在今景福围渡头防汛站附近，供奉玉皇大帝）、西石头庵（星岩书院）、崧台驿、大井头（包拯所开七井之一）等与包拯当年有关系的地方，都有乡民在包拯的诞辰、忌日自发祭祀。宋熙宁二年（1069），包拯去世后七年，端

铁面无私

包拯

州知州蒋绩（一作续）仰慕包拯为人，并且有感于包公善政，应端州百姓的要求，在端州衙署附近兴建了"龙图公祠"，这是端州兴建的第一座包公祠。

包拯初到谏院时，他读书时结识的好友、兴化寺的仁岳和尚就赞誉他"禀纯一之性，有端方之节。危言笃论，可以正遗阙；博学远识，可以备顾问"。包拯去世后四年，即治平三年（1066），仁岳和尚提议把庙里的西厢房腾出来供奉包拯。庐州太守张环曾受包拯赏识，对仁岳的提议表示赞同，他还在包拯的塑像上题了颂词："龙图包公，平生若何？肺肝冰雪，胸次山河。报国尽忠，临政无阿。杲杲清名，万古不磨。"这是第一个纪念包拯的场所。后来在包拯到过的地方，如开封、池州、天长等地，也陆续建起了包公祠。

明代弘治十七年（1504），两广总督都宪潘蕃、金宪许垣委托肇庆知府黄颐，按照明成化元年（1465）肇庆知府黄瑜奏请朝廷的计划，于弘治十八年（1505）正月初六，"于郡署外之西百步许，相地而改祠焉"，新祠在肇庆府衙西边一里处迁建，同年四月初一建成。包公祠迁建之后，又在州署前留下了一座"包孝肃公"牌坊，以为纪念，这是迁建的第二座包公祠。迁建后的包公祠坐北向南，兼富岭南祠堂与神庙的特点，有高大的正门、朝厅、屏风，清代曾多次修缮。到1924年兴建城中路时，由于附近部分民房、巷道拆迁，包公祠正门的朝厅、屏风也随之被拆除。而马路北侧处新建了一个大门，门顶横额灰塑楷书"宋孝肃包公祠"六个大字，大门两侧以围墙相连，并在东西围墙转角处各建了一间小殿，供奉护祠神像。

进入大门后，建筑物按中轴线布局。当中一条青石铺砌的行人通道将牌坊与方形拜亭连接，然后进入大殿。包公祠大殿砖木结构，单檐歇山顶，面宽三开间，八柱，三进深。殿内悬挂木匾"清风还在"，有楹联："生为柱国，死作阎罗，宋代直臣第一；堂溯枕书，洲留掷砚，

端州循吏无双。"燮理阴阳，独擅玉衡金鉴；尊崇道德，惟能铁面丹心。""百代仰仪型，风貌清严，自昔台阶昭重望；千秋留遗泽，冰心皎洁，还从砚渚溯遗征。""遗像至今留铁面，当年报国见丹心。"这虽是文人墨客所撰写，但内中也总结了端州百姓对包拯治理端州的高度评价。大殿正间神龛内供奉包拯全身坐像，因为包拯刚正不阿、铁面无私，所以塑像脸面鳌黑，五绺长须，头戴吏冠，身穿官袍，腰缠玉带，手持朝笏，足穿朝靴，神态端庄，拜席两边供奉张龙、赵虎、王朝、马汉全身立像。

1998年，肇庆市人民政府在城西厂排街大菜园村重建包公祠，于2000年3月20日（农历二月十五日）包公诞辰这一天竣工开放。重建的包公祠主建筑群占地一万一千五百平方米，主体建筑包括牌坊、山门、主殿、配殿及亭、台、楼、阁、廊、井等仿宋建筑，古朴大方，蔚为壮观，面积比之旧包公祠大了几倍。新包公祠除了将旧包公祠的楹联、匾额重新刻制之外，山门两侧还增加了启功撰书的楹联："正直遗型留稗史，清忠初绩著端州。"包青天的美称始传于知州任上，端州是包拯的成名之地已经成为共识，这是迁建的第三座包公祠。

在端州城区内还有一座包公祠，建在宝月台星岩书院旧址处，这座祠庙规模较小，有僧人主持管理，供人们祭祀参拜。此外，在包拯掷砚成洲的砚洲（属今肇庆市鼎湖区）、四会县也都建有包公楼和包公祠。砚洲包公楼于清道光年间建成。清宣统《高要县志》载："包公祠有在砚洲沙东者，相传孝肃掷砚于此。明尚书肖云举为砚洲罗贞门人，其任两广总督时，面嘱罗贞之子罗万程、罗万像建祠是问，并筑楼五层，以镇羚峡水口。适有旨召肖公回，楼遂不果成。清道光十四年（1834），乡人建楼三层，同治七年拆去其一。"建祠时，砚洲罗本元等人倡议集资，砚洲岛米船行一百多艘米船鼎力相助，勉力捐资，凡建祠所需的材料，全部由米船行从广西各地义务运送，建包公楼共用纹银二千余两，

铁面无私

这是由士大夫倡建、乡民自发集资兴建包公楼的例子。包公楼历时十一个月十一天建成，楼分三叠，阔六丈，进深三丈五尺，高四丈六尺，四合院式建筑，上为"大魁阁"，中奉"文武帝"，下是包公殿堂，堂中塑包公像，两旁王朝、马汉站立。在这座包公楼里，包拯与文武帝等天神共处，已经走上了神坛。

在包公楼前的石柱上有阴刻楹联："空中气象清新，楼有三层高三尺；世上风波如此，囊无一砚竟千秋。"天阶建四角"浩然亭"，四石柱刻有两副楹联，其一为："直道清心，尚有五言留北宋；投香载石，何如一砚镇西江。"其二为："片石留名，弹怪可投河伯璧；中洲拜像，怀贤应访浩然亭。"两联说的都是包公掷砚的故事。砚洲岛包公楼也经几毁几修，到1987年年初，砚洲群众征得有关部门的同意，组成"重修砚洲包公楼委员会"，专责筹办，广泛劝募，筹集资金，使这座具有一百五十多年历史的包公楼重现风采。

据记载，四会县包公祠共有三处：一是位于四会县东门外，嘉靖二年知县金龄建；二是位于县署仪门左；三是位于四会县前街。清光绪《四会县志》载："包公祠在县前街。旧志谓，旧在金龄观内。明世宗嘉靖元年壬午，知县肖樟迁县署仪门左。三十七年戊午，知县张文光始改建今所。国朝高宗乾隆二十八年癸未，知县黄之选重修云。今上光绪二十一年乙未，知县刘德恒修，毁壕像易木主。"

人们为了纪念包拯，建造的包公祠是数不胜数，而赞颂包拯的诗词歌赋更是难以计数。自宋至今，历朝历代都有吟咏，包公在端州的卓著政绩都在诗词歌赋中有所反映，宋朝有黄公度、赵时、苏良等。

南宋著名爱国诗人黄公度被奸臣秦桧贬为肇庆府通判时，曾拜谒包公祠并赋诗：

华堂传绘事，昭代得仪型。

迹与莓苔古，名争兰芷馨。

清风无远近，乔木未凋零。

今日斫坭手，依然瘦鹤形。

苏良（字尧臣，南宋番禺人，宋度宗年间任肇庆知府）作的《石刻题》咏的是包拯陪同周湛、钱聿游七星岩时的题刻：

成淳乙丑良月番禺苏良同张、彭二寅契来游，因以纪胜。

杖屦追随入翠蓬，玲珑一窍彻心胸。

山罗斗宿英灵萃，地镇龙潜气势雄。

碑藓犹涵周子泽，涧松仍有老包风。

岁寒共约吾三友，要把清规踵二翁。

诗中的周子泽是周敦颐，老包就是包拯。苏良看了包拯的题刻，赞包拯的书法犹如松树一样刚劲，但诗中主要还是表述自己要向周敦颐、包拯学习，继承他们廉洁为民的精神。

明朝有黄瑜、吴尚质、区大枢、区怀瑞、陈子壮等。黄瑜（字仲美，南京华亭人），明正统甲子举人，天顺七年任肇庆知府，作《微云楼》诗云：

乘暇来登城上楼，宦情乡思共悠悠。

京华北望几千里，岭表南来第一州。

倦乌孤飞天不尽，晴山叠出雨初收。

包公尚有甘棠泽，清誉令人仰未休。

黄瑜以周代召公南巡休息甘棠树下而令百姓爱屋及乌的典故，比喻包拯在端州的惠政，黎民百姓爱戴包拯，诗人对包公深表敬仰。

宿开封府署

王　恽

拂拭残碑览德辉，千年包范见留题；

惊乌绕匝中庭柏，犹畏霜威不敢栖。

古贤赞·包拯

胡　助

龙图京尹，政号神明。

小夫贱隶，皆知姓名。

弹劾权贵，澄清辇毂。

遗风凛然，溢为孝肃。

香花墩怀古

夏　云

古人不可见，祠树绕寒流。

小艇斜阳外，临风忆钓游。

竹深书幌夕，莲榭水亭秋。

独有郡斋句，清规为我留。

谒包孝肃祠

张士奇

一笑比河清，人传御史名。

公忠天地鉴，关节鬼神惊。

嘉裙多贤辅，阎罗表真声。

香花墩畔路，思古发幽情。

谒包孝肃公祠

沈御日

祠宇峙芳洲，临流景自幽。

花光浮殿壁，树影接城楼。

遗像千秋肃，清名万古留。

桥边一追忆，直道几同俦。

过包孝肃祠

姚 煽

跨驴金斗城边路，孝肃祠前霁景多。

千古包家有陂泽，更无人说宋山河。

合肥谒包孝肃祠

唐孙华

高原遗庙郁嵯峨，待制清风永不磨。

京尹威名行赤县，苍生笑口指黄河。

朝堂议论封章在，委巷流传野史多。

泾善只今无别白，直愁关节到阎罗。

题香花墩（调寄浪淘沙）

张世铉

一水拥崇祠，清且涟消。芰荷杨柳自斜欹，墨客骚人幽兴发，到此题诗。胜境昔贤遗，世易时移，馨香千载动遐思，正气大名留宇宙，妇孺皆知。

题香花墩围

张世锗

古墩高倚郡城鹃，烟水苍茫入画图。

杨柳四围荷万柄，风清祠宇一尘无。

自从书院改祠堂，报德千秋俎豆香。

一幅丹青资览胜，依稀人仰郑公碑。

满江红

香花墩谒包孝肃祠

张世镰

云树苍茫，古墩上，缅怀往哲。忆曩日读书谈道，立身高洁。庐墓终丧全子志，竭忠七事申臣说。问后人何处表公名，铭碑碣。

拜御史，面如铁。斥权幸，论尤烈。叹此老固罗不通关节。报德馨香荐豆永，当门景色蒲荷列。看四围一水绕祠堂，天特设。

包孝肃祠

清保和段大学士 梁清标

孝肃祠堂剑佩闲，香花墩畔听潺湲。

严霜落后瞻遗像，浊水澄时见笑颜。

异代姓名童语习，中宵风雨鹤飞还。

古今此地无关节，白日孤城冷蜀山。

香花墩谒包孝肃公祠

知庐州府事 张祥云

香花墩上拜祠堂，蒲苇萧疏水一方。

遗泽长绵臧氏后，清风旧仰郑公乡。

碑歌古壁滋阴藓，艇系回澜钓夕阳。

镂板重新章奏稿，千秋俎豆共辉煌。

谒包孝肃祠（嘉庆县志）

合肥县知县　左辅

侵晨洁萍藻，来拜先生柯。

松晓露犹凝，花寒香作披。

登堂怀履舄，临水鉴须眉。

俯仰钓游地，风徽那可追。

香花墩谒包孝肃祠

合肥教谕　陆继辂

杂花浅草城南路，名宦乡贤共一祠。

赤捧威名京尹重，乌台轶事野人知。

此墩介甫无争意，遗像方平有去思。

我是五湖烟水客，钓竿可许试春池。

包孝肃公祠

萧　淦

待制祠堂大宋臣，偶从萍水挹青尘。

一生骨梗无情面，百练金刚不坏身。

孝肃合加当日谥，阎罗幻结后来因。

分明冠玉惊人貌，巴里堪嗤戌未真。

铁面无私

道光己酉春陪族人祀先祖孝肃公祠

族裔 包泰攀

聚族祠旁远市喧，虔修家祭荐履蘩。

遗编争重三贤集，胜迹长留一古墩。

在昔骆依凭梦想，于今展谒澳洲源。

清风亮节昭千祀，文物衣冠此尚存。

凌云画栋拥城河，地以人传迹不磨。

故里湖山流泽永，圣朝俎豆沛恩多。

四时苍翠环祠柏，终古馨香出水荷。

此地真无关节到，岂惟当日此阎罗。

香花墩（晚香亭集）

蔡邦甸

读书墩倚古城隈，一水潆洄任去来。

身后香花留供养，纵教铁面笑颜开。

陪冯太守鲁川诣香花墩谒包孝肃像（循陔集）

典簿 王尚辰

烽火庐阳屡变迁，城南一东自清涟。

故家首重龙图传，子姓躬耕蚬壳田。

稗史讹传多谰语，香花遗址溯当年。

欧苏尚有西湖记，莫使风流让昔贤。

谒包公祠（撮华斋诗集）

吴元桂

孝肃祠堂野水滨，森森松柏拥南城。

池边有草春长绿，墩上无花香自生。

道直千秋同岳峙，笑难当日比河清。

至今孙子家犹傍，大地沧桑几变更。

香花墩谒包孝肃遗像

葛钟秀

读书怀懿行，遗像谒先生。

一假城濠水，依然彻底清。

谒包孝肃公祠

张振轩

城南一曲尚清流，风送荷香植外秋。

遗像至今传铁面，直臣岂肯作金钩。

烟波浩渺藏鱼艇，腥藻馨香荐古洲。

漫说阎罗关节重，青宫事业等安刘。

谒包孝肃公祠（庐州诗苑）

宋 衡

孝肃祠边古树森，小桥一曲倚城阴。

清溪流出荷花水，犹是龙图不染心。

包公祠晚眺（庐州诗苑）

田实发

待制祠堂返照余，绕祠四面尽芙蕖。

临风独倚栏杆久，烟柳拂头看打鱼。

226

铁面无私

谒包孝肃祠（续修庐州府志）

许肇封

萧拜崇祠下，惟公阅世英。

臣非邀福者，人自比河清。

奏议留千古，须眉见性情。

池台风雨夕，仿佛读书声。

题包孝肃画像

钱陈群

古郡城南路，清风包老祠。

神明留案牍，井里祀威仪。

庆历多君子，斯人亦我师。

重来仍使节，下马荐芳蘼。

著名学者全祖望曾到肇庆任端溪书院主讲，留下《宝月坛》五律一首：

乔木苍然古，犹疑孝肃遗。

好风来四面，绿荫满千畦。

天旷定元暑，地偏足自怡。

老夫舆疾过，聊以慰支离。

　　包拯为官一方，造福一方的百姓。当他身处高位的时候，更是以天下苍生为念。在他的一生中，他竭尽所能，上报国家，下安黎民，用自己的实际行动践行着自己的远大抱负。而他对天下百姓的恩惠，百姓也都铭记于心，并且在他去世之后，以各种形式来纪念他，并将他的不朽功绩和传奇故事永远流传下去。

传奇故事，永存人心

自古以来，那些为民请命、清正廉明的人都会被后世所铭记。一千多年来，包拯作为不朽的清官形象，在各种各样的包拯故事中，流传得极为广泛。不仅如此，在不同的朝代，包拯都被赋予不同的含义和象征。在包拯所处的宋代，他的故事已在民间广泛流传。随着后世的演绎以及流传，在人们的心中，包拯的形象更加丰富，主要就是清正廉洁，不贪财贿，确断曲直，昭雪冤狱，刚毅正直，惩恶扬善。当时就有民谣赞颂他："关节不到，有阎罗老包。"包拯在当时即已受到平民百姓的尊敬拥戴，其敢同权贵作斗争、清正廉洁、惩恶扬善的种种事迹不胫而走，一传十，十传百，越传越广，越传越神，故事性也就越来越强了。不仅如此，民间也流传着很多有关包拯传奇断案的故事。

这些传奇故事主要有《三现身包龙图断冤》《闹樊楼多情周胜仙》《包公与烟花女子》《三侠五义》《秦香莲》《包公赔情》《包龙图智赚合同文》等等。这其中很多的传奇故事都是妇孺皆知的，相信随着时间的推移，包拯的传奇故事将会益发光彩，永存人心。

在封建社会里，像包拯这样廉洁正直的官吏，毕竟是极少数。他的"清心""直道"，实在是难能可贵，因此赢得了人们极大的崇敬。大家怀念他、赞颂他，在北宋时期，包拯就成为"名塞宇宙，小夫、贱隶类能谈之"的人物了。

北宋后期，政治更加黑暗。宋徽宗是个昏庸无能的皇帝，操纵朝廷大权的蔡京公然提出所谓"丰亨豫大"，即丰盛、亨通、安乐、阔气，皇帝

228

铁面无私

包拯

和大官僚们穷奢极欲，过着花天酒地的生活，变本加厉地压榨广大劳动人民。处在水深火热之中的人们，当然希望有像包拯这样的好官为民请命，为民除害。但是包拯不能死而复生，于是民间就产生了包拯生前正直、死后在阴曹地府掌管"东狱速报司"的传说。这一方面反映了人们的善良愿望，另一方面又反映了对那些贪官污吏的不满。这个传说越传越广，就连"山野小民"也都知道。当时曾流传着这样的一个故事。

宋宣和二年（1120）秋天，驻泰安的军队到南方镇压方腊起义时，抢掠了一名妇女。这位妇人颇有姿色，当地妓院看中了她，就想用高价买下。但是她死也不答应，结果被打得遍体鳞伤，卧床不起。人们同情她，可怜她，却没有办法解救她。正在为难的时候，有一个女巫暗地里对人说："我有办法解救这个妇人，使她嫁给一户好人家。"这个女巫到了主人家里，装作包公附在她身上的样子，叱骂说："我是速报司，你为什么逼我的孙女去当娼妇？我给你十天期限，你把她嫁给好人家，否则，我要灭你满门！"吓得那人叩头如捣蒜，连称"死罪"。没过几天，果然给这名妇女找了一户人家嫁过去了。这件事距包拯逝世已经五十八年，可见，世传包拯死后转化为神的故事，至少此时已经广泛流传了。

而后来的《三侠五义》，初名《侠义忠烈传》，更是为百姓们所喜闻乐道。这里面写了包拯断案和一些侠客义士协助他除暴安良，以及帮助朝廷剪除襄阳王及其党羽的过程。小说叙述了许多离奇的案件，经过包公的审理，结果都水落石出，坏人受到了惩罚，好人得到了昭雪。书中对封建统治阶级的黑暗、残暴，有一定的反映，也体现了人民群众对贪官酷吏、权奸恶霸的强烈仇恨。不仅如此，在塑造包拯的形象时，还注入了浓厚的忠君思想，在包拯的周围，出现了一批侠客，"清官"统领"侠客"，"侠客"扶助"清官"，为维护封建统治秩序效劳。这些小说传奇对包公故事的广泛流传，起了相当大的作用。

在宋朝流传的有关包拯的传奇故事中，有代表性的就是《包龙图智赚合同文》《三现身包龙图断冤》《陈州粜米》等，我们先来了解其中的两个。

《三现身包龙图断冤》中的传奇故事：

大宋年间，东京开封府出了个卖卦先生，姓李名杰。这一天，他正要去兖州府奉符县开卜肆。这位先生精通周易，深晓五行，能断阴阳，是一位得道的高人。

这天，他正在品茗，若有所思，甚是神秘。不一会儿，走进来一个人。这人身穿两领皂衫，腰间系一条丝绦，脚穿一双干鞋净袜，袖袋里装着一轴文字。这人和李杰先生打过招呼，报了自己的生辰八字。听完之后，先生细细一算，说："这命算不得。"一听算命先生这样说，这位买卦的人感到非常惊奇。这买卦的人，就是奉符县里第一名押司（宋代吏员职称，经办案牍等事），名叫孙文。孙文问道："如何不给我算这命？"算命先生说："再请你说一遍生辰八字，以免有什么误差。"孙押司仔细地又说了一遍。李先生摇头叹息，说："官人，还是回去吧！"孙押司不解。李先生越是不肯说，他越问得急。李先生无奈写下四句诗："白虎临身日，临身必有灾。不过明旦丑，亲族尽悲哀。"孙文看过，问李先生是灾是福，李先生说："实不敢瞒，尊官当死。"孙文又问："什么时候？"先生说："今年。"孙文又问："何月可显？"先生说："今月可显。"孙文此时心里暗暗吃惊，忙问何日。李杰先生说："今日，今日三更三点子时当死。"孙文不觉怒从心上起，叫道："若今夜不死，明日定要砸你的铺子！"先生说："今夜你不死，明日来斩我的头。"孙文一气之下把这算命先生揪出铺子，顿时许多人围观。孙文向众人说："大家说这是什么道理！我闲着无事来买个卦，他却说我今夜三更三点当死。"众人也忙来劝解，好说歹说，孙文才去县衙办事去了。

铁面无私

包拯

傍晚时分，孙文回到家中，因算了一个灾卦，心中烦闷。孙文娘子见丈夫不乐、面带忧容，问道："有什么烦恼的事情？"孙文便把上午如何算卦的事情讲了一遍。娘子一听，忙劝孙文不要放在心上，不要把那破算卦的话当一回事。孙文气不过，便叫娘子做些酒菜解解闷。不一会儿，酒菜做好，孙文三杯两盏地喝起酒来，不觉醉眼蒙眬，倒在椅子上睡着了。孙文娘子见丈夫睡着，忙唤来使女迎儿将孙文扶到房中上床去睡。

随后，孙文娘子吩咐迎儿灭了火烛，并且对她说："今天算卦先生说押司今夜当死，你我且不要睡，看个究竟，若今夜不死，明日定要找那个算卦的算账。"说完，两人真的没有睡下，而是开始做些针线活，以免睡着。两人就这样一直在那里看着这位押司熟睡，不觉县衙更鼓正打三更三点。只见孙押司从床上跳下来，开开大门，一只手掩着脸，跑了出去。孙文娘子唤醒迎儿前去追赶，只听见押司扑通一声跳入奉符县河里去了。那条河直通着黄河水，水流甚急，哪里捞得着尸首！孙文的妻子及使女迎儿就在河边号啕大哭。一时间，左邻右舍纷纷赶到，看到这种情形都感到非常惊恐，同时也很同情孙文的妻子。由于孙文的尸首也没有找到，所以他的后事就办得很简单，并且只有一个衣冠冢。

在开始的一段时间里，孙文的妻子非常悲痛，过了几个月之后，心境也慢慢好了些。然而，俗话说，寡妇门前是非多，由于孙文的妻子还很年轻，长得也很有姿色，所以总是少不得有人前来提媒说亲。开始押司娘子不愿意，后来经过邻居相劝，便也开始考虑再嫁的事情。但是，她也提出三个条件，并说若不成，宁可孤媚度日。媒婆问哪三个条件，押司娘子说："第一件，我死的丈夫姓孙，如今也要嫁个姓孙的；第二件，我丈夫是奉符县里第一名押司，如今也要嫁个这般职称的人；第三件，不嫁出去，而要他入舍。"天底下也有这般巧事，媒婆这就说起一人，符合这三个条件，这人就是奉符县原第二名押司，如今第一名押司死去，他便是第一名押司了。这人也姓孙，人称小孙押司。不到两个月，小孙押司入舍到孙押司家。夫妻两个好一对儿，日子过得情投意合。这一天，使女迎儿去厨下烧火，只见火筒塞住了，烧不着，便把火筒在灶床脚上敲，没敲几声，只见灶床脚渐渐飘起来，离地足有一尺以上。一个人顶着灶床，脖子上套着井栏，披着一头散发，伸着舌头，眼里滴出了血来，叫道："迎儿，与爹爹做主！"迎儿吓得大叫一声，昏然倒地。小孙押司夫妻两人忙来救得迎儿苏醒，问她刚才见到了什么。迎儿如实说了一遍，被押司娘子打了个耳光："你这丫头，教你烧火，竟装出这般死活模样！"

第二天，押司娘子把迎儿叫到身边说："迎儿，你在我家也有七八年了，我也看你在眼里，如今我与你说个亲，也算是没有亏待你。"过了一段时间，押司娘子就把迎儿嫁给了一个姓王名兴的人。这人又喝酒，又爱赌，迎儿嫁过去没多久，家中值钱的东西都被这王兴糟蹋光了。这一天，王兴又让迎儿向小孙押司借钱。迎儿受不了丈夫的打骂，只得连夜走到小孙押司家，却见门关了。迎儿想敲门，又怕遭埋怨，进退两难，只得又走回来。正走在路上，突然听见一个人喊她："迎儿，我给你一件东西。"迎儿回过头来，看见人家的屋檐上站着一个人，舒角幞头，绅袍角带，抱着一卷书轴，低声说："迎儿，我是你原先的押司。你把手来，我给你一件东西。"迎儿接住东西，不见了那个绅袍角带的人。迎儿打开小包，见是一些碎银子。迎儿回家后，到了晚上就将此事说给王兴听。王兴说："迎儿，你从前说那灶前看见原先押司的话，我也一直记得，这事八成有些蹊跷。"

又过了一段时间，押司娘子叫迎儿一道去东岳庙烧香还愿。来到东岳庙殿上烧了香，行到速报司前，迎儿裙带系得松，脱了裙带。押司娘子先行过去，迎儿正在后面系裙带，只见速报司里，有个舒角幞头、绅袍角带的判官说："迎儿，我是你先前的押司。你与我申冤！我给你一

铁面无私

包拯

件东西。"迎儿忙接过东西，看了一看，心想："真怪！泥神也会说起话来？"忙将东西揣在怀中，也不敢将这件事告诉押司娘子。烧完香之后，迎儿就陪着押司娘子回家了，之后迎儿又回到自己的家里。

王兴听说有这般怪事，便让迎儿将那东西打开看看，却是一幅纸，上面写着：大女子，小女子，前人耕来后人饵，要知三更事，掇开火下水。来年二三月，句已当解此。

王兴看了，不懂什么意思，只告诉迎儿千万别把此事说出去。时间过得很快，转眼间就到了第二年二月间。奉符县换了个知县，庐州金斗城人，姓包名拯。

包拯到任三日，并未有什么事。夜间忽得一梦，梦见自己坐在大堂之上，堂上贴着一联对子：要知三更事，掇开火下水。

包拯醒后，反复思索这两句话，不知到底怎么解释，就吩咐小孙押司将这两句话写在木板上，挂于城门上，若有能解此中意思者，赏银子十两。一会儿，就有许多人围观，但看罢之后都摇头离开了。恰巧王兴这时正在城门附近买枣糕，听说此事，忙跑过去观看。王兴看过之后，心里暗吃了一惊，买了枣糕回去后，与迎儿说了这事。迎儿说："先押司三次出现，叫我给他申冤，又白白地得了他一包银子。若不去告官，只怕鬼神也要责罚我们。"

王兴犹豫不决，恰巧碰到邻居裴孔目，就把裴孔目扯到僻静的巷子里，问他是否该报官。裴孔目说："那一卷纸在哪里？"王兴说："现在就藏在我妻的箱子里。"裴孔目告诉王兴，回去讨来这卷纸，然后再去报官。

裴孔目先到衙门等包大人退堂，见小孙押司不在左右，就跪在包拯面前，禀说："县太爷，木板上的两句话，只有邻人王兴晓得来历。他说是东岳庙速报司给他的一卷纸，纸上除了那两句话，还写了许多言语。"包拯问道："王兴如今在哪里？"裴孔目说："已回家取那一卷纸去了。"于是包拯差衙役速拿王兴回话。谁知王兴回家打开箱子，取了纸条，字迹全无，只是一张素纸。差役已到，王兴没有办法，只得随着来见包大人。包拯见到王兴，问道："王兴，裴孔目说你在东岳庙收得一卷纸，可取上来让本官一看？"王兴连连叩头禀道："小人之妻，去年在东岳庙烧香，走到速报司前，神道出现给了她一卷纸。纸上写着一篇话，中间实有老爷说的那两句，可小的今日打开箱子去取时，却变成了一张白纸，请大人明察，小的不敢说谎。"

包拯看了看王兴，问道："这一篇话，你还记得吗？"王兴说："小的记得。"就将那纸上的几句话说给包大人听了。

包拯仔细推详了一会儿，问王兴："那神道把这一卷纸给你娘子，可说了什么话？"王兴回答说："那神道只叫给他申冤。"包拯听罢佯装大怒，喝道："王兴，我且问你！他做了神道，有什么冤没处申！偏偏就你的妻子会替他申冤！你还不从实说来！"王兴见包大人发怒，连连叩头，就将大孙押司之死以及迎儿三次看到大孙押司现身之事细细地讲了一遍。

包拯听罢，喝教左右速拿小孙押司夫妇二人。待小孙押司夫妇二人跪在堂上，包拯将惊堂木一拍："你们两个做了伤天害理之事，还不如实招来！"小孙押司说："小人不曾做什么事。"

包拯就将速报司的一篇话解说出来："'大女子，小女子'，女之子，乃外孙，是说外郎姓孙，分明是大孙押司、小孙押司；'前人耕来后人饵'，饵者，食也，是说你得他的老婆，享用他的家业；'要知三更事，拨开火下水'，大孙押司死于三更时分，要知死的根由，拨开火下水，那迎儿见大孙押司现身在灶下，披发吐舌，眼中流血，此乃是勒死之状。头上套着井栏，井者水也，灶者火也，水在火下，你家灶必是砌在井上，死者之尸，必在井中！"包拯字字有力，连连追问。小孙押司夫妇跪在堂下，浑身直哆嗦。

包拯忙喝叫衙役押着小孙押司到他家中，拨开灶床脚，果然发现是一口井，又让人将井水吊干，络了竹篮，放人下去打捞，果然捞起一具尸首。让人感到非常奇怪的是，当时众人看那尸首居然面色不改，正是大孙押司，脖颈上果有勒痕。小孙押司吓得面如土色，不敢开口，看到这种情景，众人都很惊骇。

原来，这小孙押司当初被大雪冻倒，后被大孙押司所救，教他识字、写文书，并在县里给他谋了个差事。谁承想，这小孙押司经常出入大孙押司家，与大孙押司娘子勾搭在一起，于是便趁算命之事，在夜半三更将大孙押司勒死，投入井中。小孙押司又掩面装作大孙押司跑向奉符县河，把一块大石头投入河中。当时，大家只听到声响，只当大孙押司投河死了。好一个凶残的谋杀亲夫案！小孙押司夫妇见坏事败露，只得招认。随后，包拯将这夫妇判成死罪，秋后问斩。

后来有人问包拯包大人说："那天，在衙上解字，大人为何没解最后一句？"

包拯说："那'句已'两字合在一起实乃包字。"包拯初任，因为断了这件奇案，名闻天下。

除了这个传奇故事外，还有《包龙图智赚合同文》，这个传奇故事更加具有代表性。

这个故事发生在大宋年间汴梁西关外义定坊。这个地方有一个百姓名叫刘天祥，乡邻也叫他刘大。刘大娶妻杨氏，兄弟刘二，名天瑞，娶妻张氏。这兄弟俩数口同家过活，不曾分居。刘天祥没有亲生儿女，杨氏嫁与刘天祥时带个女儿，俗称"拖油瓶"。刘天瑞有个孩子，叫刘安佳。本地有个姓李的人家，生一女儿，名叫定奴，与安佳同年生。两家交厚，还没出生的时候就指腹为婚。杨氏想等女儿长大，招个女婿，多分些家私。妯娌之间，难免有时伤着和气。亏得刘天祥、刘天瑞兄弟俩较通事理，所以数年来才相安无事。

这一年，在他们居住的这个地方，由于天灾，使得庄稼受灾，官府下文要居民分房减口，往他乡外府趁熟。刘天祥与兄弟商议，要出去远行，投靠他乡。弟弟刘天瑞说："哥哥年老，不便外出，还是我带妻儿出去走一趟吧。"第二天，刘天祥找来李家的人，说："年岁荒歉，难以度日。官府旨意居民减口，往他乡趁熟。如今，我兄弟天瑞三口，择日起程。我家从来不曾分居，意欲写下两派合同文书，把应有的庄田物件、房郭屋舍，都写在这文书上。我兄弟俩各留一份。天瑞若一二年回来便罢，若其间万一有些闪失，这个文书便是个证见，特请您做个见证。"随后，两个人都在这文书上画押，并且各收一份。

过了几天，刘天瑞择了个良辰吉日，收拾行李出发。临行时，弟兄两个都是伤感流泪。然而，此时的杨氏却巴不得刘天瑞一家三口出门。刘天瑞带了妻儿，一路风餐露宿，不久，来到山西潞州高平县下马村。正是丰稔光景，诸般买卖也好做，就租了个富户人家的房子住下了。那个富户张员外，夫妻两口，为人疏财仗义，乐善好施，只是膝下没有儿女。见了刘天瑞夫妇为人和气，相处也十分和睦。那刘安佳刚三岁，生得眉清目秀，乖觉聪明。张员外满心欢喜，心想过继刘安佳做个螟蛉之子，张员外的妻子郭氏也有这个意愿。于是，张员外便请人与刘天瑞夫妇说："张员外见你家小官人，十分疼爱，有心要把他做个过房儿子，不知二位意下如何？"刘天瑞和张氏听罢答道："我家贫寒，不敢仰攀。若蒙员外如此美意，我们两口子住在这里，也增些光彩呀！"那人回话给张员外夫妻，两下择个吉日，过继了刘安佳，改名张安佳。刘天瑞妻子张氏与员外又是同姓，又拜了员外做哥哥。自此，往来交厚。

自此将及半年，刘家夫妇二人却都染上了疫症，一卧不起。张员外见他夫妻俩病了，请医生治病调理，如同亲人。只是眼看二人病情不见好转，没过多久，张氏就病逝了。刘天瑞大哭一场，身心俱裂，病情也愈来愈危急。这一天，刘天瑞自知活不过几日，便将张员外请来，对

铁面无私

包拯

他说："大恩人在上，小生有句心里话，不知当说不当说？"员外说："妹夫，我与你义同骨肉，有什么话尽管说来，决然不负所托。"刘天瑞便将离家出走时所立合同文书交给员外，说："安佳孩儿幼小无知，既承大恩人过继，只望将孩儿抚养成人，把这纸合同文书交给他，将我夫妻俩移葬祖坟。小生今生不能报大恩人阴德，来世情愿做牛做马。"说罢，泪如雨下，当晚瞑目而死。

随着时间的推移，张安佳渐渐长大，员外将他视为亲生，送他到学堂读书。张安佳聪明伶俐，过目成诵，而且非常孝顺，这让张员外非常欣慰。张员外每年春秋节令，就带他上坟拜祭自己的父母，只不说明其中的缘故。

很快，张安佳已长至十八岁。这一年又遇清明节，张员外夫妇俩又带安佳上坟。只见张安佳指着旁边的坟堆问员外："爹爹年年叫我拜这坟墓，孩儿一向不曾问得，不知是孩儿什么亲眷？"张员外说："我儿呀，爹爹正要对你说，只是怕你晓得自己的爹娘，便把我们的抚养之恩都看得冷淡了。你本不姓张，也不是这里人氏。"张员外就将刘天瑞如何与兄弟立下合同文书、远走他乡趁熟，自己又是怎样将张安佳过继，以及刘天瑞夫妇病逝之事一一说与安佳听，又说："你爹死时，要你回乡安葬他们的遗骨。你如今已长大成人，也可圆了你父母的这个心愿。"张安佳闻言，哭倒在地。张员外和郭氏将他叫醒，一切事宜交代清楚。张安佳便择日起程回乡移葬父母遗骨。临行前，张员外送至路口，说："安佳，不要久恋家乡而忘了义父母！"安佳说："爹爹放心，孩儿怎会知恩不报！大事办完，仍到膝下奉养。"说完，三人洒泪分别。

这一路上，张安佳不敢有所迟延，早早来到东京汴梁西关义定坊。一路问到刘家，只见一个老婆婆站在门前，于是上前问道："有烦老妈妈给我通报一声：我姓刘名安佳，是刘天瑞的儿子。闻得此家便是伯

父、伯母家舍，特来拜认归宗。"只见那婆婆一听此话，便有些嗔色，就问安佳说："如今二弟、弟媳在哪里？你若是刘安佳，须有合同文字为证，不然如何信得是真？"安佳说："父母十五年前，死在潞州，我亏得义父抚养到今。文书就在我行李中。"那婆婆说："孩儿呀，我就是你大娘。既有文书那便就是真的了，你可把文书给我，待我进去与你对对看，接你进去。"安佳慌忙施礼："不知您就是我大娘，多有失礼，请大娘不要见怪。"刘安佳打开行李，将文书双手递将过去。杨氏接过转身往里面走去，却待了半晌不见出来。原来杨氏的女儿已赘过女婿，满心只要把家私尽数与他，日夜防的就是叔婶侄儿回来。今见张安佳说叔婶俱亡，刘天祥与刘安佳又从不曾相识，她便心生歹计，只将文书藏在身边，待刘安佳再来要时，与他白赖，反正此事没有第三人知晓！

刘安佳等得气叹口渴，人影也不见一个，又不好走进去。正在两难之际，只见前面走来一个老年人，问说："小哥，哪里人氏？为何在我家门口呆呆地站着？"刘安佳说："你莫非就是我伯伯吗？我就是十五年前父母带了去潞州趁熟的刘安佳！"那人说："如此说来，你正是我的侄儿啦，你那合同文书安在？"安佳说："刚才大娘已拿将进去了。"刘天祥欣喜过望，携着刘安佳的手，来到前厅。刘安佳倒身下拜。天祥说："孩子行路劳顿，不须如此！自你一家三口去后，十五年杳无音信。我们兄弟两个，只有你一个孩儿。偌大家私，无人承受，烦恼得我眼也花了、耳也聋了。如今，幸得你回来。但不知你父母可好？怎么不一同回来看看我这个哥哥？"刘安佳听罢，眼泪一下子就流下来了，把父母双亡、义父抚养的事从头到尾说了一遍。刘天祥也痛哭了一场，就唤出杨氏来，说："侄儿在此见你。"杨氏说："哪个侄儿？"天祥说："就是十五年前去趁熟的安佳呀！"杨氏把脸一沉，说："哪个是刘安佳？这年头骗子可多，大概是看我们还有些家私，假冒来的

铁面无私

包拯

吧？他爹娘去时，有合同文书。若是有，便是真的；若没有，就是假的。"刘天祥说："刚才孩子说已交给你了。"杨氏说："我不曾看见。"刘安佳一看事情有些蹊跷，忙说："是孩儿亲手交与大娘的，怎么又说这话？"刘天祥对杨氏说："你休要逼我！孩儿说你拿了他的。"但是，那杨氏只是摇头，不肯承认。刘天祥说："安佳，这文书委实在哪里？你可实说。"刘安佳说："孩儿怎么敢欺骗大伯，文书真的是大娘拿着了，人心天理，怎好赖得？"杨氏破口骂道："你这哪来的野种！我什么时候见过你的文书？"刘天祥说："你果然拿了，给我看一看又何妨！"杨氏大怒，指着刘天祥的鼻子骂道："你这老糊涂！我与你夫妻之情，你倒不信我，倒信一个陌生的小子。如果是侄儿来，我欢喜还来不及，如何会扣留他的文书？这小子故意来捣乱，哄骗我们的家私哩。"

刘安佳说："大伯，孩儿情愿不要家财，只要傍着祖坟埋葬了我父母这两把骨殖，我便仍到潞州去了，我自有安身立命之处。"杨氏笑道："谁听你这花言巧语？"当下提起一条杆棒，望着刘安佳劈头盖脸地打了过来。那刘安佳躲闪不及，被打得鲜血直流。刘天祥虽在旁解劝，但是由于自己也不认得侄儿，见杨氏抵死不认，不知是真是假，委决不下。那杨氏将刘安佳推出门外，把门闭了。看到这种情景，刘安佳气倒在地，过了很长时间才渐渐苏醒过来。对着父母的遗骸，他放声大哭。事有凑巧，刘安佳未生时父母曾指腹为婚，亲家姓李。正在这个时候，李家人正好路过。见前面有一人在放声大哭，便上来询问，一问吃了一惊，又让刘安佳将十五年前之事说来听听。这位姓李的老人仔细端详了一会儿，说："安佳，谁人把你的头打破了？"刘安佳便将大娘杨氏不肯相认的事讲了一遍。李老伯听罢十分恼怒，又将指腹为婚之事说给刘安佳听。刘安佳施礼拜了岳父，便到李老伯家中安顿。李老伯对刘安佳说："安佳，你可记得合同上的文字？"安佳就将文字背了一遍。

李老伯说："我如今再去见那杨氏，如若认便罢，若不认我就与你一同去开封府告状！"说完，就匆匆赶到了刘天祥家，与杨氏说明来意。但是，这杨氏刁蛮，死不承认。李老伯见状，只得写了状词，同刘安佳来到开封府。李老伯和刘安佳当堂叫屈。包拯接了状词，看毕，先传唤李老伯，李老伯从头说了。包拯说："莫非是你包揽官司，教唆他的？"李老伯说："他是小人的女婿，文书上原有小人的花押，怜他幼稚含冤，故此与他申诉，怎敢欺骗青天大老爷！"包拯说："你曾认得女婿吗？"李老伯说："他三岁随父母离乡，今日已隔十五年，不曾认得。"包拯说："既不认得，又失了合同文书，你如何信得他是真的？"李老伯说："这文书除了刘家兄弟和小人，并无一人看见，他如今从前至后背得不差一字，岂不是见证？"

包拯又唤刘安佳，问明事由，验了伤，问道："莫非你不是刘家之子，而是借此来招摇撞骗的吗？"安佳说："包大人，天下事是真难假，我如何做得这般没影的事呢？况且小人义父张员外，广有田宅，也够小人一生受用的了。小人原说过情愿不分伯父的家私，只要把父母的骨殖葬在祖坟，小人便仍回到潞州义父处居住，望青天老爷明察。"包拯随即拘唤刘天祥夫妇同来。包拯叫刘天祥上前问道："你是一家之主，如何没主意，全听妻言？你说那小厮，果是你的侄儿不是？"天祥说："青天老爷，小人自来不曾认得侄儿，全凭着合同为证。如今，这小厮抵死说是有的，妻子杨氏又抵死说没有，小人如何决断？"包拯又叫杨氏上前，再三盘问，只是推说不曾看见。包拯就对刘安佳说："你大伯、大娘如此无情，我如今听凭你着实打他，且消了你这口怨气！"刘安佳落泪，说："老爷，这个使不得。小人本为认亲葬父行孝而来，岂能做这逆伦之事？"包拯当下又盘问了杨氏几句，说："那厮果是拐骗，情理难容。来呀，把这小厮下在牢中，改日严刑审问。"刘天祥等三人，叩头而出。杨氏暗自欢喜。李老伯又十分气恼："人称包老爷神

明，如今也不过如此！"

包拯知道很多人会这样想，但是他自有打算。包拯暗自吩咐牢子不准为难刘安佳，一面又吩咐衙门中人张扬出去，只说刘安佳破伤风复发，不久待死，一面又派人往潞州将张员外请到，问了个仔细。等到这些都问清楚了之后，包拯对整件事情已经是成竹在胸了。

第二天，包拯开堂再审，衙役将与这个案件有关的人都带到大堂上。在大堂之上，包拯叫张员外与杨氏对辩，随后又叫监中带出刘安佳。只见牢子回说："刘安佳病重垂死，行动不得。"当下，张员外、李老伯闻听，放声大哭，都指着杨氏大骂。包拯喝道："公堂之上，休得喧哗！"随即，监中又有人传出话来，刘安佳已死！

案件发展到了这里，包拯又吩咐道："那厮得何病而死？快叫人验尸。"不多久，监中回话："死尸约年十八岁，太阳穴为他物所伤致死。四周有青紫痕可验。"包拯大怒，对杨氏喝道："如今怎么弄出人命来？你那杨氏，我再问你与小厮有什么关系？"杨氏说："老爷，我和小厮没有什么关系。"包拯说："若是至亲，你是长辈，他是小辈，打伤身死，不过是误杀子孙，不至于偿命。你既与那小厮没有关系，岂不闻得'杀人偿命'！他是别处人，你不认他罢了，拿什么器杖打破他的头，害他得了破伤风而死？"

杨氏闻听，早已吓得魂不附体，包拯又喝道："来人呀！枷了这婆子在死囚牢里，秋后处决！"只见两边如狼似虎的衙役暴雷似的答应一声，就抬过一面枷锁来，吓得杨氏面如土色，只喊得："青天大老爷，他是我的侄儿。"包拯又喝道："你一会儿说不是，一会儿说是！既是你侄儿，有何凭据？"杨氏说："现有合同文书为证。"当下从身上摸出文书，递给包拯看了。

包拯看毕，传唤左右："将刘安佳尸首抬出来！"不大一会儿，只见刘安佳容貌如旧，连打破的地方也好了，根本就没有受到什么伤害。

到了这个时候，众人才明白原来是包拯的计谋。杨氏抬头见刘安佳，满面羞惭，无言以对。包拯判了犯人的罪行，并且让其他的人各自回家了。张员外拜别刘天祥、李老伯，先回潞州去了。当下，刘安佳成亲，一月后夫妻俩一同回到潞州，奉养义父、义母去了。

在很多有关包拯的传奇故事中，都是讲述他断案如神的情节；实际上，包拯在为官期间，做了很多造福于民的事，并且有卓著的功绩。人们之所以将这方面的故事流传至今，其实就是对为民请命的清官的一种渴望。包拯清正廉明、铁面无私、执法如山的形象也将永远存在于人们的心中。

铁面无私

包拯